VOYAGE
DANS LES STEPPES
DE LA
MER CASPIENNE

PARIS. — IMPRIMERIE DE CH. LAHURE ET Cie
Rues de Fleurus, 9, et de l'Ouest, 21

VOYAGE
DANS LES STEPPES

DE LA

MER CASPIENNE

ET DANS LA RUSSIE MÉRIDIONALE

PAR MADAME

ADÈLE HOMMAIRE DE HELL

PARIS

LIBRAIRIE DE L. HACHETTE ET Cie

RUE PIERRE-SARRAZIN, N° 14

1860

Droit de traduction réservé

PRÉFACE.

Je ne puis mieux commencer ce livre, qui comprend la plus belle partie de mes voyages en Russie, qu'en donnant l'appréciation qu'a faite des steppes de la mer Caspienne M. Saint-Marc Girardin, dans le *Journal des Débats* (5 décembre 1845 et 6 janvier 1846); appréciation écrite avec cet esprit fin et charmant qui donne tant de prix à toute page sortant de la plume du savant professeur. Je n'ai supprimé de son article, que les nombreuses citations faites avec une extrême bienveillance, et qui prouvent tout le cas que M. Saint-Marc Girardin attachait à un livre dont les auteurs lui étaient complétement inconnus.

Je laisse donc parler notre célèbre critique.

« Voici l'un des plus curieux et des plus instructifs

ouvrages que l'on puisse lire sur la Russie. Les auteurs ne vont ni à Saint-Pétersbourg, ni à Moscou; ils ne quittent pas la Russie méridionale, les bords de la mer Noire et de la mer Caspienne. Mais, en parcourant ces provinces, ils apprennent à juger l'Empire, et voient quels sont les principes de l'administration ; quel est l'état des populations, leur condition, leurs sentiments, leurs instincts, toutes choses qu'on connaît mieux quand on est loin de la cour et du centre de l'administration. A Saint-Pétersbourg, la volonté impériale se fait sentir dans toute sa force, et peut surveiller les abus; mais dans les provinces, elle a beau arriver rapidement, portée par les feld-jager, elle ne trouve pas toujours une obéissance prompte et complète. Aussi est-ce là qu'apparaissent librement aux yeux de l'observateur, les innombrables abus de l'administration russe.

« Il y a dans les steppes de la mer Caspienne, deux parties différentes et rédigées aussi par une plume différente. M. de Hell, ingénieur fort distingué, savant économiste, bon géographe, couronné en 1844 pour l'ouvrage même dont nous parlons, par la Société géographique de France, et décoré par les cours de Russie et de France, M. de Hell s'est chargé de nous faire connaître tout ce qui a rapport au commerce, à la navigation, à l'industrie, aux routes, à l'administration, à la marine, à l'état des populations, à leurs origines. Mme de Hell, qui a courageusement accompagné son mari, pendant un long et parfois périlleux voyage, s'est chargée de rédiger tout ce qui se rattache plus directement au voyage et aux voyageurs ; leurs aventures, leurs plaisirs, leurs dangers, leurs émotions ; et elle s'est acquittée de sa tâche avec beaucoup de grâce, beaucoup d'esprit et surtout un esprit très-naturel.

« Je viens d'indiquer par la citation précédente tout ce qui fait le caractère le plus saillant de la Russie, je veux dire le charlatanisme et le trompe-l'œil. Il est un autre trait de la physionomie de l'Empire russe qui ressort vivement des récits de Mme de Hell : je veux parler des contrastes de mœurs, de coutumes et de conditions qui éclatent à chaque pas que l'on fait en Russie, en dépit de l'uniformité administrative. Le pays est si divers de climats, de races, de langues, de religions, que les inégalités sociales doivent y être nécessairement énormes. Mme de Hell excelle à peindre ces contrastes, et si elle peint bien, c'est qu'elle les ressent vivement. Voyez son arrivée à Sarepta, colonie de frères Moraves dans le gouvernement d'Astrakhan. Cette description est charmante. Vous aimez, n'est-ce pas, cette colonie allemande, active, laborieuse, honnête ; vous admirez cette prospérité sincère, si rare en Russie, et vous savez même gré au gouvernement russe du bonheur de ces braves gens. Mais croyez-moi, ne vous fiez pas trop à Mme de Hell. Elle a vu Sarepta au sortir des steppes et l'a trouvé ravissant. Voici M. de Hell qui, en économiste exact, appréciant la prospérité de Sarepta, nous force de rabattre beaucoup de la reconnaissance que nous étions tenté d'avoir pour le gouvernement russe.

« A peine sortis de Sarepta, l'esprit et le cœur encore émus des douceurs de l'hospitalité morave, et du charme de cette pastorale suisse ou allemande, nos jeunes voyageurs se trouvent transportés dans le palais d'un prince kalmouk, dans une île du Volga, au milieu des plaisirs et des fêtes d'une hospitalité somptueuse. Mme de Hell aimait les simples maisons de Sarepta, elle aime aussi le palais du prince kalmouk. En vraie voyageuse, elle prend d'aussi bonne grâce les matinées d'idylle que les soirées de salon.

« C'est pendant leur séjour à Astrakhan, que M. et Mme de Hell font chez le prince Tumáine cette excursion si curieuse par son contraste avec leur visite à Sarepta. Mais à Astrakhan même les contrastes abondent. Placée entre l'Europe et l'Asie, cette ville reçoit dans son sein toutes les races, toutes les langues, toutes les religions; les Tatars, les Kalmouks, les Arméniens, les Russes, les Juifs, les Persans, les Indiens. La vie d'Astrakhan était aimable et douce : promenades le matin, bals le soir, empressement et obligeance universelle autour des deux voyageurs, etc.; il fallait cependant quitter tout cela pour aller faire des nivellements dans les steppes, entre la mer Caspienne et la mer Noire : c'était là en effet le but que se proposait M. de Hell, et sa femme n'hésita pas à l'accompagner.

« Le lendemain donc d'un bal délicieux, l'oreille encore pleine des quadrilles français exécutés par un orchestre de toutes les nations ; après avoir fait ses adieux à la société d'Astrakhan en vers meilleurs que ne le sont d'ordinaire les vers de société et de voyage, Mme de Hell partit avec son mari pour parcourir le désert des steppes, n'ayant plus à espérer d'autre abri que les kibitkas kalmoukes; emportant des provisions de riz, d'huile, de sucre, de café, de thé, de galettes sèches, car le premier soin à prendre dans les steppes, c'est de ne pas mourir de faim. Mais contre ce danger, nos voyageurs avaient, outre leurs provisions, le faucon de l'officier qui commandait l'escorte, et qui leur servait d'excellent pourvoyeur. Mme de Hell dit qu'à Astrakhan, on la plaignait et on l'admirait fort du voyage qu'elle allait faire à travers les steppes de la mer Caspienne. En vérité il y avait bien de quoi. Cette longue traversée des steppes avec l'orage, la pluie et le vent est à faire frémir, n'était le joli faucon de l'officier, qui chasse les oies sauvages, nourrit la caravane et anime le voyage. Mme de Hell s'habitue peu à peu à cette vie singulière, bien plus, elle l'aime et la fait aimer.

« Nos voyageurs, devenus presque Kalmouks, regrettèrent leurs steppes quand il fallut les quitter, et surtout leur faucon nourricier; mais ils se consolèrent vite, comme on se console en voyage, par de nouvelles impressions. Ils entraient dans le Caucase et dans le pays des Circassiens. C'était là que les attendait un dernier contraste.

« Au milieu des gorges du Caucase sont situés les bains de Piatigorsk et de Kislovodsk. C'est là que le beau monde russe va prendre les eaux. Tout a été mis à contribution pour que les baigneurs puissent se plaire dans ces montagnes. Jolis sentiers tracés au-dessus de l'abîme, routes de voitures conduisant aux sources d'eaux les plus élevées; kiosques bâtis pour ménager des repos et des points de vue aux promeneurs; harpes éoliennes disposées çà et là afin de recueillir les soupirs du vent; docteur aimable et passionné pour la musique, concerts bien dirigés, bals charmants; causeries spirituelles, guérisons merveilleuses, mais qui ont toujours besoin d'une seconde visite aux bains ; et tout cela en présence du Caucase ; à côté de ces terribles Circassiens dont on voit les aoules indépendantes nichées, comme l'aire de l'aigle, au sommet des rochers ; dont on entend raconter les hardis exploits, tels, par exemple, que d'enlever plus d'une baigneuse imprudente qui cherche trop loin des points de vue pittoresques ; voilà les bains de Piatigorsk et de Kislovodsk ; mélange curieux des soins et des raffinements de la civilisation malade ou oisive, des sublimes horreurs de la nature, tournées en plaisir, et des émotions de danger que donne le voisinage des barbares les plus intrépides, les plus beaux et les plus richement armés qu'on puisse imaginer. Les bains de Piatigorsk après les steppes de la mer Caspienne, précédés eux-mêmes d'un bal à Astrakhan, sont un piquant exemple des contrastes qui abondent dans le voyage de M. et de Mme de Hell.

« Ai-je besoin de dire que ce qui fait le fond de l'esprit cosmopolite des villes de la Russie méridionale est l'esprit français? Partout nos voyageurs retrouvent les traces de cette influence irrésistible de la civilisation française, non qu'on soit tenté d'adopter nos institutions, mais ce sont nos mœurs, nos idées, nos coutumes qu'on suit d'instinct. On nous prend volontiers pour précepteurs, on cède à notre influence, tout en se cabrant contre l'idée de notre prépondérance; il est même de bon ton de critiquer notre esprit révolutionnaire. A ce sujet, Mme de Hell raconte fort plaisamment une scène à laquelle donna lieu Mlle Georges, arrivée avec une troupe assez nombreuse à Odessa. Un soir il y eut grand bruit au théâtre, parce que le public demandait en vain un artiste préféré. Ce fut presque une émeute. Sur quoi le général N***, ami de Mlle Georges, en 1815, tout étonné de l'agitation sans précédent du public, disait à un de ses amis : « Voyez « ces Français, ils n'ont qu'à paraître pour boulever- « ser tous les usages et tous les cerveaux. Avec eux « arrivent aussitôt le désordre, la rébellion, l'esprit de « révolte qui gagne bientôt les gens les plus sensés. »

SAINT-MARC GIRARDIN.

VOYAGE

DANS LES

STEPPES DE LA MER CASPIENNE.

CHAPITRE I.

Le Dnieper. — Ékaterinoslaw. — La garde d'honneur du prince Paskiéwitch. — Où mène l'ambition. — Un archimandrite en démence. — Intérieur des maisons juives, le samedi soir.

Dans le courant de mai, 1840, nous quittâmes définitivement les steppes de la mer Noire, pour entreprendre un voyage dont la perspective tenait depuis longtemps mon imagination en éveil. Après bien des hésitations, fondées sur tout ce qu'entraînerait d'inconvénients pour une femme, l'expédition projetée, mon mari s'était enfin rendu à mes prières, en m'associant à cet aventureux et long voyage dont le but touchait aux plus hautes questions de la géographie et de l'histoire.

Exprimer ma joie, quand j'eus la certitude d'aller voir en sa compagnie, Astrakhan, les Kalmouks et la mer Caspienne, est chose impossible. Tous les récits des voyageurs célèbres me revenaient à l'esprit, et je répétais avec un secret orgueil, que moi, une femme, une Parisienne, j'allais, à mon tour explorer de loitaines contrées, et jouir pendant des mois entiers d'une existence que si peu de personnes sont appelées à connaître ! Quel bonheur que d'échapper au prosaïsme de la vie habituelle, aux obligations sociales, à la routine des mêmes habitudes, pour prendre son vol vers les bords presque inconnus de la mer Caspienne ! Chose bizarre, prouvant bien ma vocation voyageuse ! Tout ce qui aurait épouvanté la plupart des femmes, était précisément ce qui me charmait le plus dans la perspective de ce voyage, et l'énumération que me faisait mon mari des fatigues extrêmes, des privations, voire des dangers que nous aurions à essuyer, n'avait d'autre résultat que d'augmenter mon impatience de partir.

Qu'étaient mes précédents voyages en comparaison de ce que me promettait celui-ci ? Jusqu'alors, j'avais couru le monde comme la plupart des touristes, avec la certitude de trouver, après une journée de fatigue, une chambre d'hôtel, un dîner de table d'hôte, ou tout au moins une station de poste pour passer la nuit. Mais dans l'expédition actuelle, il ne s'agissait rien moins que de coucher sous la tente au milieu du désert et de partager la vie errante des tribus kalmoukes qui campent dans les steppes du Volga. Il ne s'agissait rien moins que d'aller visiter les Circassiens dans leurs montagnes, et de saluer, en passant, ce mystérieux pays de *Gog* et *Magog* dont parle la cosmographie des Hébreux, que mon imagination, sinon mes yeux, devait apercevoir dans les brumes de la mer Caspienne! Dois-je ajouter que le plus grand bonheur dont me comblait la perspective de ce voyage, était celui de ne pas quitter mon mari d'un instant? Voyager en compagnie de ce que l'on aime, est la félicité suprême; car tout est satisfait : le cœur et l'imagination.

Accompagnés d'un Cosaque et d'un excellent drogman parlant plusieurs langues, nous quittâmes Clarowka dans les premiers jours de mai, par une de ces journées qui éveillent dans l'esprit un besoin ardent de locomotion. Le commencement du printemps, dans les steppes russes, possède un charme indéfinissable. Au souffle de chaleur, de vie et d'amour qui parcourt l'espace, tout a hâte de naître et de jouir. En peu de jours le steppe prend l'aspect d'une immense prairie où le thym, la tulipe, l'hyacinthe, l'œillet et une infinité d'autres fleurs y croissent à la grâce de Dieu, avec des parfums et des couleurs qui ne le cèdent en rien à nos fleurs les mieux cultivées. Des milliers d'alouettes nichent dans les hautes herbes, poursuivant le promeneur de leurs joyeuses chansons. Le mer se ressent également de la fête commune; ses coquillages sont plus beaux, plus nombreux, plus variés. Mais, pour comprendre toute l'influence que le printemps exerce sur la nature animée, il faut voir les troupeaux de moutons; les génisses, suivies de leurs petits, les juments et leurs poulains, courir, se rouler sur l'herbe, et remplir l'air de leurs bruits joyeux et prolongés. C'est une exubérance de vie dont rien ne peut donner l'idée. Ne dirait-on pas que ces plantes et ces animaux qui s'empressent de se reproduire, pressentent le peu de durée des beaux jours? Ailleurs, l'été n'est souvent qu'une continuation du printemps; les fleurs se renouvellent, la nature conserve longtemps sa puissance vitale, mais il suffit ici de deux ou trois semaines pour métamorphoser la fraîcheur des champs en une immense solitude brûlée par le soleil. Dans ces contrées, il n'y a en réalité que deux saisons, car on passe presque subitement d'un froid rigoureux à une chaleur de Sénégal, sans que le corps ait eu le temps de s'habituer à ce changement subit de température. Les brises de mer peuvent seules faire supporter de telles chaleurs, qui s'élèvent d'ordinaire aux mois de juillet et d'août à vingt-sept et vingt-huit degrés Réaumur.

Nous remontâmes le Dnieper sur un espace de quatre cents kilomètres avant d'atteindre Ekaterinoslaw, ville toute nouvelle, ne comptant, il y a cinquante ans, qu'une vingtaine de misérables cabanes de pêcheurs, éparpillées sur les bords du fleuve.

Fondée en 1784, par la grande Catherine, qui en posa la première pierre en présence de Joseph II, cette ville est bâtie, de même que toutes les villes russes, sur un plan gigantesque, qui en fait une véritable solitude où se perdent ses rares maisons et sa faible population.

Il faudrait, pour remplir des places aussi grandes, des rues aussi larges, dépeupler tout un gouvernement. Rien, jusqu'à ce jour, ne fait espérer que le temps comblera les vides d'un tel désert, car le nombre des habitants a peu augmenté depuis quarante ans : c'est une ville stationnaire qui ne réalisera sans doute jamais ce qu'avait rêvé l'impératrice en lui donnant son nom. Elle possède néanmoins tout ce qui constitue, en Russie, un siége de gouvernement : beaucoup d'églises, de grandes casernes, des bazars, et quelques hôtels particuliers.

Sans l'absurde manie qu'ont les Russes d'étendre à l'infini le cadre de leurs villes, ce serait au résumé un charmant séjour, riche de son beau fleuve, des collines fertiles qui l'entourent, et surtout de son jardin Potemkin portant le nom de l'un des plus brillants favoris de Catherine II.

En voyant les ruines du palais qui fut érigé comme par un coup de baguette, il y a soixante ans, l'on croirait vraiment que des siècles pèsent sur lui, tant il reste peu de chose de ce qui fut un jour le palais de Catherine.

Les Russes ont une telle indifférence pour tout monument dont le mérite est de rappeler une date historique, qu'ils s'empressent bien vite de débarrasser le sol d'une chose, selon eux, inutile. Malheureusement, le gouvernement, tout despotique qu'il soit, reste impuissant devant l'instinct destructeur de la population. Il ne faut, pour s'en convaincre, que se trouver en face des anciens tombeaux de la Crimée; tombeaux si riches en objets d'art, si précieux par leur antiquité, et qui, malgré la prétendue surveillance de la police, disparaîtront bientôt du sol, dévastés par les paysans, voire même par les employés chargés de protéger ces vénérables souvenirs d'une ancienne et brillante civilisation.

S'il faut en juger par les ruines qui sont encore debout, le palais Potemkin a dû être d'une magnificence remarquable. Plusieurs corps de bâtiments avec leurs nombreuses pièces toutes dégradées, ont résisté jusqu'à ce jour à la pioche des démolisseurs. Quant aux détails de l'architecture, tels que chapiteaux, portiques, corniches, colonnades, ils sont du style italien de l'époque.

Le terrain, tout alentour, est complétement recouvert de blocs de pierres, de fûts de colonnes, de débris de tous genres de l'aspect le plus mélancolique. Cela est destiné à devenir la proie du premier mougik qui aura besoin de pierres et de poutres pour reconstruire son *isbas* (maison.)

Certes, devant ces ruines modernes, l'esprit ne rêve ni aux luttes acharnées du moyen âge, ni aux assauts soutenus contre quelque troupe de cosaques ou de zaporogues, ni aux attaques d'audacieux croisés, ni aux sombres histoires que rappellent les vieux monuments. Mais à défaut de légendes lointaines, le souvenir d'une femme telle que Catherine II ne devrait-il pas suffire pour protéger ce palais contre le vandalisme et l'oubli? Elle ne se doutait guère, la fière impératrice, qu'un jour les serfs emporteraient, lambeaux par lambeaux, un édifice que créa l'un de ses favoris, à l'époque la plus radieuse de son règne. Souveraine du plus grand empire du monde, un jour la fantaisie lui vint de quitter les glaces de Saint-Pétersbourg pour visiter la Tauride, ce magnifique joyau nouvellement ajouté à sa couronne impériale; sans tenir compte de la distance et des déserts à parcourir. Elle avait raison, car sa seule présence suffit pour changer en une riante contrée, tout ce qui se trouve entre Pétersbourg et les bords de la mer Noire, et son illusion n'eut point de réveil. Qui ne connaît le fantastique voyage qu'elle fit alors, et dont le long parcours ne fut qu'une magique décoration de théâtre? palais, troupeaux, nombreux villages, population animée, paysages d'idylle, tout était à souhait pour le plaisir des yeux au moment de son passage. — Une heure après, acteurs, décorations et comparses avaient disparu, et le désert reprenait sa morne immobilité!

On rencontre encore, le long de la route d'Ékaterinoslaw à Kherson, de petites pyramides entourées d'une balustrade, indiquant les lieux où s'arrêta la czarine, où elle changea de chevaux.

En maint endroit, gisent les restes des palais qui s'élevèrent sur sa route, véritables châteaux de cartes, qu'un souffle a fait écrouler.

Parmi ces éphémères constructions, le palais d'Ékaterinoslaw était le seul qui fût réellement digne de ce nom. Potemkin ne pouvait choisir un lieu plus charmant pour donner des fêtes à sa royale maîtresse, et lui faire oublier pendant quelques jours les prestiges de l'Ermitage. Situé sur une pente douce descendant jusqu'au fleuve, ce charmant édifice se trouvait au centre d'un parc immense, offrant des sites et des perspectives d'une admirable variété : c'est un pêle-mêle de bois, de labyrinthes, de roches granitiques, de fourrés, où l'on peut errer pendant des heures entières sans repasser par le même endroit : partout sont ménagés des sentiers capricieux, des reposoirs rustiques, des horizons imprévus, plongeant le regard dans un continuel enchantement.

En face de ce qui était jadis le palais, surgit, du sein du Dnieper, une petite île granitique ressemblant à une néréide au milieu des pointes de rochers et des brisants qui l'entourent. Ses seuls habitants consistent dans quelques blancs albatros et un vieux garde forestier dont la cabane se cache parmi les arbres. Ce brave homme peut se vanter de mener là une vie tout aussi primitive que celle des Peaux-Rouges : la chasse et la pêche lui fournissent ses repas et ses vêtements; les broussailles, son chauffage; les feuilles sèches, son lit. Une barque, ou plutôt une coquille de noix, se balançant à quelques pas de la rive, lui sert à visiter les recoins de son empire, qu'il partage fraternellement avec les oiseaux du ciel.

A part quelques pêcheurs, aucun marinier ne s'aventure au milieu du dédale de rochers et de tourbillons qui rendent le Dnieper si dangereux dans ces parages. Tout est silencieux, mélancolique et désert.

Outre le parc Potemkin, la ville en possède un autre fort beau, où la musique militaire attire chaque soir de nombreux promeneurs.

Nous eûmes le plaisir, pendant notre séjour à

Ékaterinoslaw, de faire une pittoresque excursion dans les montagnes d'Asie, sans néanmoins changer de place. La Russie seule peut offrir de pareilles bonnes fortunes.

Donc, un beau jour, trois cents montagnards du Caucase tombèrent comme une trombe au milieu de la ville, et la mirent sens dessus dessous. Petits, agiles et musculeux, on ne sait comment ils marchent, tellement leur vie se passe à cheval. C'est bien le cas de dire que le cheval et le cavalier ne font qu'un, et l'on comprend, en les voyant, les centaures de la fable. Leur physionomie offre un mélange d'audace et de rapacité farouche qui ne prévient précisément pas beaucoup en leur faveur : un teint bronzé, des dents d'une blancheur éblouissante, des yeux noirs dont chaque regard est un éclair, achèvent de composer un ensemble qui épouvante plus qu'une grande laideur.

Dès le moment de leur arrivée dans la ville où ils entrèrent comme un torrent, tout fut en révolution. Les marchands, immédiatement victimes de vols nombreux, osaient à peine tenir leurs boutiques ouvertes, et les maris et les pères n'avaient pas assez de vigilance pour préserver leurs filles et leurs femmes des façons par trop cavalières de ces mécréants.

Ils se rendaient à Varsovie pour servir de garde d'honneur à Paskiéwitch, le héros du jour. Ce caprice d'un homme gâté par la fortune, peint assez bien les Russes. Pour une simple satisfaction d'amour-propre, plusieurs centaines de montagnards avaient dû quitter leurs familles et leur pays, franchir de grandes distances, afin d'aller parader sur la place d'une capitale.

La vue de ces hommes à demi barbares me causa une profonde impression. L'actualité s'effaça un moment de mon esprit, et je crus assister à l'une des invasions de Tamerlan ou de Gengis-Khan, se ruant sur notre vieille Europe avec leurs hordes asiatiques aux cris sauvages, aux costumes étranges, aux longues lances, aux chevaux arabes, aux instincts destructeurs, telles qu'elles parurent quand elles soumirent tous les vastes États de la Russie à leur domination.

Sur un désir du gouverneur, ces montagnards donnèrent aux habitants d'Ékaterinoslaw le spectacle de leurs jeux et de leurs exercices guerriers, manœuvres qui surpassent tout ce qu'on peut imaginer en fait de souplesse, d'audace et de frénésie belliqueuse.

Combien notre civilisation paraît froide, guindée, décolorée, en face de ces physionomies ardentes, de ces costumes pittoresques, de ces galops furieux, de cette fantasia éblouissante, de cette grâce et de cette ardeur qui n'appartiennent qu'aux Orientaux! Ils tirent la carabine au grand galop, et apportent dans l'exercice du djérid une incroyable adresse. Chaque cavalier pare son cheval avec une coquetterie qu'il n'a pas toujours pour lui-même, le couvrant de tapis, de bandes d'étoffes pourpre, de châles de Cachemire, de tout ce que le pillage de telle ou telle caravane a pu lui fournir de précieux; usage qui achève de donner à leurs exercices un éclat des plus pittoresques.

Les manœuvres durèrent plus de deux heures, malgré la chaleur suffocante du jour. Elles se terminèrent par une mêlée générale où la fumée, les cris, l'ardeur des combattants, les décharges de mousqueterie et le hennissement des chevaux, avaient bien le droit d'effrayer quelqu'un de plus aguerri que moi. Impossible à la fin de cette étourdissante mêlée, de rien distinguer à travers les nuages de poussière et de fumée que soulevaient autour d'eux de pareils combattants. Je crus un moment que tout resterait sur le champ de bataille, chevaux et cavaliers; mais à un signal du gouverneur, l'ordre reparut comme par enchantement, et nous vîmes défiler devant nous, d'un air paisible, ces lions du désert, dont Paskiéwitch sera peut-être plus embarrassé qu'il ne pense.

Quoique nous ne fussions qu'au commencement de juin, la chaleur avait déjà atteint une intensité qui en faisait littéralement une calamité publique : les hôpitaux regorgeaient de malades, attaqués la plupart de fièvres cérébrales qui les emportaient rapidement; les rues étaient encombrées d'une couche de poussière où l'on enfonçait comme dans de la neige, et le thermomètre, pendant les quinze jours que nous passâmes à Ékaterinoslaw, se maintint invariablement à vingt-huit degrés Réaumur. Il faut venir en Russie pour connaître la chaleur des tropiques.

Une grave indisposition de mon mari fut la seule cause de cette prolongation de séjour dans une ville que nous ne comptions que traverser. Forcés d'y séjourner, nous acceptâmes l'hospitalité que nous offrit une charmante famille alsacienne établie depuis longtemps dans le pays, et dont le chef, M. Neumann, a fondé une fabrique de draps qui fonctionne admirablement et lui rapporte de beaux bénéfices.

Sa femme et sa belle-sœur me comblèrent d'attentions, et surtout soignèrent si bien mon cher malade, que je leur en conserverai une éternelle reconnaissance.

Peu de jours avant notre départ, il se passa un événement qui fit grand bruit dans la ville, et qui me paraît assez bizarre pour être raconté.

Des paysans, en revenant d'une foire, firent la rencontre d'un péréclatnoï sans cocher et sans attelage, complétement abandonné sur la voie publique. En le visitant, ils eurent la preuve qu'un crime avait été commis sur ce point, à la vue des traces de sang dont la voiture était maculée. La police, aussitôt informée, fit immédiatement des perquisitions, et finit par découvrir, à peu de distance de la station de poste, le cadavre d'un courrier étendu dans le fossé, la tête fendue d'un grand coup de sabre.

Aussitôt on s'empara du maître de poste, misérable juif qui, malgré ses protestations, fut envoyé en prison, où il était encore à notre départ. C'est seulement à Taganrok, que nous apprîmes au bout de six semaines environ, les détails de cette aventure tragique.

La police, sur des indications qui rendaient l'histoire encore plus étrange, était parvenue, huit jours après notre départ, à arrêter l'auteur du crime, qui finit par faire une confession complète.

Propriétaire d'une petite boutique à Kherson, et fort mécontent du rôle qu'il jouait en ce monde, ce misérable était dominé, avant la catastrophe, par une idée fixe, celle de se procurer une grosse somme d'argent pour aller vivre agréablement à Odessa; telle était son ambition. Peu scrupuleux sur les moyens de la satisfaire, il élabora dans son esprit un plan de conduite dont il ne se départit pas un instant, et qui décèle en lui une subtilité d'imagination jointe à une force de volonté dignes d'une meilleure cause.

Son premier soin fut de faire l'abandon de sa boutique à son beau-frère, moyennant quelque argent qui lui permit d'aller en Crimée. Là, il laissa croître sa barbe, s'affubla de la *chouba* (pelisse en peau de mouton), prit toutes les habitudes d'un mougik, et, quand il se crut méconnaissable, se proposa comme *jemchik* (cocher) au juif qui tenait la station dont j'ai parlé plus haut.

Entré en fonctions, il attendit plus d'un mois avant d'exécuter son projet, voulant une proie digne de son ambition. Vint enfin un malheureux courrier qui se trouvait porteur d'une somme considérable pour le gouverneur d'Ékaterinoslaw, et sa mort fut résolue.

Cependant l'assassin avoua avoir hésité quelques instants, non par horreur du crime, mais parce qu'il avait reconnu en cet homme un ancien camarade d'enfance. Deux fois il manqua de courage; enfin, honteux de sa faiblesse, il prit le sabre du courrier qui dormait profondément, et lui fendit le crâne d'un seul coup. Après avoir jeté le cadavre dans le fossé, et s'être emparé de la cassette, il continua sa route jusque dans le voisinage d'Ékaterinoslaw, abandonnant, avant d'entrer dans la ville, le péréclatnoï dont il s'adjugea les chevaux, puis il s'empressa de couper sa barbe et de reprendre des allures de petit bourgeois, pour rentrer dans sa ville natale, où sa famille le reçut avec empressement, dans la persuasion qu'il venait de faire quelque trafic en Crimée.

Pendant tout un mois, il se tint fort tranquille, quoique dévoré du désir de partir pour Odessa. C'est au moment où, plein de sécurité, il allait s'envoler, que la police, qui le surveillait à son insu, mit la main sur lui. Peu endurci dans le crime, il fit les aveux les plus complets et reçut cent coups de knout, avec la perspective d'aller en Sibérie s'il survivait à son affreux supplice.

Le maître de poste, quoique fort innocent de la chose, fut exilé en Sibérie, après avoir vu ses enfants enrôlés comme soldats, et tout ce qu'il possédait devenir la proie des employés de la police. Avec de telles lois pénales, où l'innocent compromis est puni presque aussi rigoureusement que le coupable, la Russie a peu à craindre du côté des malfaiteurs : aussi, malgré son immense étendue et sa population clair-semée, y voyage-t-on avec plus de sécurité que dans les pays les mieux civilisés. Mais cet état de choses tient pour le moins autant à la situation politique de la population qu'à la sévère administration de la police : dans un pays où le peuple est esclave, le brigandage devient, pour ainsi dire, impossible. Cependant, en Bessarabie, entre 1832 et 1836, il exista une bande de voleurs très-redoutable, organisée sous les ordres d'un certain Iwan, qui fut longtemps le thème de mille histoires invraisemblables. Ce bandit n'était qu'un serf révolté, et jouait tout simplement dans un coin de la Russie, certes sans s'en douter, le rôle d'un brigand d'opéra-comique. Il était beau, généreux, sensible, et n'enlevait jamais les joyaux des jeunes et jolies voyageuses; bien plus, tout en faisant la guerre à la société, il passait pour être plein d'humanité envers les malheureux, et plus d'un paysan avait trouvé près de lui aide et protection. Audacieux, adoré de sa troupe, rançonnant sans pitié les seigneurs, et surtout les juifs, contre lesquels il nourrissait une profonde aversion, il déjoua longtemps toutes les poursuites de la police. On ne le prit qu'en 1836, par suite de la perfidie d'une fille qu'il aimait, et qui, nouvelle Dalila, le livra aux rigueurs de la justice. Il mourut sous le knout, et sa bande ne tarda pas à être anéantie.

Pour achever la guérison de mon mari, nous allâmes passer quelques jours dans la propriété d'une aimable compatriote, la baronne de Berwick, qui nous reçut à bras ouverts. Après avoir épuisé toutes les distractions qu'on peut trouver à la campagne, telles que promenades à cheval, en barque et en voiture, elle me proposa une visite à un couvent de moines, situé sur le Dnieper, possédant depuis quelques mois un archimandrite (archevêque) de Moscou, envoyé là comme prisonnier, après avoir été dépouillé de son rang et de ses fonctions épiscopales.

La publicité est chose si inconnue en Russie, que

personne ne savait la cause de ce grave événement : seulement on se disait à l'oreille qu'une telle disgrâce était due à des idées trop libérales, à une intelligence trop élevée. La folie, ajoutait-on, servait de péripétie à cette réclusion qui devait être éternelle.

Je n'ose pas affirmer que le désir d'apercevoir l'archimandrite sur lequel couraient encore d'autres versions romanesques, fût absolument étranger à notre excursion, car nous étions trop filles d'Ève pour échapper à la loi commune. Quoi qu'il en soit, nous ne voulûmes mettre personne dans notre confidence, pas même M. de Hell, qui dut rester bon gré, mal gré, tout seul au logis.

Nous arrivâmes au couvent un peu avant le coucher du soleil, non sans avoir admiré l'aspect mélancolique du vieil édifice, éclairé par les rayons du soir et se reflétant sur les eaux calmes du Dnieper. Ses hauts murs, ses petites fenêtres (la plupart grillées), ses portes massives et la tour carrée qui lui servait d'entrée principale, lui donnaient bien plus l'apparence d'une prison d'État que d'un séjour de paix et de fraternité.

Avant de franchir le porche de la tour, nous aperçûmes sur un balcon élevé trois moines dans l'attitude de la prière et du recueillement, que le hasard semblait nous offrir pour compléter l'harmonie de cette belle soirée.

Vues ainsi à distance, ces silhouettes immobiles

et penchées, jetaient sur le paysage un charme indéfinissable. Nous fûmes presque tentées de nous en tenir à l'impression poétique du moment, sans demander à la réalité des émotions d'un ordre bien opposé, tentation, je dois l'avouer humblement, qui dura à peine quelques secondes, laquelle ne nous empêcha nullement de sonner et d'entrer, et d'ouvrir de grands yeux, dans l'espoir de découvrir des choses extraordinaires. Le portier, vieux et sale moine porteur d'une figure rubiconde qui n'annonçait en rien l'austérité monacale, nous conduisit à l'église, au réfectoire, dans la salle du conseil, et voulut même nous présenter au supérieur, honneur que nous nous empressâmes de décliner.

Tout notre souci était d'examiner avec soin chaque porte de cellule, à mesure que nous traversions un corridor, espérant toujours qu'un hasard nous conduirait devant celle de l'archimandrite; mais toutes les portes étaient closes, et nul indice ne venait à notre aide. La baronne finit par demander à notre guide si le prisonnier de Moscou habitait encore le couvent. A cette question imprévue, frère Dimitri prit un air fort grave, lança de droite et de gauche un regard tant soit peu effaré, et nous assura en baissant la voix, que cet homme porterait malheur à toute la communauté parce qu'il était possédé de l'esprit malin, accusation qu'il s'empressa de justifier en nous racontant comme quoi le malheureux prisonnier se roulait par terre en jetant de hauts cris, et passait des journées entières sans prendre la moindre nourriture. Tout cela nous donna la preuve que les bruits de folie qui circulaient sur son compte étaient parfaitement fondés.

Séduit par l'appât d'un rouble, le brave homme consentit à nous conduire dans un obscur corridor, au fond duquel une porte entr'ouverte nous fut désignée comme donnant accès dans la cellule de l'archimandrite. Combien nous nous sentîmes émues en plongeant nos regards dans cette pièce alors vide, qu'éclairait à peine un dernier rayon du couchant! Un sentiment d'effroi, de pitié et de dégoût nous retint clouées sur le seuil, car rien n'aurait pu d'abord nous faire affronter l'odeur infecte qui remplissait la cellule. L'affreux désordre de ce taudis prouvait éloquemment la folie de son hôte. Des immondices couvraient le sol; des lambeaux d'étoffes brillantes mêlés à des débris de paille et d'aliments, traînaient çà et là; un grabat recouvert de toutes sortes de nippes, occupait un des coins de la chambre; mais ce qui nous impressionna le plus vivement, ce fut de constater le mélange de luxe et de misère, d'élégance et de désordre dont toute la pièce offrait le navrant spectacle. Sur une mauvaise table toute branlante, nous remarquâmes de beaux livres à moitié déchirés, un bouquin d'ambre orné de saphirs, et une mître encore enrichie de pierreries;

puis, à côté de ces richesses, une écuelle vide, du vin répandu, des taches de suif, mille détails ignobles. Le portier, habitué à cette existence dégradée, nous répéta que chaque nuit, l'archimandrite faisait entendre d'horribles vociférations. Sa santé, qui déclinait rapidement, avait forcé le supérieur à lui laisser quelque liberté dans le jour, sauf à l'enfermer la nuit, comme un animal dangereux. Hélas! qu'y a-t-il de plus dangereux qu'un être privé de raison? Seulement, il s'agissait de savoir si les conditions dans lesquelles ce malheureux vivait au couvent n'étaient pas une des causes les plus puissantes de sa dégradation morale. Considéré par les moines comme un paria, dès son arrivée au milieu d'eux, il avait trouvé la solitude, le mépris, l'insulte pour guérir de cruelles blessures, pour endormir les souvenirs qui le torturaient!... La pensée de tout ce qu'il avait souffert, de tout ce qu'il souffrirait encore dans cette cellule qui prenait à nos yeux un aspect tout à fait sinistre, nous oppressa tellement, que nous nous enfuîmes sans vouloir attendre le portier qui ne savait à quoi attribuer notre panique soudaine : le besoin de respirer, de secouer ce cauchemar, nous conduisit d'instinct sur le balcon occupé précédemment par les trois moines, tandis que frère Dimitri arrivait haletant pour se remettre à notre disposition. Dans des circonstances ordinaires, nous n'aurions pu regarder sans rire sa grosse figure encapuchonnée, et l'air ébahi avec lequel il suivait tous nos mouvements ; mais impatientes de nous débarrasser de sa personne, nous lui donnâmes une gratification avec l'ordre formel de nous laisser tranquilles.

Un moment après, accoudées sur une large balustrade, nous nous demandions si nos récentes impressions n'étaient pas l'effet de quelque fantasmagorie, et s'il existait réellement des infortunes aussi affreuses que celles dont nous venions d'avoir la révélation. Quel changement de scène en quelques minutes : là-bas, au fond d'un noir corridor, un taudis qui suinte de partout la folie et la rage; ici, toutes les splendeurs d'une belle soirée d'été ! Le Dnieper et les *plavniks* (îles) où le soleil couchant faisait mille trouées lumineuses, étaient empreints d'une telle sérénité, qu'elle finit par nous gagner. Une grande lodka descendait le fleuve avec sa voile triangulaire et son équipage assis en rond sur le pont, qui chantait à demi-voix un de ces airs petit-russiens, dont la triste douceur ne peut s'exprimer. Devant ce tableau plein de grâce et d'éclat, nos poitrines se dilatèrent; le souvenir de l'archimandrite commença même à s'affaiblir et nos facultés reprenaient leur équilibre, lorsque la baronne, d'un geste, me montra à l'extrémité du balcon, une espèce de fantôme qui semblait enraciné à sa place, et dont je voudrais en vain dépeindre la fixité du regard, la maigreur des traits, l'expression de la bouche entr'ouverte par un sourire *trempé* de larmes! Sa robe de moine s'en allait littéralement en lambeaux, et sa barbe rousse couvrait toute la partie inférieure du visage.

Dans le premier moment, une telle apparition me causa presque de l'épouvante. Au regard consterné que me jeta la baronne, je vis qu'elle n'était guère plus rassurée que moi, ce qui acheva de me déconcerter. Pourvu, lui dis-je tout bas, qu'il ne lui prenne pas fantaisie de nous faire faire le *saut périlleux!* et d'un geste, je lui montrai les blocs de rochers servant de base au monastère. Comprit-il notre secret effroi? Je serais tentée de le croire, car il vint lentement à nous, les bras ballants, tout en jetant sur sa misérable défroque un regard désespéré.

Cependant, à notre vive surprise, il engagea en homme du monde avec la baronne, une conversation qui me permit de supposer, à ses gestes nobles et expressifs, à l'ardeur de ses paroles, à l'éclair d'intelligence qui anima tout à coup son pâle visage, qu'en effet, la cause de sa disgrâce devait être dans des facultés intellectuelles trop développées. Quel triste pays que celui où les dons les plus précieux de la nature sont presque considérés comme un crime, et peuvent devenir pour celui qui les possède une cause de ruine, de désespoir et de folie!

Après avoir parlé politique comme un *fou* seul

peut en parler en Russie, l'archimandrite s'éleva à un véritable lyrisme en passant en revue les poëtes contemporains, qui semblaient lui être tout à fait familiers. Cette conversation se faisant en russe, je ne pouvais la suivre qu'imparfaitement, mais la baronne m'assura plus tard, que tout ce qu'il avait dit était plein de cœur, d'esprit et même de raison.

Désireux de prouver à Mme de Berwick que la langue russe ne le cédait à aucune autre en fait de poésie, il déclama la *Fontaine des larmes* de Pouschkine, comme jamais, peut-être, ces beaux vers n'avaient été dits. Le bras étendu en avant, le regard inspiré, il semblait évoquer dans un langage passionné, les génies invisibles des airs et des eaux.

Ce moment fut vraiment sublime! Martyr de l'intelligence, il protestait par cet élan de poésie, contre la barbarie de ceux qui avaient détruit en lui le sens moral. Sa physionomie en était comme illuminée.

Quant à nous, suspendues à ses paroles, nous ne songions guère alors que cet homme, revêtu d'un tel prestige, était un pauvre fou échappé pour un moment à son gardien. Mais la voix grondeuse d'un moine vint nous rendre à la réalité, et arracher le malheureux à l'extase du moment. Ses yeux redevinrent hagards, sa taille s'affaissa; il porta la main à sa poitrine comme s'il ressentait une vive douleur, et quitta le balcon en poussant un long sanglot.

Que d'existences qui pourraient être fécondes, sont ainsi dévastées par la souffrance, et ne laissent après elles qu'un triste et fugitif souvenir!

De retour à Ékaterinoslaw, qui se trouvait pour l'instant notre quartier général, nous jouîmes encore pendant quelques jours des plaisirs de la vie civilisée, auxquels nous allions devenir comme étrangers. Au résumé, cette ville est fort agréable et j'en conserve un excellent souvenir. Tout y respire le bien-être; je remarquai même que les juifs n'y offrent plus l'aspect ignoble des juifs de Kherson et d'Odessa.

Leurs femmes s'y distinguent par les riches fourrures et les belles pierreries dont leur coiffure est ornée. Quelques-unes sont fort belles et portent avec autant de grâce que de dignité la tunique polonaise bordée d'hermine dont elles se parent les jours de fêtes.

Dans toute la Russie, les israélites observent avec une grande exactitude les pratiques extérieures de leur religion. En communication plus directe avec leurs frères d'Orient, plus avilis, plus méprisés peut-être que partout ailleurs, ils n'en sont que mieux disposés à conserver intactes les cérémonies et exigences de leur culte, seul moyen de se relever à leurs propres yeux de la dégradation à laquelle ils se trouvent condamnés.

Toute ville où domine la population israélite,

présente un très-curieux spectacle le vendredi soir. Chaque maison, riche ou pauvre, étincelle de lumières depuis le coucher du soleil jusqu'à minuit; et quiconque s'approche de la croisée entr'ouverte d'une demeure juive, aperçoit un spectacle qui semble emprunté à quelque chapitre de la Genèse. Ce qui attire tout d'abord le regard, est une espèce d'autel occupant le fond de la pièce, sur lequel s'élèvent par gradins, les pains azymes, entremêlés d'un grand nombre de bougies formant des pyramides de lumières. Toute la famille et les serviteurs entourent cet autel, en murmurant d'une voix sourde et monotone quelques versets du Talmud : les femmes, revêtues de leurs beaux costumes orientaux, ont la tête comme entourée de flammes, tant la lumière scintille sur leurs riches bijoux. Les hommes, au contraire, avec leurs longues robes de lustrine noire, semblent porter le deuil qui convient à un peuple condamné à errer éternellement dans le monde.

CHAPITRE II.

*Un intendant de village. — Colonies allemandes.
Aventure de nuit.*

En quittant Ékaterinoslaw, nous nous dirigeâmes du côté des fameuses cataractes du Dnieper, qu'on essaye en vain de rendre navigables depuis plus d'un siècle, et dans le voisinage. desquelles sont établies plusieurs colonies allemandes.

Mon mari ayant découvert l'année précédente une riche mine de fer dans ces localités, nous dûmes nous y arrêter quelque temps pour faire de nouvelles recherches et surtout pour répondre aux politesses du propriétaire de la mine, qui depuis longtemps témoignait le désir de nous recevoir chez lui.

La maison de M. Marcus, située à quelques verstes des cataractes, dans une position délicieuse, nous offrit tout ce que la vie de campagne peut avoir de plus agréable. Pendant une quinzaine de jours nous jouîmes des plaisirs de la pêche, du bal et de la musique, tout comme si nous eussions été chez quelque gentihomme allemand ou anglais.

J'ai déjà parlé si souvent du Dnieper, que j'ose à peine y revenir; cependant, ce ne sont plus ici les perspectives maritimes de Kherson, ni les plavnicks de Doutchina, ni l'allure joyeuse et hardie d'Ékatérinoslaw. Près des cataractes, le fleuve a toute la profondeur et toute la tranquillité d'un beau lac; pas une ride, pas une vague n'en altère le sombre azur. Son lit est encaissé par des rochers de granit dont les blocs gigantesques semblent avoir été entassés au hasard par la main des géants. Tout est grandiose, solennel dans le spectacle de cette nature primitive. Rien n'y rappelle la fuite et les ravages du temps. Point d'arbres qui s'effeuillent sur la rive, point de gazon qui se flétrisse, point de terrain rongé par la vague : c'est l'image d'une éternelle immobilité.

Aussi, le Dnieper atteint-il, dans ces parages, des profondeurs que la sonde n'a jamais pu mesurer, ce qui autorise les pêcheurs à supposer et même à soutenir qu'il renferme dans ses abîmes de véritables monstres marins. Chacun d'eux a vu le silure, requin d'eau douce dont les mâchoires ne s'effrayent pas d'engloutir un homme ou un cheval.

et à ce sujet, mille histoires vous sont racontées, et vous transportent sur les bords du Nil ou du Gange, dans la patrie fortunée des rapaces alligators. Parmi ces aventures, il en est une qui ne remonte qu'à une date fort récente, ayant eu de nombreux témoins, celle d'une jeune fille, lavant son linge au bord de l'eau, qui fut entraînée par un silure au fond du Dnieper, et dont le cadavre n'a jamais reparu à la surface.

A quelque distance de la maison de M. Marcus (le propriétaire de la mine), on distingue de l'autre côté du fleuve, un village allemand composé de jolies fabriques rouges à contrevents verts : la forêt qui l'environne et le voisinage d'une île avec ses falaises brillant au soleil, ont une physionomie si douce, si attrayante, qu'on se surprend, en contemplant ce délicieux tableau, à rêver de ce bonheur calme, limpide, dont nous avons tous l'instinct au fond du cœur. Plus loin, à l'horizon, le regard découvre les aiguilles, les masses de granits brisés et les flocons d'écume des cataractes. Çà et là quelques rochers à fleur d'eau, parmi lesquels l'un d'eux, surnommé le *Brigand*, est l'effroi des mariniers, servent de retraite à une infinité d'oiseaux aquatiques, dont les cris bruyants accompagnent longtemps le voyageur que le bac emporte d'une rive à l'autre. Toute cette scène est gaie, pastorale comme un tableau de Greuze; mais en revanche les collines pelées qui suivent les ondulations de la rive gauche du fleuve, ne présentent que tristesse et aridité.

Notre première halte, en quittant les cataractes, eut lieu chez un intendant de village en qui nous reconnûmes avec surprise un Français doué de l'accent le plus parisien que j'aie jamais entendu. Marié à une Petite-Russienne, il exerce depuis deux ans les fonctions de prikatchik (intendant) dans un des villages du général Markof. Il mit toute sa maison à notre disposition, avec un empressement qui nous fit comprendre son plaisir à recevoir des compatriotes. D'excellent miel, de la crème et des pastèques nous furent servis à profusion, mais malgré nos instances, nous ne pûmes le décider à partager cette collation, et cela nous fit une impression pénible. L'air de l'esclavage est-il donc si contagieux qu'on ne puisse le respirer sans perdre de sa dignité personnelle? Cet homme, né dans un pays où les préjugés de caste sont presque effacés, se dégradait volontairement à nos yeux, en se jugeant indigne de s'asseoir à nos côtés, tout comme s'il fût né serf et qu'il eût été habitué dès son enfance à la servitude.

Il nous raconta succinctement sa vie, triste tissu de déceptions et de misère, son ardeur et sa mauvaise tête d'enfant de Paris, ses efforts et ses espérances; toutes choses qui sont venues se flétrir dans une atmosphère de dégoûts et d'humiliations, bien capables de détruire en lui jusqu'à l'amour de la patrie. Aussi, est-il, par suite de ses rapports autant avec les maîtres qu'avec les serfs, aussi dur, aussi cruel, aussi égoïste que le Russe le plus renforcé, ce dont il convint lui-même avec une cynisme qui me révolta. Tout le village est consterné des punitions qu'il inflige chaque jour pour les fautes les plus légères; nous en eûmes une preuve bien saisissante peu de temps après notre arrivée. Pendant qu'il causait avec nous, on vint l'avertir que selon ses ordres, deux femmes et trois hommes venaient d'être conduits sur le lieu de l'exécution, pour recevoir tant de coups de knout. Eh bien! malgré l'horreur que nous causa l'appréhension d'un tel supplice, malgré nos prières, il ordonna qu'on distribuât à chacun, cinquante coups de bâton, et le double, s'ils faisaient les récalcitrants. Ce malheureux se venge ainsi sur les mougiks de ce que l'aristocratie russe lui a fait souffrir, et c'est une triste revanche : dans son intérêt même, il ne devrait pas exaspérer les paysans qui rêvent de temps à autre de terribles représailles. Plusieurs fois déjà on a tenté de l'assassiner, et quoique les coupables aient payé cher leur témérité, il pourra bien un jour être victime d'une haine plus habile ou plus heureuse. Dans la semaine qui précédait notre arrivée, eut lieu, à ce que nous raconta sa femme, une tentative plus audacieuse que les autres, de la part d'un paysan qui, dès le principe, s'était déclaré son ennemi.

Après une longue tournée dans les champs, l'intendant alla s'asseoir au fond d'un ravin ombragé de quelques arbres. Vaincu par la fatigue et la chaleur, il finit par s'endormir, mais non sans avoir placé ses deux pistolets à côté de lui. Une crainte instinctive dominait son sommeil, et lui permettait d'entendre le moindre bruit qui pouvait se faire aux alentours. Le corps dormait, l'âme veillait. Tout à coup, un son suspect frappe ses oreilles : il ouvre les yeux et voit un mougik se baisser lentement pour ramasser un de ses pistolets. Le regard du paysan trahissait tant de férocité, et ses mouvements avaient un calme si étrange, qu'on ne pouvait douter de son intention. L'intendant, avec un sang-froid admirable, se lève à demi sur son coude et lui demande, tout en bâillant, ce qu'il compte faire de ce pistolet : le mougik, lâche comme un assassin, prend aussitôt l'air de niaiserie et de fausseté particulier au serf russe, et répond qu'il était bien aise de voir comment un pistolet était fait. Ce disant, il présente l'arme à son maître, sans paraître le moins du monde déconcerté. Ce malheureux faillit mourir sous le knout, et la Petite-Russienne ajouta à ce propos, avec une naïveté tout à fait russe, qu'il aurait bien mieux fait de mourir tout de suite.

Nous eûmes encore dans ce village, l'occasion de remarquer combien ces gens-là ont peu de compassion les uns pour les autres. Ils regardent battre un de leurs camarades sans manifester la moindre émotion, et sans qu'une punition aussi dégradante leur fasse faire le moindre retour sur leur condition : on dirait que l'humanité n'a plus aucun droit sur leur cœur, tellement la servitude a détruit en eux toute puissance de sentir et toute dignité personnelle.

Nous quittâmes cette station sur les six heures du soir, ayant encore une vingtaine de verstes à faire pour arriver au premier village des colonies allemandes de la Molochnia, où nous comptions passer la nuit. Grâce aux mauvais chevaux et au cocher stupide que nous avaient donnés notre compatriote, nous avions à peine franchi un quart du trajet, que déjà nous étions complétement enveloppés par l'obscurité.

Le cocher, tout meurtri par la brutalité de son maître, qui lui avait distribué en notre présence une demi-douzaine de soufflets, changeait à chaque instant de chemin, selon son caprice, sans s'inquiéter des nouvelles corrections du même genre qu'Antoine faisait pleuvoir sur sa tête en manière d'admonition. Il nous fit perdre ainsi un temps infini et dépensa en outre en pure perte toute la force de ses chevaux.

On ne peut rien imaginer de plus ennuyeux et de plus monotone que de voyager dans les steppes, dont l'uniformité devient véritablement décourageante pendant la nuit, alors que l'on court à chaque instant le risque de tourner le dos au but de son voyage : c'est l'immensité de la mer, et une boussole rendrait souvent de véritables services. Cependant, l'instinct des paysans leur fait parfaitement trouver leur chemin à travers les innombrables sentiers qui se croisent en tous sens. La nuit la plus obscure, le chasse-neige le plus violent, rien ne les empêche d'arriver droit au but, sans avoir dévié un instant de leur route.

Notre cocher faisait malheureusement exception à la règle commune, ou plutôt il entrait plus de mauvais vouloir que de maladresse dans l'embarras où il paraissait se trouver. Quoi qu'il en soit, notre perplexité augmenta considérablement quand nous vîmes que les chevaux ne voulaient plus avancer. La nuit était fort sombre, aucune lumière, aucun bruit ne nous annonçaient le voisinage d'un lieu habité ; à chaque nouvelle question que nous adressions au cocher, nous ne pouvions obtenir que cette réponse laconique : *nesnaï* (je ne sais pas); et quand un Russe a répondu qu'il *ne sait pas*, aucune puissance humaine ne peut lui faire dire qu'il *sait*, pas même les coups de bâton. Nous en eûmes la preuve ce soir-là. Le cosaque, fatigué de questionner en vain le malencontreux cocher, commença à lui caresser les épaules d'un long fouet qu'il portait par précaution à sa ceinture, correction qui n'eut aucun résultat. Il ne nous restait plus qu'un parti à prendre, si nous ne voulions passer la nuit à la belle étoile. Le cosaque détela l'un des chevaux et s'en alla faire une reconnaissance aux alentours, dans l'espoir de découvrir quelque indice qui nous permît de continuer notre route. Après une absence qui nous parut fort longue, il reparut en nous annonçant le voisinage d'un village allemand, nous assurant qu'une heure de marche nous suffirait pour l'atteindre. Mais il fallait pour cela que les chevaux se remissent en marche, et la force leur manquait totalement.

Le cosaque nous tira encore d'embarras, en s'avisant d'atteler à la voiture un pauvre petit poulain qui avait suivi sa mère sans se douter qu'il commencerait dès ce soir-là son rude apprentissage. Ce renfort, tout faible qu'il était, nous permit d'avancer, quoique bien lentement; mais enfin, des aboiements vinrent rendre du courage à nos bêtes qui se mirent à trotter pour la première fois de la soirée.

Une forêt de beaux arbres et des lumières éloignées nous annoncèrent décidément le village. Ce n'étaient plus ces *kâtes* sortant du sol aride comme de vrais champignons, sans un seul arbrisseau pour les égayer. Nous entrions dans les colonies allemandes, fraîches oasis de ce grand désert qui s'étend jusqu'à la mer d'Azof. Les émanations des arbres fruitiers en fleurs, jointes à la vue des gracieuses maisonnettes rouges que nous distinguions à travers le feuillage, nous transportèrent bientôt loin des steppes russes.

La joie que cause à tout voyageur perdu au milieu des sables africains, l'apparition d'un bois de palmiers, ne peut être plus vive que la nôtre lorsque nous entrâmes dans ce joli village, portant le nom de Rosenthal (vallée des roses), qui témoigne de l'imagination poétique des Allemands.

De grands jardins nous forcèrent à faire un long détour pendant lequel les lumières que nous avions vu briller, s'éteignaient l'une après l'autre, à notre grande mortification. Comment découvrir au milieu de ces habitations enfouies sous les arbres, celle du schulz (maire), auquel nous devions demander l'hospitalité? La chose était difficile, et nous passâmes une bonne demi-heure en vaines recherches. Quelque loustic du pays finit par nous indiquer une maison située au fond d'un jardin dont la porte était ouverte. Bien vite nous plantons là notre piètre équipage, et courons à cette heureuse demeure, avec l'espoir d'y trouver un bon souper et un bon lit, comme dit la chanson; mais arrivés en face de la maison, nous n'eûmes qu'à lui jeter un coup d'œil, pour comprendre qu'elle était abandonnée; les fenêtres ouvertes, les portes sans serrure, les volets brisés ne pouvant nous laisser aucun doute. Décidément, il fallait aller souper ailleurs.

Pendant ce temps, le cosaque réveillait tout le voisinage en frappant sur une porte voisine, si bien qu'un brave colon mit le nez à la croisée, demanda des explications et nous offrit de nous conduire à la véritable maison du schulz.

Un moment après, nous le vîmes traverser son jardin, glissant comme un fantôme à travers le feuillage, et cette apparition, jointe à l'étrange demeure délaissée que nous avions en face de nous, acheva de donner à ce qui nous entourait un aspect tout à fait fantastique; aussi eus-je grand'peine à ne voir dans l'ombre blanche qui glissait mystérieusement sur la pelouse, qu'un bon gros Allemand en caleçon et en bonnet de coton.

Le lendemain matin, la femme du maire fit porter sous une charmille un déjeuner composé d'excellent moka, de gâteaux tels que les ménagères allemandes en ont seules le secret, et d'une crème épaisse et parfumée qui me rappela les montagnes de la Suisse.

Quelques articles touchant les colonies allemandes, insérés par mon mari dans le journal d'Odessa, furent en grande partie la cause de l'accueil cordial de ces braves gens, déjà si portés par leur caractère à recevoir l'étranger avec l'hospitalité pleine de bonhomie qu'on ne retrouve plus qu'en Allemagne.

La contrée qu'occupent ces colonies n'a plus aucune ressemblance avec les steppes russes, quoique la configuration du sol y soit la même. Les villages, très-rapprochés les uns des autres, sont tous construits sur le même plan et abrités, pour la plupart, dans des ravins. Les maisons, bâties en bois ou en briques rouges et bleues, avec le toit fortement en saillie, n'ont qu'un rez-de-chaussée élevé : entourées de jardins, elles font au milieu de la verdure des arbres un effet délicieux, grâce à leurs murs peints de diverses couleurs, à leurs cheminées en bois sculpté ainsi qu'à leurs belles toitures en paille qu'on peut comparer aux fines nattes d'Égypte. L'identité des constructions se remarque partout et dans les plus minces détails; quelques maisons seules se distinguant par un peu plus de peinture ou de sculpture, et une balustrade plus élégante devant le jardin.

L'aspect des champs de labour annonce d'excellents cultivateurs, sachant apprécier tout ce qu'un terrain vierge offre de ressources à celui qui veut l'exploiter. Un magnifique bétail couvre leurs prairies; des bergeries et des puits placés de distance en distance animent le paysage et rompent la fatigante monotonie de la plaine : tout accuse, dans ces riantes colonies, les avantages d'une vie laborieuse et la prospérité des colons. Mais il faut voir l'intérieur des maisons pour apprécier les habitudes d'ordre et de travail qui servent de base aux jouissances de la vie de famille. Non-seulement cet intérieur est amplement pourvu de tout ce qui est nécessaire à la vie, mais il renferme encore presque toujours un confortable assez rare chez les nobles russes. On pourrait même accuser les colons d'un peu de sensualité à la vue de leurs lits chargés de coussins et d'édredons qui s'élèvent jusqu'au plafond. Un beau poêle en faïence, une armoire vitrée contenant des plats, des tasses, et souvent de l'argenterie; des meubles frottés avec soin, des rideaux aux croisées et partout des fleurs; voilà ce qu'on est sûr de trouver dans toutes les habitations.

Partout ces braves gens nous reçurent avec les plus grands témoignages de considération. A peine arrivions-nous dans un village, la plus belle maison du lieu nous était immédiatement offerte, et toutes les ménagères se mettaient à l'œuvre pour nous bourrer de gâteaux, de café, de crème, de friandises les plus raffinées; puis, quand nous voulions partir, leurs meilleurs chevaux nous conduisaient rapidement à un autre village, où nous attendait la même hospitalité.

A Orlof, nous passâmes deux jours chez un colon fort riche et le plus philanthrope de toutes les colonies allemands. Établi depuis une quarantaine d'années dans le pays, M. Cornies débuta sans argent, n'ayant, comme les autres, qu'un coin de terre aride et quelques instruments aratoires. Au bout de quelques années chacun enviait déjà sa fortune, mais tous rendaient justice à sa sollicitude pour quiconque avait été moins heureux que lui. Doué d'une activité pleine d'intelligence, dévoué à la cause du progrès, il s'est ensuite constitué le chef de la civilisation des Tatars-Nogaïs, et, comme nous le verrons plus tard, il poursuit aujourd'hui avec le plus grand succès l'œuvre si habilement commencée par un de nos compatriotes, le comte Maison. M. Cornies est actuellement membre correspondant de l'Académie de Saint-Pétersbourg, et l'on cite de lui plusieurs mémoires remplis de recherches savantes et remarquables par la portée de leurs idées; aussi jouit-il d'une grande réputation, non-seulement parmi ses compatriotes, mais encore dans toute la Russie méridionale. Ses troupeaux, ses pépinières, ses laines intéressent tous les industriels, qui ont pour la plupart, adopté les procédés dont il se sert pour le perfectionnement de la culture et l'élève des troupeaux.

Quoique M. Cornies possède plus d'un million, sa manière de vivre n'en est pas moins conforme au rigorisme et à la simplicité des mennonites, dont il fait partie. Les mœurs de ces sectaires sont d'une rigidité qui exclut de la vie de famille tout ce qu'elle offre ordinairement de charme et d'abandon. La femme et les filles d'un mennonite, quelle que soit leur fortune, sont les seules servantes de la maison, et nous vîmes Mme Cornies et sa fille nous servir humblement à table, tout comme si elles n'eussent eu aucun droit d'y prendre place avec le chef de la famille. Malgré cette inégalité apparente entre les deux sexes, les mennonites font d'excellents ménages. Du reste, pour bien juger tout ce qui touche aux peuples étrangers, il faut voir les choses avec les yeux que donnent à chacun l'éducation qu'il reçoit, et les mœurs au milieu desquelles il vit.

La mise des femmes est simple et modeste comme leur existence. Elle consiste en une robe de cotonnade bleue, dont le corsage ne descend qu'au bas du sein : un tablier de la même étoffe et une collerette blanche à ourlet plat complètent ce costume, que toutes portent invariablement. Leur coiffure, de même que celle des alsaciennes, est un petit bonnet noir sans garniture, posé sur des cheveux relevés à la chinoise et s'attachant sous le menton. Autant il va bien aux jeunes et frais visages, autant il enlaidit encore la laideur des vieilles femmes. Quant aux hommes, leur habillement est le même que celui des paysans d'Allemagne, à quelques légères modifications près.

Un plat de viande et deux plats de légumes composent tout le dîner d'un mennonite; chaque convive a devant soi un grand verre de lait qui remplace le vin, l'usage de cette dernière boisson étant complétement proscrit de leurs habitudes.

Les colonies de ces sectaires n'ont point de prêtres attitrés, les membres les plus âgés et les plus considérés de la communauté étant seuls chargés de remplir les fonctions de ministre, qui sont décernées par élection. Ce sont eux qui tous les dimanches lisent la Bible, font le sermon et entonnent les cantiques qu'ils chantent en chœur avec leurs coreligionnaires.

Les mennonites sont généralement instruits, mais l'instruction, comme la richesse, ne porte aucune atteinte à la simplicité patriarcale de leurs mœurs. Nous eûmes l'occasion de voir un jeune homme d'une des plus riches familles de cette colonie, à son retour d'un long voyage : il avait visité la France, la Suisse et l'Allemagne, et cependant, ce fut avec le plus vif empressement qu'il revint partager les travaux d'agriculture de son père et de ses frères.

CHAPITRE III.

Marioupol. — La mer d'Azof. — Arrivée à Taganrok. — Souvenir de l'empereur Alexandre. — Un bal chez le général Khersanof. — Aventures d'un philhellène. — Course de chevaux. — Départ.

Notre arrivée à Marioupol nous rappela désagréablement que nous n'étions plus dans les colonies allemandes. Une chambre de poste sale, le manque de chevaux, l'impossibilité de trouver du pain, même de l'eau douce, des employés grossiers, tout enfin formait un triste contraste avec le bien-être et les facilités auxquels nous avait habitués notre course à travers les riches villages des mennonites.

Marioupol est un grand et sale village situé à l'embouchure du Kalmious, dans la mer d'Azof. Son port n'a qu'une douane de sortie; c'est du reste une méchante rade, peu profonde, où les navires ne sont à l'abri que du seul vent d'ouest. Sauf un brick solitaire dont les voiles séchaient au soleil, les embarcations qu'il renfermait, lors de notre passage, se composaient uniquement de petits bâtiments de cabotage. Toutefois son exportation est assez considérable, et s'élève annuellement au chiffre de quatre à cinq millions.

Après une attente de plusieurs heures, nous obtînmes enfin des chevaux qui nous conduisirent rapidement à l'autre poste; mais là, de nouvelles difficultés devaient encore entraver notre marche : l'écrivain se mit en tête de nous rançonner, et ne trouva pas de meilleur moyen que de nous refuser ses bêtes. Ordres, menaces, injures, rien ne put troubler son flegme, et, pour comble d'embarras, notre cosaque, atteint d'une fièvre violente, était resté à Marioupol, pour se faire soigner. S'il eût été avec nous, l'écrivain se fût conduit tout autrement, car les coups de bâton ne lui auraient certes pas manqué.

Une telle façon de se faire servir répugnant trop à nos habitudes, nous préférâmes recourir à l'autorisation dont nous nous étions munis, par surcroît de précaution, celle de prendre des chevaux chez tous les paysans. Antoine partit donc pour le prochain village, sans s'occuper davantage de la poste. Ceci donna gros à penser à l'écrivain qui perdait tout son calme à mesure que nous reprenions le nôtre. A chaque instant, des troupes de chevaux rentraient des pâturages, et sa situation commençait à devenir passablement embarrassante. Mais je renonce à peindre le regard de consternation avec lequel il accueillit le retour d'Antoine, qui ramenait triomphalement trois robustes chevaux, et un cocher par-dessus le marché. Quand le misérable juif ne put douter que cet attelage fût pour nous, il se jeta à nos pieds, frappa sa tête contre terre, fit tant de bassesses, en un mot, que nous finîmes, autant par dégoût que par fatigue, par lui promettre de ne porter aucune plainte contre lui.

Cinq heures après, nous arrivâmes à Taganrok, située sur le golfe du même nom, à l'extrémité septentrionale de la mer d'Azof, ville fondée par Pierre le Grand, en 1706, après la prise d'Azof, et qui fut démolie en vertu du traité du Pruth. On la rebâtit en 1769, à la suite d'une nouvelle guerre, et, pour lui donner plus d'importance, Catherine II fit alors fortifier la place et creuser un port entouré d'un môle, dont les restes à fleur d'eau existent encore aujourd'hui.

Les eaux de la rade de Taganrok sont tellement basses, que les navires doivent se tenir au large à quelques verstes de la côte, ce qui rend le chargement des denrées commerciales assez original : des voitures, surmontées d'un plancher portant les céréales, font le premier trajet, s'avançant par files souvent jusqu'à une demi-lieue en mer; là, le transbordement a lieu sur de grandes barques, qui ont presque toujours besoin d'un troisième auxiliaire pour transporter définitivement les produits à bord des navires d'exportation.

En approchant de Taganrok, nous crûmes arriver à Odessa. Sa position sur la mer d'Azof, la configuration du sol au milieu duquel elle s'élève, ses églises, sa grande étendue, et jusqu'à la forteresse qui la domine, tout conspire à rendre l'illusion frappante.

Cette ville mérite à plus d'un titre de fixer l'attention du voyageur. Deux empereurs, Pierre le Grand et Alexandre ont attaché à son nom une célébrité qui ne s'effacera jamais.

Ainsi que Pierre le Grand l'avait prévu, Taganrok s'est accrue rapidement depuis un demi-siècle, étant devenue l'une des villes les plus commerçantes de la Russie méridionale. Son commerce a cependant considérablement diminué depuis la suppression du lazaret et de la fermeture de la mer d'Azof, au moyen d'une quarantaine de cinquante jours, établie à Kertsch. La ville compte aujourd'hui près de seize mille habitants.

Le passage de Pierre le Grand est consacré à Taganrok par un bois de chênes qu'il a planté lui-même. Ce souvenir d'un grand prince vaut certainement mieux qu'un monument fastueux; il est plus durable et plus philanthropique, surtout dans une contrée dégarnie de forêts. Le nom du régénérateur de la Russie vivra éternellement dans ce pays, parce qu'il se mêle à une impression de bien-être que chacun est à même de ressentir.

C'est à Taganrok que mourut, loin de sa cour et des splendeurs de Saint-Pétersbourg, l'empereur Alexandre.

En visitant la modeste maison qui lui servit de dernière demeure, tous les événements de la grande époque dont il fut un des plus brillants acteurs nous revenaient en foule à la mémoire.

Que de dates, que de personnages, que de choses déjà oubliées ce nom évoquait dans notre esprit, comme une fantasmagorie où des ombres passaient à tour de rôle avec des simulacres d'existence! Ombres belles, illustres, charmantes s'il en fut : Napoléon, la paix de Tilsit, le duc de Vicence, Mme de Krudener, la belle N***, 1815, jetaient sur cette maison un reflet de gloire, de poésie, de passion et de désastres, qui la rendait à nos yeux mille fois plus imposante qu'un palais de marbre et d'or. La belle et gracieuse figure d'Alexandre dominait tous ces souvenirs.

Dans son cabinet de travail, moins orné que celui d'un homme d'affaires; dans son salon, dans sa chambre à coucher, dont on a fait une chapelle ardente, dans ses portraits, et surtout dans les souvenirs du vieil officier qui nous servait de cicérone, nous le retrouvions sans cesse, tantôt brillant et animé sous son bel uniforme des gardes, tantôt simple et charmant dans l'intimité de famille, puis voilé d'un drap mortuaire, et enfin ressuscité par le respect et l'amour dont sa mémoire est entourée.

Par un soin religieux, rien n'a été changé dans la maison. Une dizaine de chambres donnant les unes dans les autres, et meublées de la manière la plus simple, voilà où furent logées pendant plus de trois mois Leurs Majestés, avec une suite peu nombreuse. L'impératrice Élisabeth ne possédait, pour elle et ses filles d'honneur, que trois ou quatre pièces assez petites et mal éclairées.

Alexandre avait une grande prédilection pour Taganrok, et l'on va jusqu'à dire que son projet était d'abdiquer et de choisir cette ville pour résidence. Le sort s'est chargé en partie de réaliser son désir, en arrêtant là le cours de cette carrière qui avait rempli l'Europe de son éclat. Là il abdiqua, non la couronne, mais la vie, la jeunesse, le bonheur, l'amour. Ainsi se perdent au milieu des sables, ces grands fleuves dont on croirait le cours éternel, en voyant leurs eaux se répandre avec tant d'orgueil et d'abondance au milieu des prairies qu'elles fertilisent. Séduit par leur beauté, on suit leur marche triomphale, on s'attache à leurs bords avec autant d'admiration que de sécurité ; mais bientôt le fleuve entier s'évanouit dans le désert, sans laisser d'autre trace de sa présence qu'un peu de limon et quelques gouttes d'eau, que le soleil fait rapidement disparaître.

Il y avait foire à Taganrok à notre arrivée. Une chaleur suffocante, d'affreux tourbillons de poussière, un encombrement dans tous les hôtels nous avaient d'abord prévenus contre cette ville; mais le spectacle des curiosités de la foire nous consola promptement du désagrément d'être mal logés. En Russie, ces fêtes mercantiles ont encore conservé une importance qu'elles n'ont plus dans nos pays mieux civilisés; chaque ville a la sienne, plus ou moins fréquentée : celle de Nijni-Novogorod, réputée depuis longtemps pour la plus grande du continent européen, voit tous les peuples de l'Asie et de l'Europe lui envoyer des représentants. Après elle, la foire de Kharkof est en grande réputation parmi les négociants pour ses riches fourrures. Ces foires durent souvent plus d'un mois, et sont attendues avec impatience par toute la noblesse campagnarde qui va sans façon y respirer un parfum de grande ville. Des bals, des spectacles, des emplettes, de la musique, des courses de chevaux, que de plaisirs en peu de jours! aussi chacun se met-il à en jouir avec une fougue presque fiévreuse. Tout est interrompu, affaires, études, procès, voyages; aujourd'hui la foire, demain les autres intérêts de la vie. A Taganrok, d'immenses bazars, construits à quelque distance de la ville, sont remplis de toutes les marchandises de l'Orient, étalées dans des allées couvertes où le beau monde se réunit le soir. C'est vraiment un singulier coup d'œil que celui de ce labyrinthe d'étoffes, de babouches, de fourrures, de chapeaux et de bonnets de Paris, de châles de Cachemir, et de mille autres objets dont le détail serait trop long. Tout est très-bien disposé, tout flatte la vue par un mélange de couleurs et de formes aussi pittoresque que bizarre.

L'Europe et l'Asie sont en présence, et luttent de coquetterie pour séduire les acheteurs. Malgré l'élégance des modes françaises, il faut avouer que nos petits chapeaux et nos mantilles étriquées font une triste figure à côté des mousselines tissées d'or et d'argent, des riches termalamas et des fourrures qui garnissent les boutiques du pays; cependant tous les regards, tous les désirs, toutes les bourses se tournent du côté des produits français. Quelques rubans fanés, quelques chapeaux de pacotille, attirent plus de jolies acheteuses que tout ce que l'Asie a de plus magnifique.

Pendant notre séjour à Taganrok, nous fûmes invités à un bal chez le général Khersanof, beau-fils du célèbre hettman Platof. Ce général possède un fort bel hôtel, et vit en véritable prince au milieu de la société mêlée d'une cité commerciale. Tous les appartements de sa résidence, revêtus de stuc, sont décorés avec autant de goût que de magnificence : des glaces de plus de trois mètres de hauteur forment les croisées ; les meubles, les lustres, les plafonds, les tableaux, annoncent un luxe de bon ton bien fait pour étonner de la part d'un cosaque.

L'hôtel est précédé d'un beau jardin qu'on avait illuminé *à giorno* pour la fête. Toute la façade du palais resplendissait de lumières, c'était un coup d'œil magique, surtout par cette belle nuit d'été dont la transparence pouvait le disputer à celle des nuits les plus limpides du Midi.

En entrant dans le premier salon, nous trouvâmes le général, qui s'empressa de nous présenter à ses deux femmes. Mais, dira-t-on, la bigamie est-elle donc autorisée par les mœurs cosaques? Non, pas tout à fait ; mais si les lois et l'opinion sont contre elle, un homme haut placé peut facilement se soustraire aux lois et à l'opinion, et le général Khersanof vit depuis plusieurs années en état de bigamie, sans aucun mystère, et sans que ses salons soient moins fréquentés pour si peu. En Russie, la richesse couvre tout de son voile brillant ; elle permet toutes les excentricités, même celles qui sont le plus en opposition avec les mœurs, pourvu qu'elle s'entoure de bals et de fêtes. L'opinion, telle qu'elle existe ailleurs, est complétement inconnue ici : on laisse les scrupules de conscience aux esprits timorés, sans en vouloir même reconnaître le mérite.

Un homme esclave de sa parole et une femme de sa réputation, ne sauraient être compris dans un pays où le caprice règne en souverain absolu. Une dame russe, à qui je faisais quelques observations à ce sujet, me répondit naïvement que les petites gens peuvent seules être atteintes par le scandale, vu que le blâme ne saurait venir que d'en haut. Elle avait parfaitement raison, car dans la sphère où se trouve placée la noblesse, qui oserait se permettre de la critiquer et de condamner ses travers? Pour que l'opinion existe, il faut une classe indépendante qui puisse exprimer ses jugements, sans avoir à craindre la vengeance de ceux qu'elle fait comparaître à sa barre; il faut un pays libre, où les actions de chacun puissent être appréciées avec impartialité; il faut, enfin, que les mots de justice, d'honneur, de probité, de délicatesse, aient une valeur réelle, au lieu d'être le jouet d'une caste élégante et corrompue, se faisant un système de railler tout ce qui ne sert pas à ses caprices et à ses passions.

Les dames Khersanof, malgré leur opulence et la société qui remplit leurs salons, ont conservé tant dans leurs manières que dans leur costume une simplicité qui contraste curieusement avec leur entourage. Un air embarrassé, des traits vulgaires, un costume maussade, nulle dignité, ni dans le maintien, ni dans la conversation, forment un singulier contraste avec leur rang. La plus jeune avait une robe en soie de couleur sombre, à taille courte et à manches plates, tellement étroite qu'on pouvait la prendre pour un sac; un mouchoir de soie recouvrait ses épaules et une partie du cou; un petit bonnet, dont la forme me rappela le respectable casque de nos cuisinières, lui servait de coiffure. L'ensemble en était mesquin, désavantageux, sans caractère; excepté quelques gros brillants scintillant à sa ceinture et à son bonnet, rien n'annonçait le luxe asiatique que beaucoup de femmes de ce pays ont encore conservé.

On prétend que les deux épouses *ab-indivis* vivent dans la meilleure intelligence du monde. Le général paraît fort à l'aise vis-à-vis d'elles, et va de l'une à l'autre avec le même empressement et la même affection. Sa première femme est vieille, et pourrait être prise pour la mère de l'autre. On nous assura que, désolée de n'avoir point d'enfants, elle conseilla elle-même à son mari de faire un nouveau choix.

Cette abnégation a quelque chose de naïf et de touchant qu'on ne trouverait certes pas chez les femmes civilisées. Fort de l'approbation de sa vieille épouse, le général arrêta donc ses vues sur une jeune paysanne fort jolie qui habitait sa propriété. Pour combler en quelque sorte l'immense distance qui la séparait de lui, il la maria à l'un de ses officiers, qui, à la sortie de l'église, reçut l'ordre de partir sur-le-champ pour une mission lointaine dont il n'est jamais revenu. Quelques temps après, la jeune femme fut installée dans le brillant hôtel du général, et présentée à toute la société sous le nom de Mme Khersanof.

Deux charmantes filles sont le fruit de cette union anti-orthodoxe. Revêtues du sérafine de soie bleue, elles dansèrent la russe et la cosaque avec infiniment de charme, et nous séduisirent complétement pendant toute la durée du bal. La danse russe, ravissante de simplicité et de poésie, diffère entièrement de toutes les autres danses nationales : elle consiste moins dans les pas que dans une pantomime rêveuse, ingénue, où le calme et la gravité du Nord sont animés par des poses d'une grâce inimitable. Moins passionnée que la danse espagnole, la russe porte dans les sens une douce langueur dont il est difficile de se défendre.

Nous eûmes la bonne fortune de rencontrer à Taganrok un Français qui, par sa destinée aventureuse, pourrait fournir bon nombre de pages à Alexandre Dumas, car la nature l'a taillé tout exprès pour jouer le rôle d'un héros de roman. Antinoüs par la beauté, elle lui a donné en outre une vive imagination, un besoin immodéré de courir à travers les chemins les plus fantasques de la vie, et l'instinct de tous les héroïsmes. Aussi, dès l'âge de dix-huit ans, plein d'enthousiasme pour la cause grecque qui passionnait alors l'Europe entière, il se hâta d'aller jouer son rôle dans cette romanesque révolution, et prit sa part de tous les hasards et de tous les dangers de la lutte entre les Hellènes et les Turcs.

Faisant la guerre, tantôt en guérillero, tantôt en marin, tantôt en diplomate, il vit de loin ou de près les individualités brillantes, vrais météores qui illuminèrent la guerre de l'indépendance; et pour comble de bonheur, un hasard providentiel lui permit de sauver la vie d'une jeune et belle Smyrniote, dont il fit naturellement la conquête et qu'il s'empressa d'épouser au premier moment de répit.

A peine unis, la passion des voyages emporta le jeune couple dans toutes les cours d'Europe, où, grâce à son beau costume smyrniote et à sa délicieuse figure, la jeune grecque était accueillie avec enthousiasme. A Moscou, elle plut tellement à l'impératrice qui s'y trouvait alors, qu'on parla sérieusement de l'attacher à la cour comme dame d'honneur de Sa Majesté.

D'un autre côté, il n'était question, dans tous les salons, que du beau Français dont toutes les dames moscovites avaient la tête tournée. Il en résulta pour lui une de ces aventures qui éclatent dans la vie comme une bombe, ne laissant, comme ces dernières, que des ruines après elle. Comment s'en retira-t-il sain et sauf? C'est ce qu'il ne peut expliquer lui-même, tant le danger fut terrible.

Tous deux vinrent se réfugier à Paris, où le mari tâcha de se créer une position stable, bien nécessaire après tant de temps gaspillé à courir le monde. Mais sa bonne étoile lui fit défaut, et un beau jour il s'estima fort heureux d'accepter les fonctions de professeur de français à Taganrok, que le gouverneur de cette ville lui fit offrir par l'intermédiaire d'un de ses amis.

Qu'on habille le corsaire Manfred en procureur, et ce travestissement ne paraîtra pas plus étrange que celui du brillant cosmopolite en pédagogue!

La destinée a de bizarres caprices, en confinant ainsi au bord de la mer d'Azoff deux êtres qui réalisent par leur beauté les types les plus charmants de la poésie et du drame.

Mme de V., avec ses grands yeux d'un bleu sombre, sa peau mate, ses cheveux d'un noir noir, et sa petite veste grecque rouge et or, me faisait songer à Zuleïka ou toute autre héroïne de Byron, tant elle résumait dans sa personne le charme attrayant des Levantines. Quant à son mari, je ne puis mieux le comparer qu'au Giaour d'Ary Scheffer.

Lorsque nous fîmes leur connaissance, il y avait environ deux ans qu'ils étaient établis à Taganrok. M. de V. pouvait avoir quarante ans, ainsi que sa femme, mais on leur en eût donné à peine trente à l'un et à l'autre.

Toute notre colonie, dans cette ville, se compose du docteur Meunier, chargé des fonctions de consul, de la famille de V. et d'une dame provençale qui tient au pensionnat.

Ce docteur Meunier est encore un personnage exceptionnel, qui a passé je ne sais combien d'années au service du schah de Perse. Il en a rapporté l'ordre du Soleil, magnifique crachat plus brillant que la plaque d'un grand'croix.

Son imagination, garde comme un reflet du soleil d'Orient, tant elle est vive et féconde : aussi l'aimable docteur est-il d'un commerce précieux pour quiconque aime à donner à la *folle du logis* la clef des champs. Ses récits, pleins de pittoresque et de merveilleux, ressemblent à une page des *Mille et une nuits*. A mesure qu'il s'anime, on voit passer devant soi, comme dans un kaléidoscope, des palais d'or et d'azur, de gracieuses almées, des villes ruinées de fond en comble, des tours de têtes humaines, des princes aveugles et mendiant leur pain, des derviches tourneurs ou hurleurs, une modiste parisienne faisant des éducations persanes, un luxe effréné à côté de la plus affreuse misère, tout ce qui émeut, séduit, passionne ou épouvante dans cet Orient plein de contrastes.

Mais l'aimable voyageur devrait s'en tenir à la

simple prose et ne pas remplir son portefeuille de *bouquets à Chloris et d'épîtres aux amis*, comme un bon bourgeois de la rue Saint-Denis.

Le premier salon de Taganrok est sans conteste celui de M. Yeams, frère du consul général d'Odessa. Nous retrouvâmes en lui toutes les aimables qualités et le tact parfait de son frère. Lorsque les Anglais peuvent se débarrasser de la roideur qu'on leur reproche à juste titre, et surtout de leur orgueil immodéré, ce sont peut-être les gens les plus agréables qu'on puisse voir dans l'intimité. Toutes leurs bonnes qualités, cachées sous le voile de la froideur, apparaissent soudain, et l'on découvre en eux un grand esprit d'observation et d'analyse, une profonde instruction, une dignité réelle dans la manière d'agir, et surtout une bonhomie d'autant plus séduisante, qu'ils la dissimulent avec un grand soin.

En passant en revue la bibliothèque anglaise, française et allemande de M. Yeams, ainsi que les journaux de tous les pays qui couvrent les tables, il serait difficile de se croire aux confins de l'Europe : le *Journal des Débats*, le *Times*, la *Gazette d'Augsbourg*, vous mettent au courant des affaires de l'Europe, tout comme si Paris et Londres n'étaient pas à mille lieues de la mer d'Azof.

On ne saurait se figurer combien la vue d'un salon rempli ainsi de livres, de cartes, de journaux, d'individus parlant votre langue, met d'abord d'incohérence dans les idées. On se demande très-naïvement ce que sont devenus les jours et les nuits passés à courir la poste; l'immense étendue de mer que l'on a sillonnée; les lieues, les contrées, les climats que l'on a jetés entre soi et la patrie.

Avec les progrès que fait chaque jour la civilisation, les distances deviendront bientôt nulles, car la distance n'existe pas dans une différence de longitude, mais bien dans la diversité des mœurs et des idées. A Taganrok, je me sentais certainement plus près de la France que dans maint canton de la Suisse ou de l'Allemagne.

La veille de notre départ, nous assistâmes à une course de chevaux qui n'eut d'intérêt à nos yeux que par le nombre et la variété des spectateurs. Là nous commençâmes à apercevoir quelques Kalmouks venus à la foire pour vendre leurs chevaux, dont la race est fort estimée dans toute la Russie méridionale. Les traits mongols et l'aspect sauvage de ces adorateurs du grand Lama n'avaient, il faut en convenir, rien de bien séduisant, et en les voyant regarder avec méfiance et dédain ceux qui les entouraient, en les entendant jeter de grands cris chaque fois qu'un cheval passait rapidement devant eux, je ne pus m'empêcher d'éprouver quelque appréhension à l'idée que bientôt j'irais leur demander l'hospitalité.

La population de Taganrok, composée en grande

partie de Grecs et d'Italiens, rappelle, à s'y méprendre, les villes du Levant. Au milieu du brouhaha qui nous poursuivait partout, nous avions de la peine à nous croire en Russie, où d'ordinaire le peuple fait le moins de bruit possible, pour que l'écho de sa voix n'aille pas jusqu'à Pétersbourg. Les Grecs, quoique soumis au régime impérial, sont moins circonspects, et ont conservé sous le ciel froid du nord la vivacité et le caractère inquiet qui distinguent leur race. Nous admirâmes ce jour-là une foule de jeunes femmes grecques, aux yeux noirs, à la taille élégante, qui attiraient tous les regards. Un cordon d'équipages entourait une partie de l'enceinte destinée à la course, permettant de passer en revue tout ce que Taganrok et les environs possèdent de familles aristocratiques. Nous vîmes de véritables toilettes de bal, des manches courtes et des coiffures en cheveux ornées de fleurs.

Un soleil dévorant, joint à des tourbillons de poussière qui paraîtraient fabuleux dans tout autre pays, eurent bientôt flétri toutes ces fraîches parures et chassé la plupart des spectateurs; nous ne fûmes pas les derniers à aller chercher un refuge dans les allées couvertes d'un bazar voisin, où des sorbets à la glace et de délicieuses pastèques nous furent servis dans un café arménien pour la valeur de quelques kopecks.

CHAPITRE IV.

Campement nocturne de Tsiganes. — Rostof. — Une ville arménienne aux bords du Don.

En nous éloignant de Taganrok, nous pûmes facilement prévoir la somme de souffrances qui nous était réservée, durant ce long voyage. Une sécheresse interminable, jointe à trente degrés de chaleur, avaient déjà changé les plaines verdoyantes du Don en un désert aride. Dans certains moments, le vent soulevait de telles vagues de poussière autour de nous, que le ciel disparaissait complétement à nos yeux; la respiration nous manquait, le sang bourdonnait dans nos oreilles; c'était un moment d'horrible souffrance. L'air échauffé provenant d'un incendie ne cause pas une suffocation plus douloureuse que celle produite par ce vent du désert. Les chevaux eux-mêmes s'arrêtaient en baissant la tête, et semblaient partager le malaise qui nous dominait.

A l'approche du Don, le pays devient un peu plus accidenté; quelques stanitzas cosaques se montrent déjà au milieu des bouquets d'arbres qui couvrent les bords du fleuve. De profonds ravins tapissés d'arbres, joints à la trace de plusieurs ruisseaux, prouvent combien cette partie des steppes doit être agréable au printemps; mais à l'époque de notre voyage, tout avait été desséché, calciné par les rayons du soleil qu'aucun nuage n'avait voilé depuis deux mois.

Nous traversâmes, avant d'arriver à Rostof, un grand village arménien, qui empruntait à sa position pittoresque au milieu d'un ravin, ainsi qu'à la construction de ses maisons, rappelant d'anciennes traditions orientales, une physionomie assez rare dans ces contrées plates, et suffisante pour captiver un moment l'imagination. La soirée s'annonçait comme devant être fort belle; quelque chose de serein, de calme et de mélancolique avait succédé aux chaleurs énervantes de la journée.

Le coucher du soleil, dans les steppes, présente un caractère tout exceptionnel : dans un pays accidenté, les ombres, en s'allongeant insensiblement, avertissent longtemps à l'avance que le soleil s'approche de l'horizon. Mais ici aucun obstacle ne le dérobe à la vue; toute la terre est illuminée de ses rayons jusqu'au moment où son globe disparaît derrière la ligne du steppe; alors, la nuit tombe avec une rapidité sans égale, et quelques minutes suffisent pour faire disparaître toute trace de cet astre radieux qui, peu d'instants auparavant, mettait en feu tout l'Occident. C'est un magnifique changement à vue, une transition subite, empruntant à l'immensité de la scène un caractère des plus imposants.

Fatiguée de la rapidité avec laquelle nos chevaux nous avaient transportés depuis Taganrok, je profitai d'un relai de poste, établi à peu de distance du village, pour gravir à pied la hauteur qui me dérobait la route.

La nuit étant subitement tombée, il ne restait plus au couchant que quelques bandes d'un rouge pâle que chaque seconde achevait de décolorer. A l'autre bout de l'horizon, la lune, rouge, large, éclatante, telle qu'elle sort du sein des mers, montait majestueusement vers le zénith et remplissait déjà cette partie du ciel d'une lueur douce et mystérieuse lorsque tout le steppe était encore dans l'ombre, tandis qu'une frange dorée marquait les limites de l'espace et de la terre : c'était un effet aussi splendide que bizarre.

Arrivée au sommet de la colline, un cri de surprise et d'effroi sortit involontairement de ma bouche, et je restai immobile devant la scène inattendue qui s'offrait à mes yeux : en face de moi, tout un campement de Bohémiens réalisait en cet endroit une des plus saisissantes fictions de Walter Scott.

Il n'y avait pas à s'y tromper. C'étaient bien là ces Tsiganes qui sillonnent la Russie de leurs bandes noires, hâves et couvertes de guenilles, vrais corbeaux du steppe, toujours affamés et toujours errants. Dispersé sur toute la surface du globe, placé au dernier degré de l'échelle sociale, ce peuple vagabond forme en Russie, comme ailleurs, une véritable tribu de parias, dont la présence inspire du dégoût même aux paysans.

Le gouvernement a mainte fois essayé de coloniser en Bessarabie ces bédouins de l'Europe, mais jusqu'à présent, tous les efforts ont échoué devant leur inertie. Fidèles aux traditions de leur race, les Tsiganes abhorrent tout ce qui est agriculture et habitudes réglées. Aucune entrave n'est assez forte pour dompter l'humeur nomade qu'ils tiennent de leur race, et qui a résisté au climat âpre de la Russie ainsi qu'à son gouvernement despotique. De même qu'en Italie et en Espagne, ils vont d'un village à l'autre, exerçant toutes sortes de métiers, volant des chevaux, des poules, des arbouses, disant la bonne aventure, obtenant par ruse ou par prière les moyens de ne pas mourir de faim, et préférant mille fois cette vie mendiante et paresseuse au bien-être qu'ils se procureraient si facilement avec un peu de travail et de bonne volonté.

Leur manière de voyager rappelle les émigrations des peuples barbares. Allant toujours en troupe nombreuse, ils se transportent d'un lieu à l'autre avec tout ce qui leur appartient. Les femmes, les enfants, les vieillards sont entassés pêle-mêle sur des espèces de chariots appelés *pavoschks* dans le pays, attelés d'un ou deux petits chevaux à longue crinière. Toutes leurs richesses consistent dans quelques couvertures en gros drap de couleur brune, dont ils font des tentes pendant la nuit, et dans quelques outils, leur servant à exercer leur principal métier, celui de maréchal-ferrant.

Les voyageurs qui visitent la Russie du nord parlent tous avec enthousiasme des chants bohémiens que l'on entend dans les salons de Moscou. C'est que nulle race ne possède peut-être le goût de la musique à un plus haut degré que les bohémiens. Au reste leur intelligence nous a paru remarquable sous beaucoup de rapports. Un long séjour en Moldavie, où l'on compte plus de cent mille Tsiganes, nous a permis d'étudier avec autant de facilité que d'intérêt les mœurs de ce peuple, et de recueillir un grand nombre de faits qui ne seraient peut-être pas indifférents à la plupart des lecteurs.

Les Tsiganes passent la belle saison à aller d'une foire à l'autre, à camper pendant quelques semaines aux environs des villes; à vivre, enfin, sans souci de l'avenir, dans une indolence tout à fait asiatique.

Mais quand les neiges arrivent, quand les vents du Nord viennent balayer de vastes plaines aussi unies que la mer, la situation de ces malheureux est bien de nature à exciter une vive pitié. A moitié vêtus, enfouis dans des cabanes creusées sous terre, sans ressource pour les besoins matériels, on ne comprend pas comment ils peuvent atteindre la fin de l'hiver. Une telle situation, tout horrible qu'elle soit, ne laisse cependant aucune trace en eux dès que le souffle du Midi leur permet de reprendre leurs courses aventureuses. L'insouciance est le fond de leur caractère, et la plus affreuse misère ne peut leur faire jeter un seul regard sur l'avenir.

La singulière apparition qui m'avait arrêtée subitement sur le rebord de la route, était donc le spectacle d'une troupe de Tsiganes campés pour la nuit dans cet endroit isolé, à une trentaine de pas du chemin, près d'un champ de pastèques.

Les pavoschks disposées en cercle, soutenaient avec leur timon des tentes d'une couleur sombre où l'on ne pouvait entrer qu'en rampant. De grands feux allumés à quelques pas de là étaient entourés d'une cinquantaine d'individus de l'aspect le plus effrayant; couleur bistrée, cheveux hérissés, traits hardis et sauvages, haillons indescriptibles, éclairés par des flammes capricieuses qui tour à tour jetaient de vives lueurs et s'affaiblissaient subitement, tout cela avait quelque chose de démoniaque bien digne de rappeler à l'imagination les scènes sinistres dont on les a faits si longtemps les héros.

Tout ce que la misère et les habitudes d'une vie vagabonde ont de plus repoussant se lisait sur leurs visages hâves, dans l'expression fébrile de leurs grands yeux noirs et dans l'espèce de volupté avec laquelle ils se roulaient au milieu de la poussière ; on eût dit que c'était là leur élément, qu'ils se sentaient nés pour la vase où fourmillent les animaux immondes. Les femmes surtout me semblèrent hideuses. Couvertes seulement d'un jupon en lambeaux ; la poitrine, les bras, ainsi qu'une partie des jambes entièrement nus, les yeux hagards, la figure presque cachée sous des mèches de cheveux en broussailles, elles n'avaient plus rien ni de leur sexe, ni même de l'humanité.

Cependant, un examen plus attentif me fit remarquer quelques têtes de vieillards qui, par le contraste de leur blanche chevelure avec la couleur olivâtre de leur peau, autant que par la régularité des traits, offraient un type de beauté peu commune.

Tous fumaient, enfants, femmes, vieillards ! Ce plaisir égale presque pour eux celui de boire de l'eau-de-vie. Quelle imagination de peintre a jamais rêvé un pandemonium pareil !

Jusqu'alors ils ne m'avaient pas aperçue, mais le bruit de notre voiture, qui s'avançait rapidement, et la voix de mon mari, leur donnèrent l'éveil.

Toute la troupe fut aussitôt sur pied, et je me trouvai, non sans un certain effroi, entourée d'une douzaine d'enfants entièrement nus, qui vinrent me demander l'aumône, en jetant de grands cris. Quelques jeunes filles, voyant ma frayeur, se mirent à chanter d'une manière si douce et si mélodieuse, que notre Cosaque lui-même en parut ému. Nous restâmes longtemps à les écouter tout en admirant l'effet bizarre que faisait leur campement dans les steppes, par cette belle et radieuse soirée. L'idée d'un danger sérieux ne nous vint même pas à l'esprit, et d'ailleurs elle eût été parfaitement absurde. Mais dans tout autre pays que la Russie, une pareille rencontre n'aurait rien eu de bien rassurant.

Trop d'exemples prouvent tous les jours que certains hommes ne reculent devant aucun crime pour satisfaire leur avidité, ou alléger la misère à laquelle ils sont condamnés. Pourquoi ceux-ci, plus misérables et plus dégradés que la lie des autres pays, résistent-ils à leurs mauvais instincts lorsque l'occasion se présente de leur lâcher la bride? Qui peut comprimer en eux toute pensée de violence et de rapine, quand ils n'ont à exposer qu'une vie que tant d'autres risquent bénévolement pour des motifs si futiles? Voilà de ces questions qui font presque envier les gouvernements despotiques, en donnant la preuve qu'un pouvoir absolu obtient des résultâts qui confondent complétement tous les raisonnements des philosophes socialistes.

Le lendemain dans la journée, nous arrivâmes à Rostof, jolie petite ville située sur le Don. Sa physionomie diffère essentiellement des autres villes russes: Ce ne sont plus les lignes droites si froides et si monotones qui traquent le voyageur d'un bout de l'empire à l'autre. Ici, l'inégalité du terrain et le besoin de se rapprocher du port, ayant forcé les habitants à bâtir leurs maisons d'une manière irrégulière, il en résulte un coup d'œil aussi varié que pittoresque.

La population, mélangée de Russes, de Grecs et de Cosaques, n'offre également dans sa manière d'être, aucun point de comparaison avec la roideur systématique et la discipline militaire qui paraissent régler toutes les actions des Russes. L'influence d'un peuple longtemps libre a changé jusqu'au caractère des employés de la chancellerie. On ne trouve plus en eux la morgue et la suffisance qui distinguent la petite noblesse russe. Aussi la société est-elle beaucoup plus agréable à Rostof que dans la plupart des villes gouvernementales. Le tchin (rang) ne vous y poursuit pas, comme ailleurs, de ses exigences ridicules. Il y a fusion complète de nationalités, de goûts et d'idées, et chacun s'en trouve à merveille.

Cette influence secrète que les Cosaques exercent

sur les Russes est une chose digne de remarque, et semble prouver que les travers de ce dernier peuple tiennent plus à son organisation politique qu'à son caractère national.

Sa gaieté naturelle, comprimée par l'inquisition d'un pouvoir souverain, reprend facilement le dessus quand l'occasion s'en présente. A Rostof on voit les employés russes se mêler aux Cosaques et aux négociants grecs, sans que la susceptibilité orgueilleuse des premiers en prenne l'alarme.

Une chose dont nous fûmes grandement étonnés, et qui annonce combien les idées libérales sont en faveur dans cette ville, est l'établissement d'une espèce de casino où toutes les classes de la société se réunissent le dimanche pour danser et faire des parties de plaisir. Cela est sans exemple ailleurs.

Ce casino contient une grande salle de danse, de beaux jardins, un billard, une restauration, tout ce qu'on peut désirer dans un établissement de ce genre. Quoique chacun soit libre d'y entrer sans aucune rétribution, la haute société ne s'en fait pas faute, et n'y danse pas moins d'aussi bon cœur que dans un salon aristocratique. Toute distinction de rang s'y trouve effacée : employés, marchands, femmes d'officiers, jeunes ouvrières, étrangers, chaque classe s'y coudoie, et de cette fusion résulte un pêle-mêle aussi varié qu'amusant, qui rappelle par son joyeux abandon les bals champêtres de la banlieue de Paris. Tout devient sujet de surprise pour le voyageur dans cette petite ville qui n'a de russe que ses employés : les hôtels y offrent de bons restaurants, des chambres propres munies chacune d'un lit complet (chose inouïe dans l'intérieur de la Russie), et beaucoup d'autres objets, que l'on trouve à peine à Odessa.

Azof, situé de l'autre côté du Don, un peu au-dessous de Rostof, n'est plus aujourd'hui qu'un grand village. Sa forteresse, si longtemps célèbre, a été abandonnée et tombe en ruine. Elle occupe, à ce que l'on prétend, l'emplacement de l'ancienne Tana, bâtie par les Grecs bosphoriens.

Le fort Saint-Dimitri, construit par Pierre le Grand entre Rostof et Nackhitschévane, a partagé le sort d'Azof. Il était autrefois destiné à protéger la contrée contre les incursions des Turcs, alors maîtres de la rive opposée : la route de poste le traverse dans toute sa longueur, et suit jusqu'à Nackhitschévane une chaussée élevée qui domine tout le bassin du fleuve. Rien de plus varié que les vastes perspectives au milieu desquelles on voyage, en parcourant cette longue arête. Derrière soi, l'on a Rostof avec son port rempli de bâtiments, avec ses maisons échelonnées les unes sur les autres, comme si l'espace allait leur manquer, avec ses églises grecques et ses jardins, couronnés de terrasses. A droite, la nappe calme et limpide du fleuve s'étend dans un large bassin dont les bords sont ombragés par de beaux peupliers. Des bateaux de pêcheurs, des radeaux, des bâtiments de transport varient son aspect, accidentant de la manière la plus pittoresque cette partie du paysage. Puis, devant soi, l'on voit surgir Nackhitschévane, la blanche ville arménienne; et le voyageur étonné retrouve l'Orient dans les grands bazars dont il aperçoit les vitrages étinceler au soleil, dans l'architecture capricieuse des maisons, et surtout dans les belles figures asiatiques qu'il rencontre en avançant.

Nous parcourûmes tous les quartiers, tous les bazars de cette ville orientale, avec un empressement qui avait sa source dans nos souvenirs de Constantinople. A la vue des femmes voilées traînant la babouche rouge avec une nonchalance inimitable, des hauts bonnets arméniens, des longues barbes blanches, des marchands accroupis sur leur comptoir, des bazars remplis de tous les produits de l'Asie, nous nous crûmes réellement transportés dans un des quartiers marchands de Stamboul; l'illusion était complète. Les boutiques sont garnies d'une foule d'objets qui nous parurent très-curieux. Les Arméniens excellent surtout à travailler l'argent, et à couvrir de délicates broderies les cuirs rouges et jaunes qui servent à la confection des selles, des babouches, des bottes, etc. On nous montra des selles d'une grande beauté, destinées à des chefs du Caucase. L'une d'elles, en velours bleu, ornée de plaques d'argent, émaillées de noir, avec des étriers en argent massif et une bride chargée d'ornements brillants, avait été commandée pour une jeune princesse circassienne. Chaque genre de marchandises a son bazar à part comme en Orient, et les hommes seuls sont chargés de la vente.

Cette ville arménienne, placée sur les bords du Don au milieu d'un pays occupé par des Cosaques, est une des mille singularités que possède la Russie. On se demande quelle cause a pu transplanter ces enfants de l'Orient dans une contrée où rien n'est en harmonie avec leur manière d'être, où la nature elle-même leur fait rudement sentir qu'ils ne sont là que par accident. Cela vient de ce que les Arméniens sont essentiellement cosmopolites, s'accommodant de tous les climats et de tous les gouvernements dès que leur intérêt l'exige. Industrieux, intelligents, économes, ils trouvent partout des ressources, et là où ils s'établissent, le commerce naît avec leur présence. C'est ainsi qu'au milieu des déserts du Don, s'est élevée Nackhitschévane, la ville du trafic par excellence, le bazar où l'on vient faire ses achats de vingt-cinq lieues à la ronde. Il fallait des Arméniens pour être capables d'opérer un pareil miracle, et pour trouver des sources de prospérité dans un commerce de détail. Mais aussi rien n'a échappé à leur ardente perspicacité; tous les genres d'industrie sont largement exploités par eux. Non contents du commerce local qui est entièrement entre leurs mains, aucune foire n'a lieu dans toute la Russie méridionale, sans que l'habitant de Nackhitschévane n'aille y porter ses marchandises. Le costume et l'armement des habitants du Caucase forment encore une des principales branches du commerce de ces Arméniens. Ils sont en relation assez intime avec les nombreuses tribus du Caucase, auxquelles on les accuse même de servir d'espions. Quant aux habitudes sociales, les Arméniens sont à Nackhitschévane ce qu'ils se montrent partout ailleurs; ils peuvent impunément changer de pays; leurs mœurs, leurs usages, ne subissent aucune modification. La nation Arménienne ressemble à un arbre dont le tronc est presque détruit, mais qui produit des rejetons d'une nature invariable, ne différant entre eux que par quelques particularités extérieures.

La colonie de Nackhitschévane date de l'année 1780, époque à laquelle l'impératrice Catherine II fit transporter sur les rives du Don la plus grande partie des Arméniens de la Crimée. Les colons se divisent en agriculteurs et en boutiquiers. Les premiers habitent cinq villages renfermant une population de quatre mille six cents âmes. Les autres résident exclusivement dans la ville qui forme le chef-lieu de leur établissement, et contient près de six mille habitants.

Cette nation jouit des mêmes priviléges que les Grecs de Marioupol dont nous avons fait mention. Ils sont gouvernés par des administrateurs choisis par eux, et bien rarement ils sont forcés de recourir aux tribunaux russes.

CHAPITRE V.

Les pèlerines de Kiew. — Novo-Tscherkask.

Au delà de Nackhitschévane, plusieurs vallées aboutissent au Don; des cotters isolés, quelques stanitzas accidentent le paysage, et font oublier la stérilité du steppe qui s'étend vers le sud, en nappe grise, à peine ondulée. Les bords du Don, qu'on perd rarement de vue, sont égayés par des bouquets d'arbres, des cabanes de pêcheurs, et des troupes de chevaux qui vont y chercher une herbe plus fraîche que celle du désert. Mais, sauf ces animaux, nous n'aperçûmes aucun être vivant; la chaleur était si grande, et le pays est encore si peu peuplé, que la plupart des champs nous parurent en friche. Rien n'annonçait autour de nous la présence des hommes. Chez les Cosaques du Don, comme partout ailleurs en Russie, la route de poste est à peine tracée par deux soi-disant fossés qu'on franchit plus d'une fois sans s'en apercevoir, et par des poteaux de deux à trois mètres de hauteur, destinés à indiquer les distances. Ce sont là tous les frais que le gouvernement se permette de faire pour les routes de poste impériales qui conduisent aux principales villes de l'empire.

Avant d'arriver à Novo-Tscherkask, la capitale des Cosaques, nous fîmes encore une rencontre pour le moins aussi singulière que celle de nos bohémiens.

Après avoir traversé un large ravin qui nous avait longtemps masqué la route, nous vîmes se déployer dans le steppe une file innombrable de petites voitures escortées par je ne sais combien de centaines de femmes, sans l'ombre d'un homme au milieu d'elles. Intrigués au plus haut point à la vue de cet étrange spectacle, plus nous ouvrions de grands yeux, plus ces femmes se multipliaient sous nos regards. Il s'en trouvait partout; dans les voitures, sur la route, le long du steppe, on eût dit une invasion de sauterelles tombées tout à coup du ciel. La plupart de ces femmes marchaient pieds nus, tenant leurs souliers d'une main, tandis que de l'autre elles ramassaient des débris de bois et de paille dont il nous était impossible de comprendre l'usage. Leurs voitures ressemblaient, pour la forme, à de véritables tonneaux percés de deux ouvertures, avec une toile grise pour couverture : de petits chevaux cosaques à longue crinière traînaient ces étranges véhicules où trônaient des cochers en béguin. Ce spectacle digne de Callot fut un intermède très-amusant pour nous. Après en avoir joui tout à notre aise, il fallut pourtant aller aux informations, et nous apprîmes que ces singulières voyageuses étaient des pèlerines venant de Kieff la Sainte.

Dans le nombre je remarquai quelques vieilles qui n'avaient plus qu'un souffle de vie. Elles paraissaient horriblement fatiguées, mais cependant fort contentes de leur expédition religieuse.

Plus loin, nouvelle rencontre d'une autre procession semblable qui s'était déjà organisée pour son campement de nuit. Des feux, alimentés par les petites bûchettes de bois qui nous avaient tant intrigués, servaient à préparer le repas du soir. Toutes les pèlerines étaient occupées et formaient les groupes les plus variés. On en voyait qui allaient chercher de l'eau dans des vases de terre placés sur leur tête ; d'autres s'agenouillaient dévotement en faisant le signe de la croix et les génuflexions si fréquentes chez les Russes et les Cosaques ; les plus vieilles entretenaient le feu en racontant des histoires : c'était un indicible brouhaha, une confusion, une variété de poses et de physionomies des plus originales.

Le drogman nous apprit que toutes ces femmes étaient de race cosaque. Il règne chez cette nation beaucoup plus de ferveur religieuse que chez les Russes. Une légère différence de texte entre les Bibles des deux peuples, en a occasionné une très-grande dans leurs croyances respectives. Les Cosaques s'appellent les vrais croyants, s'abstiennant par piété de la pipe et de beaucoup de choses que les Russes se permettent sans scrupule : leur caractère loyal est rarement entaché d'hypocrisie ; ils aiment, ils croient avec autant d'ardeur que de sincérité.

A l'extrémité d'un plateau, sur le bord d'une large et profonde vallée, la ville de Novo-Tcherkask se montra subitement à nos yeux, embrassant dans son enceinte gigantesque plusieurs collines dont les vastes pentes descendent jusqu'au fond du vallon. Toutes les villes que nous avions vues jusqu'alors, qui nous avaient tant choqués par la largeur extravagante de leurs rues et leur pénurie de maisons, n'étaient rien encore en comparaison de l'apparition actuelle. Vue du point où nous étions placés, la ville entière ressemblait à un immense damier, avec ses lignes formées par des avenues plus larges que la place du Carrousel. Bordées de loin en loin de chétives habitations, ces lignes se trouvaient séparées les unes des autres par de vastes terrains, où des régiments entiers pourraient manœuvrer fort à l'aise :

quelques églises et un arc de triomphe élevé en 1815, en l'honneur d'Alexandre, sont les seuls points saillants de ce désert qu'on appelle une capitale, et dont la superficie est, sans exagération, aussi vaste que celle de Paris.

Novo-Tcherkask, aujourd'hui le siége de toutes les administrations des pays du Don, a été fondée en 1806, par le comte Platof, que la malheureuse campagne de Moscou a rendu si célèbre. Sa position essentiellement vicieuse, ne présente aucune chance de prospérité pour l'avenir. Elle est située à plus de douze kilomètres du Don, sur une hauteur entourée de tous les côtés par l'Axaï et le Touzlof, petites rivières qui se jettent dans le fleuve dont l'éloignement lui est si fatal. Platof avait choisi, dit-on, cette localité afin d'y créer une place forte; mais ses idées n'ont pas été réalisées. Un autre inconvénient majeur pour Novo-Tcherkask est le manque absolu de bonne eau, privation qui force les amateurs de thé à se servir de glace fondue en guise d'eau potable.

Sur la grande place de la ville s'élèvent deux immenses bazars couverts en bois, où l'on trouve toutes sortes de marchandises et surtout une nombreuse collection d'équipements militaires à l'usage des Cosaques. Il y a encore un vaste arsenal, mais complétement dépourvu d'armes. Quant aux autres constructions, elles ne méritent pas d'être mentionnées, en dépit de toutes les belles descriptions qu'en donnent les géographes.

Ce que Novo-Tcherkask renferme de réellement précieux et de tout à fait exceptionnel en Russie, est un excellent hôtel tenu par un Français, hôtel où le voyageur trouve tout le confortable possible. La noblesse, qui a puissamment encouragé cet établissement, y a établi un casino où se donnent de nombreuses fêtes pendant l'hiver.

En 1837, l'empereur Nicolas visita les Cosaques du Don, bonne fortune qui valut à cette ville l'avantage d'être dotée de réverbères. Mais ce magnifique éclairage disparut avec Sa Majesté, et l'on nous a raconté que, dans la crainte de voir ces brillantes lanternes devenir la proie de quelque audacieux voleur, les autorités les avaient fait garder chacune par un Cosaque armé, pendant le séjour de Sa Majesté.

La population de Novo-Tcherkask, résultant de la réunion de quatre stanitzas, s'élève environ à dix mille habitants. Staro-Tcherkask, l'ancienne capitale, actuellement abandonnée, ne possède rien pour attirer l'attention du voyageur, quoi qu'en dise le docteur Clarke, qui l'appelle la Venise russe.

Arrivés un dimanche dans la capitale des Cosaques, nous pûmes, des fenêtres de notre appartement donnant précisément sur la seule promenade fréquentée de la ville, passer en revue la plus grande partie de la population, et satisfaire une curiosité vivement excitée. Ici, tout trahit l'humeur nomade et guerrière des Cosaques; plus de reflets de l'Europe, plus de costumes francs, plus de population mélangée; tout est cosaque, excepté quelques figures kalmoukes annonçant déjà les bords du Volga et le désert.

Les familles de ce pays, que nous avions vues à Taganrok, nous avaient donné une assez piètre opinion de la beauté des femmes cosaques; aussi fûmes-nous agréablement surpris à la vue des jolies filles qui passaient et repassaient sous nos fenêtres. Le costume même, que nous avions trouvé assez disgracieux, nous parut tout autre et nullement dépourvu d'originalité et d'une certaine coquetterie. Les jeunes filles laissent flotter leurs cheveux nattés sur leurs épaules, y attachant d'ordinaire des rubans de couleur éclatante, qui leur descendent jusqu'aux talons. Quelques-unes renferment ces tresses dans un mouchoir de soie, de manière à former une longue bourse. Cette coiffure n'est pas sans agrément, et sied assez bien à leur physionomie piquante.

C'était vraiment un gracieux spectacle que celui de cette foule nombreuse d'élégants officiers et de jeunes femmes en costume de fête, se pressant sur le trottoir, tout en échangeant des regards, des sourires, voire de douces paroles, tout comme s'ils eussent été dans un salon. Les hommes sont beaux, d'une taille élevée, et portent admirablement l'uniforme. La bravoure et un noble orgueil se lisent sur leurs traits et dans leurs yeux, comme s'ils étaient encore ces fiers enfants des steppes qui, avant Catherine II, ne reconnaissaient d'autre pouvoir que celui de leur atâman, librement élu par eux. Aujourd'hui, de même qu'il y a cent ans, leur seule occupation est la carrière des armes; nous verrons plus loin, dans leur histoire, que leur organisation est encore toute militaire.

Quelle fausse idée ne se fait-on pas en France de ces bons Cosaques si inoffensifs et si hospitaliers! Les événements politiques de 1814 et 1815 ont laissé dans tous les esprits un profond éloignement pour eux; et, du reste, il serait difficile qu'il en fût autrement. Mais, tels que nous les avons vus dans leur patrie, ils méritent peu le sentiment de répulsion qu'inspire leur souvenir. Nulle part, en Russie, on ne voyage avec plus de sécurité que chez eux, et nulle part le voyageur n'est accueilli avec plus d'empressement et plus de bienveillance que dans leurs stanitzas; le titre de Français surtout y est une excellente recommandation. Le portrait de Napoléon se trouve dans presque toutes les maisons, et fort souvent il est placé au-dessus du grand saint Nicolas lui-même; aussi les vieux soldats qui ont survécu aux grandes luttes de l'empire, professent-ils pour l'empereur la plus grande vénération, sentiments qui sont complétement partagés par la génération actuelle.

CHAPITRE VI.

Stanitzas cosaques. — Le Volga. — Sarepta (colonie morave).

Au delà de Novo-Tcherkask, la route d'Astrakhan remonte au nord, en longeant la rive droite du Don. Le pays présente toujours les mêmes caractères de nudité et de monotonie jusque dans le voisinage du fleuve, où il est un peu accidenté çà et là, au fond des ravins, par quelques bouquets d'arbres.

On a certes raison de vanter la rapidité avec laquelle les voyages se font en Russie : sans les vexations des employés des stations, aucune poste d'Europe ne saurait rivaliser avec celles de cet empire. Jusqu'alors nous n'avions cependant pas trop à nous plaindre, nos papiers officiels nous mettant à l'abri de mille difficultés. Mais de l'autre côté de Novo-Tcherkask, à la première station, il fallut subir la loi commune à tous ceux qui voyagent sans grade ni décoration, et nous fûmes impitoyablement rançonnés. Vers le soir, grâce à la vigueur de notre attelage, nous pûmes arriver à la station en devançant une autre voiture sur laquelle nous n'avions que quelques minutes d'avance. Mais hélas! en entrant dans la cour, une calèche dételée nous parut d'un triste présage; en effet, la première réponse que reçut notre Cosaque, fut que nous n'aurions pas de chevaux avant le lendemain. Cette réponse était prévue, sans que nous en fussions moins déconcertés. Passer la nuit dans une mauvaise bicoque était une perspective peu attrayante, surtout en songeant qu'une telle contrariété avait sa source dans le mauvais vouloir du maître de poste.

Le misérable, pour mettre le bon droit de son côté, avait l'impudence de montrer au Cosaque des écuries vides, lui prouvant, jusqu'à l'évidence, qu'il ne pouvait nous satisfaire. C'était une comédie bien jouée; mais enfin ce n'était qu'une comédie, et nous finîmes par en avoir le dernier mot. Après une grande demi-heure d'inutile attente, l'interprète eut la bonne idée d'explorer les environs de la station, ce qui lui fit faire une si précieuse découverte, qu'à son retour, quelques roubles offerts au chef de l'établissement nous valurent tous les chevaux dont nous avions besoin. La voiture fut donc immédiatement attelée, à notre grande satisfaction, et nous partîmes avant tout le monde. Une heure plus tard, nous fûmes rejoints par les autres voyageurs qui, à notre exemple, s'étaient exécutés de bonne grâce; et en fin de compte tout le monde eut des chevaux.

Ces voyageurs jeunes marchands moscovites, revenant de je ne sais quelle foire du Caucase, ne firent, pendant toute la nuit, que chanter et s'amuser à faire partir des fusées volantes et autres pièces d'artifice, dont les lueurs éclatantes, illuminant tout à coup le steppe, produisaient un effet des plus bizarres.

Le lendemain, nous traversâmes de nombreuses stanitzas, offrant un aspect infiniment plus agréable que les villages russes. Les maisons qui les forment sont petites, presque toutes en bois peint, avec des contrevents verts. Elles n'ont qu'un rez-de-chaussée élevé, entouré d'une galerie en miniature, et semblent construites uniquement pour le plaisir des yeux. L'intérieur en est extrêmement propre, coquet, annonçant une intelligence du bien-être qui n'existe nullement chez les Russes. On y trouve des serviettes, des assiettes de faïence, des fourchettes et tous les ustensiles de première nécessité. Les Cosaques ont ordinairement deux habitations juxtaposées : la première, celle que nous venons de décrire, est occupée pendant l'été; elle renferme presque toujours une jolie pièce, ornée de papier peint, d'images, de fleurs et de trophées d'armes : c'est la chambre dont on se sert dans les grandes occasions, et qui est réservée aux étrangers. La seconde habitation, construite en terre, se rapproche des *kates* russes, ne se composant que d'une seule pièce, où toute la famille s'entasse, pendant l'hiver, pour se mettre à l'abri du froid.

On ne voit généralement dans les stanitzas, que des femmes et des enfants : à l'exception de quelques vieux vétérans qui ont acheté, par quarante ans de service, le droit d'aller mourir dans leurs foyers, la population mâle est sous les armes; aussi tous les travaux retombent-ils sur les femmes qui doivent réparer les maisons, les blanchir, préparer les fourrures, soigner les enfants et s'occuper du bétail. On ne comprend réellement pas comment elles peuvent suffire à tant de tâches aussi pénibles.

A Piatisbauskaïa, charmante staniza ombragée par de beaux arbres, et s'élevant en amphithéâtre sur les rives du Don; nous quittâmes la route de poste pour traverser le fleuve, ne trouvant au-delà qu'une mer de sable, dont nous eûmes mille peines à nous tirer. Les chevaux des paysans, moins habitués que ceux de la poste à des marches aussi fatigantes, nous faisaient réellement mal à voir, haletant et harassés par leurs pénibles efforts. La réverbération du soleil et le manque absolu d'air rendirent cette journée l'une des plus pénibles du voyage. Nous mîmes quatre heures pour faire neuf verstes. Malgré un voile épais et des lunettes bleues, j'avais beaucoup de peine à ouvrir les yeux, tant mes paupières étaient gonflées. Vers midi, nous pûmes enfin atteindre un pauvre village perdu dans ces sables, où nous nous reposâmes jusqu'à la tombée de la nuit.

De Piatisbauskaïa au Volga, le pays est triste et sans végétation, les stanitzas sont rares, les champs en friche; d'immenses dunes de sable calcinées par des vents brûlants, font déjà pressentir les déserts de la mer Caspienne. L'imagination est grandement contristée par une telle absence de vie et les teintes uniformes qui couvrent toute cette triste contrée. On s'étonne de rencontrer de temps à autre quelques misérables villages cosaques, et c'est en vain que l'esprit cherche à s'expliquer l'existence de ces familles au milieu de la désolation qui frappe partout le regard. Du reste, cette stérilité est plutôt l'œuvre des hommes que celle de la nature : avec l'organisation actuelle des Cosaques du Don, tout développement agricole devient impossible, et les terres resteront à jamais incultes.

Mais tout est contraste en Russie, et c'est là son charme le plus grand. Les extrêmes s'y rencontrent sous toutes les formes, sans transition aucune; d'un désert on passe à une ville populeuse, d'une cabane à un palais; d'une mosquée tatare à une antique métropole chrétienne, d'une plaine aride aux riantes colonies allemandes. Les surprises se succèdent incessamment, donnant au voyage un charme d'imprévu qu'il serait bien difficile de retrouver dans le reste de l'Europe.

Nous faisions cette réflexion en arrivant à Sarepta, la gracieuse colonie des frères moraves. Les impressions nouvelles qui y attendent le voyageur, presque abruti par l'ennui des mornes solitudes qu'il vient de traverser, lui font l'effet d'un rêve dont l'attrait inespéré tient presque du prodige. Quand même Sarepta serait transporté au milieu de la Suisse, on ne pourrait manquer de s'éprendre de ce délicieux séjour. Mais pour l'apprécier à sa juste valeur, il faut être fatigué, brisé comme nous l'étions en l'abordant; il faut avoir désiré un peu d'ombre et d'eau comme une manne céleste; il faut avoir parcouru, pendant plusieurs jours, un pays semblable à celui que nous avons essayé de décrire, sous un soleil torréfiant, sans voir autre chose que des plaines de sable !

Qu'on se figure une jolie petite ville d'Allemagne, avec ses maisons à pignons, ses arbres fruitiers, ses fontaines, ses promenades, sa propreté minutieuse, son bien-être et son heureuse population, et l'on n'aura qu'une faible idée de Sarepta, qui réunit, dans ce coin du monde éloigné, tous les avantages des pays les mieux civilisés; industrie, beaux-arts, morale, sociabilité, commerce, etc.

Cette colonie morave, cachée dans un pli du

Volga, au milieu des hordes kalmoukes et khirguises, prouve éloquemment jusqu'à quel point la volonté et la persévérance peuvent opérer de miracles. C'est le premier jalon que l'Europe ait planté dans une contrée aussi reculée, parmi des peuples pasteurs, si jaloux de leur indépendance; et l'on ne peut que s'émerveiller en face des résultats obtenus par les frères moraves, tant sur le sol inculte qu'ils ont fertilisé, que sur le caractère plus inculte encore des habitants, résultats qui font vivement apprécier les bienfaits de notre civilisation.

Tout respire la paix et le contentement dans cette petite ville bénie de Dieu. C'est le seul endroit que je connaisse en Russie où le regard ne soit pas contristé par l'aspect de la servitude. Là, aucune fâcheuse pensée ne vient se mêler aux observations intéressantes que glane la curiosité. Chaque maison est une fabrique, chaque individu un industriel. Durant la journée, tous sont au travail; mais le soir une population gaie et heureuse se répand sur les promenades et sur la place publique, et donne à la ville une animation des plus agréables.

En véritables Allemands, les frères moraves aiment la musique avec passion. Les sons du piano qu'on entend dans presque toutes les maisons, leur rappellent la mère patrie et les consolent du voisinage des Kalmouks.

Nous visitâmes l'établissement des sœurs moraves, où, par un singulier hasard, nous rencontrâmes une vieille dame allemande qui parlait fort bien le français. L'existence de ces sœurs est calme, modeste, asservie aux préceptes les plus purs de la morale et de la religion. Elles sont au nombre de quarante, et paraissent heureuses, autant du moins qu'on peut l'être avec une existence tout à fait monacale. Un ordre parfait, des appartements commodes, un beau jardin, leur rendent la vie matérielle aussi douce que possible. La musique leur est aussi d'une très-grande ressource. Nous remarquâmes dans la salle de prières, trois pianos dont elles s'accompagnent pour chanter des hymnes en chœur. Elles font de très-jolis ouvrages en perles et en tapisserie, qu'elles vendent au profit de la communauté. Ces détails n'auraient rien que de fort ordinaire s'il s'agissait de tout autre pays; nous craignons même qu'ils ne semblent oiseux; mais pour peu qu'on songe que cette oasis de civilisation est égarée à l'extrémité de l'Europe, au milieu des Kalmouks, sur les confins du pays des Khirguises, on trouvera notre enthousiasme bien naturel et bien excusable.

Comme il faut toujours qu'un peu de critique se mêle à l'appréciation des choses, pour en augmenter la saveur, je me permettrai d'attaquer la prétention maladroite avec laquelle s'habillent les femmes. Croirait-on que dans ce petit coin de terre, si éloigné de tout l'univers, on porte le ridicule jusqu'à singer les modes françaises, modes qui datent de l'empire, tout au moins. Combien le costume simple, sévère, et le petit bonnet alsacien des mennonites sont préférables à cet assemblage d'élégance et de mesquinerie qui caractérise les sœurs moraves. Cela n'a point de caractère, point de sérieux ; on croirait voir des chanteuses de rue.

Pour en donner l'idée, voici la description exacte d'une élégante de Sarepta (la fille de notre hôte). Robe d'indienne à fleurs, courte et étroite; tablier noir, grand mouchoir de madras cachant une fort jolie taille; ridicule à la main, fait de morceaux d'étoffes différentes; souliers à grosse semelle, bras nus et chapeau rose orné de fleurs. Ajoutons, pour que le portrait soit complet, une charmante figure et des bras potelés. Les femmes sont du reste beaucoup plus jolies ici que partout ailleurs en Russie : chez plusieurs d'entre elles se retrouve à un degré remarquable le type allemand du nord, avec son sang si beau, ses traits si naïfs et son abandon si plein d'innocence.

Le soir de notre arrivée, on nous conseilla d'aller entendre une musique funèbre, dernier hommage rendu à l'un des principaux habitants de Sarepta. Le corps, exposé dans une chapelle ardente, était entouré de la famille et des nombreux amis du défunt, et ne devait être transporté au cimetière que le quatrième jour; coutume précieuse, qui peut prévenir d'horribles accidents.

Il serait difficile d'imaginer rien de plus solennel et de plus mélancolique que l'harmonie produite par ces voix humaines et ces instruments en cuivre, qui, se répondant alternativement, semblaient l'écho des pensées les plus tristes et les plus profondes du cœur. Une foule nombreuse assistait à cette scène avec un recueillement un peu troublé, je dois le dire, par la vive curiosité qu'inspirait notre présence. La gravité de la cérémonie ne put empêcher ces bons Allemands de nous entourer avec la plus vive curiosité, et de nous faire mille et mille questions sur le but de notre voyage.

L'association des frères moraves remonte au célèbre Jean Huss, brûlé à Constance comme hérétique en 1419. Leur histoire n'est qu'une longue suite de persécutions. L'issue de la guerre de Trente ans, si malheureuse pour le roi Frédéric, électeur palatin, fut surtout fatale à leur secte. A cette époque, la plupart des réformés de la Bohême abandonnèrent leur pays et se répandirent dans la Saxe, le Brandebourg, la Pologne et la Hongrie. La vengeance de l'empereur Ferdinand II les poursuivant sans relâche, ils périrent en grand nombre, de misère et de privations. En 1722, Chrétien David, charpentier, et quelques autres proscrits, obtinrent du comte Zinzendorf, en Lusace, la permission de se fixer sur ses terres. Ils gagnèrent secrètement leur lieu d'asile avec femmes et enfants, et David, en plantant sa hache dans un arbre, s'écria : *C'est ici que l'oiseau trouvera une demeure et l'hirondelle un nid!* Ses espérances ne furent pas trompées. Le nouvel établissement prit le nom de Herrenhut (garde du Seigneur), et bientôt ses membres ne furent plus connus en Allemagne que sous cette désignation. Tel fut le commencement de la nouvelle société évangélique des frères de l'Unité de la confession d'Ausbourg. Herrenhut, centre de l'administration, prit rapidement un grand développement et se fit connaître de toute l'Europe par son industrie et ses manufactures. Plus tard, l'esprit de prosélytisme s'étant emparé de la communauté, les frères moraves ne tardèrent pas à étendre leurs relations dans toutes les parties du monde.

Peu de temps après, l'impératrice Catherine II ayant fait connaître à l'Europe que la Russie était ouverte aux étrangers, et qu'elle mettait à la disposition des émigrants des terres propres aux établissements industriels et agricoles, une députation partie de Herrenhut décida à Saint-Pétersbourg la formation d'une colonie morave dans le gouvernement d'Astrakhan. En 1769, cinq frères se transportèrent sur les bords du Volga pour examiner et choisir les lieux ; et le 3 septembre de la même année, la colonie fut décidément fondée à l'embouchure de la Sarpa dans le Volga. On lui donna le nom de Sarepta en mémoire d'un lieu célèbre dans la Bible; l'olivier et la gerbe de blé en formèrent les armoiries. La communauté était alors composée de trente personnes des deux sexes.

Entourés de tous les côtés par les hordes sauvages des Kalmouks, sans aucune connaissance de la langue du pays, à plus de 120 verstes de toute ville russe, ce ne fut qu'à force de courage et de persévérance que ces premiers colons parvinrent à organiser leur établissement sur le Volga. Mais à des commencements difficiles succéda une rapide prospérité. Nous l'avons vu plus haut, les frères moraves forment une vaste société répandue dans toutes les parties du monde pour travailler à la propagation de la connaissance de l'Évangile. Mais, afin d'accomplir plus facilement leur mission, ils doivent tous, d'après les règlements de leur ordre, connaître un métier, et pourvoir ainsi, par leur propre travail, à leur subsistance. Avec de pareilles bases, Sarepta devint bientôt une ville manufacturière possédant des fabriques en tous genres; une véritable école d'industrie pour le pays environnant, et les intentions de Catherine II furent ainsi réalisées.

Cependant, la fondation d'une ville industrielle dans une contrée aussi lointaine, aussi dénuée de ressources et de débouchés, ne devait être pour les frères moraves qu'une chose secondaire, leur but principal étant la conversion des Kalmouks : pour l'atteindre, ils avaient pensé avec raison qu'il leur fallait un établissement fixe chez ces peuples. Mais leurs efforts de prosélytisme ne purent ébranler la foi des Kalmouks, qui résistèrent aux prédications les plus ardentes. En 1820 cependant, ces braves frères parvinrent à convertir quelques familles, et à les décider à recevoir le baptême. Le clergé russe, jaloux d'un tel triomphe, se hâta d'intervenir, exigeant que les Kalmouks fussent baptisés suivant le rite grec, et finalement on supprima toutes les missions moraves. Depuis lors, Sarepta s'occupe exclusivement d'industrie.

La colonie de Sarepta eut dès son origine de grandes calamités à déplorer. En 1771, lors de la fameuse émigration des Kalmouks, les frères faillirent être tous emmenés en captivité, et ne furent sauvés que par la douceur de l'hiver, qui empêcha leurs ennemis de passer le Volga et de rejoindre la grande horde de la nation. En 1773, le Cosaque Pougatchef ravagea toute la contrée; les colons, alors au nombre de deux cents, y compris les femmes, se virent forcés de se sauver à Astrakhan. Peu de temps après la défaite du rebelle, il leur fut permis de rentrer chez eux, mais quel triste spectacle les attendait! Ils trouvèrent leur ville détruite, leurs fabriques brûlées, leurs champs ravagés. S'armant d'un nouveau courage, ils se mirent à l'œuvre, et l'établissement se releva bientôt de ses ruines. En 1812, une rue entière de Sarepta fut la proie d'un incendie; la même année, pendant la campagne de Russie, les flammes dévorèrent leur maison de commerce de Moscou, avec une immense quantité de marchandises, désastre insignifiant en comparaison de celui de 1823, où les deux tiers de la colonie et les plus grandes fabriques furent réduites en cendres : on évalua les pertes à plus d'un million. L'empereur Alexandre et l'association morave vinrent généreusement au secours des pauvres colons, mais ils ne purent jamais rendre à Sarepta son ancienne prospérité.

CHAPITRE VII.

Hospitalité d'un prince kalmouck. — Fêtes. — Chasse au faucon. Société russe dans une île du Volga. — Arrivée à Astrakhan.

Nous quittâmes Sarepta, entièrement enthousiasmés des bons frères moraves et de l'accueil plein de cordialité et d'empressement que nous avions trouvé chez eux.

A quelque distance de la colonie, une ligne d'un blanc mat, que l'obscurité permettait à peine de distinguer, nous annonça la présence du Volga. Nous le côtoyâmes pendant la nuit, l'apercevant, de temps à autre, à la pâle clarté des étoiles. Grand nombre de lumières brillaient le long de ses rives; c'étaient des lanternes de pêcheurs. Ces points lumineux, changeant à chaque instant de place, ressemblaient aux feux follets qui séduisent et trompent le voyageur. Les campements des Kalmouks, masses noires qui semblaient glisser sur la surface du steppe; l'obscurité de la nuit; la rapidité avec laquelle notre droïka nous emportait à travers l'immensité de la plaine; la clochette de poste, dont le son aigu vibrait dans l'espace, et bien au-dessus de tout cela, l'idée que nous étions en Kalmoukie, avaient produit en moi une excitation fébrile qui me tint constamment éveillée.

Au point du jour, mes yeux se tournèrent avidement vers le Volga qui resplendit bientôt sous les teintes éclatantes du soleil levant. Avec quel sentiment d'enthousiasme et même d'orgueil j'envisageai alors ce beau fleuve, qui déroulait devant nous son cours tranquille et majestueux, ses méandres et la multitude de ses îlots couverts d'aunes et de trembles, et coupés par mille canaux! De l'autre côté du Volga s'étendaient à perte de vue les immenses steppes où campent les Khirguises et les Kalmouks, et dont la ligne à l'horizon, était aussi unie que celle de l'Océan. Il eût été difficile d'imaginer un spectacle plus grandiose, plus en harmonie avec l'idée qu'éveille le Volga, auquel son cours de six cents lieues assigne le premier rang parmi les grandes rivières de l'Europe.

La route de poste qui côtoie le fleuve jusqu'à Astrakhan est pénible et souvent dangereuse. Nos chevaux marchaient continuellement dans l'eau pour éviter un sol qui ondule comme la mer au moindre vent. De distance en distance, nous trouvions des villages cosaques presque ensevelis sous des vagues de sable, et beaucoup de cabanes complétement abandonnées. Cet envahissement qui gagne tous les ans en étendue, changera bientôt les rives déjà si tristes du Volga en un véritable désert. En face de la stérilité et de la désolation de ces lieux, on ne peut qu'admirer la résignation de ces Cosaques affrontant sans se décourager, un fléau dont les rapides progrès les chassent d'une année à l'autre de leurs cabanes et les forcent à aller plus loin en construire de nouvelles. Sur un espace d'environ soixante verstes, la route se trouve ainsi resserrée entre le lit du fleuve et des collines mouvantes qui découragent le regard par leur aride monotonie. C'est encore supportable pendant le jour; mais quand vient la nuit, l'esprit se sent envahi par une affreuse tristesse, et ne peut envisager sans anxiété une situation qui paraît alors environnée de mille périls. On avouera du reste que la crainte est assez permise à qui songe qu'une horde nomade, avide de pillage, peut se trouver là, en embuscade, derrière ces défilés que l'obscurité rend encore plus menaçants! Toutefois les postes cosaques que le voyageur rencontre de temps en temps sur sa route, contribuent grandement à calmer ses appréhensions.

Ces Cosaques, originaires du pays du Don, furent

primitivement envoyés par le gouvernement, pour faire le service des frontières du Volga et défendre ces dernières contre les incursions des peuples nomades. Ils vinrent s'y établir avec leurs familles, fondèrent plusieurs villages, et plus tard peuplèrent Samara, Saratof et d'autres villes. Il ne reste maintenant de ces colonies qu'une population organisée militairement, n'ayant d'autre service que de surveiller de loin les mouvements des Khirguises et de protéger les voyageurs. Le sol ne lui offre aucune ressource pour l'agriculture, mais la pêche suffit en partie à ses besoins.

Chose surprenante, et qui fait honneur aux Cosaques! Cette route, si peu fréquentée, possède de bien meilleurs chevaux que les grandes lignes de poste; les stations sont également plus vastes, plus commodes, d'un style plus élégant : tout y révèle une sollicitude spéciale de la part du gouvernement, et le soin consciencieux que mettent les Cosaques dans l'exercice de leur devoir.

A mesure que l'on s'approche d'Astrakhan, les collines de sable qui emprisonnaient la vue, s'abaissent insensiblement et permettent d'embrasser un vaste espace. Toute cette partie du steppe, dégarnie de forêts, ne présente qu'un sol salé, sablonneux, coupé çà et là par des flaques d'eau et des touffes d'absinthe. On ne saurait s'imaginer la tristesse de ces dunes de sable que le moindre souffle du vent agite et déplace, pour leur donner mille formes aussi bizarres que passagères. De même que la mer, cette contrée a ses moments de repos et d'orage, son immensité et ses grands horizons. Aucun bruit n'en vient troubler le silence, si ce n'est le cri perçant des pétrels et des oies sauvages qui peuplent le bord de ses étangs. De loin en loin seulement, nous rencontrions des troupes nombreuses de chameaux allant s'abreuver aux eaux limpides du Volga, ou errant au milieu des kibitkas kalmoukes éparses dans le steppe,

Arrivés à l'avant-dernière poste, nous fûmes tout à coup interrompus dans notre déjeuner, par les sons d'une musique militaire qui mit en un instant toute la maison en révolution. Fort intrigués nous-mêmes d'un pareil incident dans une telle localité, nous quittâmes bien vite la table, et courûmes comme tout le monde au bord du fleuve pour voir passer un pyroscaphe, un vrai pyroscaphe avec sa large cheminée, ses bouffées de fumée noire et ses roues faisant bouillonner les eaux tranquilles du Volga, toutes surprises de cette perturbation insolite. Son pont galamment pavoisé était encombré de passagers, et nous envoyait les fanfares éclatantes qui étaient venues si magiquement frapper nos oreilles. Il passa devant nous, je ne dirai pas fièrement, mais très-lourdement, car son allure disgracieuse ne ressemblait en rien à celle de nos élégants bateaux à vapeur. Loin de raser l'eau avec la légèreté d'une hirondelle, il nous fit l'effet d'un gros et lourd canard se fiant pour la première fois aux vagues perfides des eaux.

A la vue de la nombreuse société qui couvrait le pont du bâtiment, nous eûmes comme un pressentiment que cette apparition ne devait pas nous être totalement indifférente. Le pyroscaphe venant d'Astrakhan, il était à présumer qu'il emportait plusieurs des personnes que nous devions voir dans cette ville. Mais nos conjectures étaient encore bien loin de la vérité; et notre consternation devint réellement indicible, lorsque l'écrivain de poste nous apprit que ce bateau à vapeur conduisait toute la société d'Astrakhan chez un prince Kalmouk qui a l'habitude de donner de brillantes fêtes à cette époque de l'année. Tout aussitôt le nom de ce prince nous revint à la mémoire, et avec lui, la vive recommandation que l'on nous avait faite, d'aller lui rendre visite dans son île.

Impossible de trouver une occasion plus favorable, on en conviendra, car le sort semblait envoyer tout exprès cet aimable bateau à vapeur à notre rencontre; et pourtant il fallut y renoncer, faute d'un *podorochnï* qui nous permît de prendre des chevaux de retour. Les Russes ont un esprit si formaliste, que les circonstances les plus importantes ne peuvent les déterminer à s'écarter de la lettre de leurs instructions, à moins que leur intérêt ne soit puissamment en jeu. Notre maître de poste, par un guignon vraiment déplorable, était honnête à sa manière, c'est-à-dire qu'il aimait mieux nous désespérer que de transiger avec son règlement. Les offres d'argent, les supplications, les menaces mêmes, furent impuissantes à triompher de son stupide entêtement, et nous dûmes renoncer à la bonne fortune d'aller voir le prince en nombreuse compagnie.

Le meilleur parti à prendre, dans cette circonstance, eût été de héler le bateau à vapeur et d'y monter; mais l'idée ne nous en vint qu'après avoir déjà perdu beaucoup de temps en pourparlers; quand nous dûmes nous convaincre qu'il était notre unique ressource, son éloignement ne nous permit pas de le rejoindre. Plus tard, lorsque nous racontâmes notre mésaventure au gouverneur d'Astrakhan, il nous blâma beaucoup de n'avoir pas eu immédiatement une idée si simple.

Tout espoir étant définitivement perdu de ce côté, nous nous résignâmes à continuer notre route, avec l'intention de revenir sur nos pas dès le lendemain munis d'un nouveau podorochni. Calcul fait du temps qu'il nous fallait pour arriver à Astrakhan, pour en repartir et pour atteindre la résidence du prince Tumène, nous avions la certitude d'assister pour le moins à la dernière fête, qui ne devait avoir lieu que le troisième jour. Mais, malgré cette perspective consolatrice, je ne pouvais m'empêcher de jeter un regard de profond regret sur la colonne de fumée qui s'éloignait de plus en plus de nous, et à laquelle se rattachaient, par un singulier hasard, de si vives impressions. C'était bien là le cas de dire, alors ou jamais, que notre espoir s'en *allait en fumée*.

Sur les quatre heures du soir de ce même jour, nous nous trouvions en face d'Astrakhan!... de cette brillante cité, qui ne figure sur l'itinéraire d'aucun touriste européen. Cela me rappelle une scène de vaudeville, dans laquelle deux vieux troupiers qui s'étaient perdus de vue depuis nombre d'années, se rencontrent tout à coup; aussitôt de s'attabler au cabaret voisin et de se questionner :

« D'où viens-tu, dit l'un?

— D'Astrakhan!

— Allons donc, quelle blague; est-ce qu'on vient d'Astrakhan? »

En effet, on va partout, excepté à Astrakhan dont l'éloignement de toute grande ligne de parcours, la met à l'abri des visites que subissent d'autres villes perdues au fond de l'Afrique ou de l'Asie; et ce n'est pas là son moindre attrait!...

Cette pensée, jointe à bien d'autres, porta au plus haut degré notre ravissement, lorsque, embarqués dans un grand bateau, après avoir quitté la route de poste, nous pûmes embrasser d'un seul coup d'œil son beau panorama, ses églises, ses coupoles, ses forts ruinés, devenant de plus en plus visibles à nos yeux! Située dans une île au milieu du Volga, ses alentours ne sont pas, comme ceux des grandes cités, couverts de villages et de cultures; elle est seule, entourée de sable et d'eau, tout orgueilleuse de sa souveraineté sur ce beau fleuve, et du nom gracieux d'*étoile du désert*, dont l'a baptisée la poétique imagination des Orientaux.

Une fois à terre, mille embarras surgirent tout à coup, de ces embarras qui glaceraient un enthousiasme chauffé à blanc. Impossible de trouver à nous caser, malgré l'aide d'un officier qu'on mit immédiatement à notre disposition. Ce brave homme paraissait profondément humilié de rencontrer partout des refus, et de notre résolution désespérée d'aller nous réfugier dans un caravansérail persan. A son grand soulagement, la Providence, sous les traits d'une charmante dame polonaise, vint nous tirer de cet affreux gâchis, au moment où nous ne savions plus où donner de la tête. Cette dame, dont nous fîmes par hasard la rencontre, s'empressa de mettre toute sa maison à notre disposition, avec tant de bonne grâce que nous ne dûmes pas même songer à faire des façons. D'ailleurs, nos voyages en Russie nous avaient déjà habitués à la sympathie qu'inspire aux Polonais tout ce qui est français. Les derniers événements politiques n'ont pas encore eu le pouvoir d'affaiblir en eux ce sentiment de bienveillance; ils nous regardent toujours comme des frères, et sont prêts à nous le prouver en toute occasion.

A part quelques bâtiments de la couronne, construits pour les employés russes, rien à Astrakhan ne rappelle une domination étrangère. La ville a complétement conservé la physionomie asiatique qu'elle doit à son ciel, à son passé et à sa population variée. Bâtie en partie sur une colline, en partie dans la plaine, elle étend plusieurs de ses anciens quartiers dans des bas-fonds entrecoupés de marais, où ils se trouvent exposés aux crues du fleuve, et pendant l'été à des miasmes très-malsains. Un canal bordé de quais la traverse dans toute sa longueur.

Le premier soin de mon mari, après une rapide installation, fut de se rendre chez le curateur général des Kalmouks, M. Fadiew, pour tâcher d'obtenir le plus promptement possible un podorochni. Il revint au bout d'une heure m'apprendre que nous partirions le soir même dans un bateau de l'amirauté, mis à notre disposition. Le gouverneur, M. Fadiew, l'amiral du port et toute la haute société de la ville, étaient allés rendre visite au prince, ainsi qu'on nous l'avait annoncé; mais

Mme Fadiew, retenue chez elle par une indisposition (le nom de cette dame reparaîtra souvent dans nos souvenirs d'Astrakhan), s'était empressée de nous aplanir toute difficulté. Nous allâmes prendre le thé avec elle avant de nous embarquer; dès ce moment je pus apprécier ses rares qualités et le charme de son esprit rehaussé par les connaissances les plus variées.

A neuf heures du soir nous prîmes place dans la chaloupe préparée pour notre voyage, possédant un équipage composé de six robustes rameurs kalmouks et d'un pilote tatar. Notre espoir était d'arriver dans la matinée du lendemain chez le prince; mais par une bizarrerie inexplicable, je me sentis saisie à l'improviste d'une terreur qui, malgré mon vif désir d'atteindre le but de notre course, ne nous permit pas d'aller plus loin. La nuit était très-obscure; les lames sourdes imprimaient à notre barque de fortes secousses, le fleuve me paraissait sans limites; mais tout cela était néanmoins insuffisant pour expliquer la folle frayeur qui me dominait si impérieusement. Plusieurs voyages en mer et de longues promenades sur le Bosphore de Constantinople, dans ces légers caïques que le moindre mouvement peut faire chavirer, auraient dû m'aguerrir contre toute émotion de ce genre; mais la frayeur est un sentiment instinctif, rebelle à tout raisonnement, et qui nous prend à l'improviste sans être motivé par un danger réel. Cependant, pour acquit de conscience, je dois ajouter que de fréquents éclairs et la pesanteur de l'atmosphère influaient sans doute sur l'état nerveux où je me trouvais.

Quoi qu'il en soit, je n'eus de repos que lorsque j'entendis mon mari donner l'ordre de regagner le port, et la suite prouva que c'était le meilleur parti à prendre. La nuit fut bouleversée par une de ces bourrasques si fréquentes et si dangereuses sur le Volga, qui éclata peu d'instants après notre débarquement, et qui fut la meilleure justification de mon effroi. Attribuant ce dernier à une faiblesse d'esprit, j'en étais d'abord profondément mortifiée; mais en face de l'orage de la nuit, je le considérai comme un pressentiment providentiel.

Le lendemain, au lever du soleil, nous partîmes en poste, côtoyant jusqu'au soir le fleuve où je venais d'éprouver de si vives émotions. Par la fraîche et calme matinée dont nous étions alors gratifiés, il présentait un aspect peu d'accord avec mes terreurs précédentes. La journée avait l'éclat qui suit toujours une nuit d'orage dans les pays du midi. Grâce à notre disposition d'esprit, ce petit voyage fut des plus agréables. Le maître de poste, qui la veille nous avait si cruellement contrariés, ne put se défendre d'une vive surprise en nous voyant reparaître. Il examina avec un soin minutieux notre nouveau *podorochni;* et s'étant assuré que tout y était parfaitement en règle, il se prit soudain pour nous d'une profonde considération; la célérité avec laquelle nous avions obtenu le papier étant à ses yeux une preuve manifeste que nous méritions tout son respect.

Vers le soir, nous quittâmes la voiture de poste pour nous embarquer, ayant à faire sur le fleuve une douzaine de verstes avant d'arriver chez le prince; mais tous les fantômes de la nuit précédente s'étaient dissipés à l'éclat du soleil, et je me hâtai d'entrer dans la chaloupe, ne songeant qu'au plaisir d'une longue promenade sur les flots limpides du Volga.

Une dernière contrariété, une contrariété si vive, que nous en fûmes complétement déconcertés, nous attendait au moment où nous croyions avoir vaincu tous les obstacles. On eût dit qu'un malin génie s'amusait à déjouer nos prévisions, dans le seul but de nous faire renoncer à cette visite à laquelle nous attachions tant de prix.

On a dû facilement comprendre, par le récit précédent, que la célérité déployée dans ce voyage n'avait d'autre but que d'arriver chez le prince avant le départ du bateau à vapeur, but qui nous tenait depuis vingt-quatre heures en haleine, et que nous croyions avoir atteint par la rapidité du retour. Quant aux fêtes, force avait été d'en faire le sacrifice.

Telles étaient nos dispositions, et notre esprit se tenait fort en repos de ce côté-là. Qu'on juge donc de la consternation dont nous fûmes frappés en avançant sur le Volga, lorsque soudain notre rameur s'écria : *la vapeur! la vapeur!* tandis que de sa rame il nous montrait une légère fumée sortant du milieu des arbres. Oh! pour le coup, c'était une véritable fatalité, et quant à moi, quoique peu superstitieuse, je ne pus m'empêcher d'en être vivement frappée. Ce dernier contre-temps venait nous enlever de la façon la plus irritante tout le plaisir que nous promettait ce malencontreux voyage; et cela, au moment même où nous nous félicitions d'avoir vaincu le sort!... Le bateau passa fier et triomphant à peu de distance de nous, avec sa joyeuse musique qui semblait insulter à notre déception. La pauvre petite barque où nous faisions si triste mine, ballottée comme une coquille de noix, par les vagues que soulevaient autour d'elles les roues de cette machine deux fois maudite, n'eut pas même l'honneur d'être aperçue au premier abord. Cependant quelqu'un se ravisa, une lunette fut braquée de notre côté, et nous apprîmes plus tard que notre apparition avait donné lieu à une foule de conjectures, dont la solution ne devait avoir lieu qu'à Astrakhan.

Il ne nous restait plus qu'à prendre philosophiquement notre parti; ce que nous fîmes, convaincus que le sort nous avait été jusque-là trop hostile, pour qu'il ne s'opérât pas un revirement quelconque en notre faveur. Sans plus daigner accorder un regard au bateau à vapeur, à sa musique et à sa brillante société, nous donnâmes toute notre attention au spectacle qui s'offrait à nous, et qui, certes, valait beaucoup mieux que la vue du prosaïque pyroscaphe.

L'îlot qui appartient au prince Tumène, se trouve complétement isolé au milieu du fleuve : à le voir de loin baigné par les vagues, on dirait un nid de verdure, n'attendant qu'un souffle pour s'abandonner au cours rapide du Volga. A mesure que l'on avance, la plage se déroule, les arbres se groupent, le palais du prince laisse apercevoir une partie de sa blanche façade et les galeries à jour de ses tourelles. Tous les objets prennent des formes plus arrêtées, plus pittoresques; tout paraît en relief, depuis la coupole de la mystérieuse pagode qu'on voit s'élever à travers les arbres, jusqu'à l'humble kibitka, resplendissant sous les teintes magiques du couchant. Ce paysage, tel qu'il s'offrait successivement à nos yeux, encadré par la nappe immobile du fleuve, présentait un caractère calme, étrange et profondément mélancolique. Cela n'avait aucune analogie avec nos autres souvenirs; c'était un monde nouveau que la fantaisie pouvait peupler à sa guise; une de ces îles mystérieuses qu'on rêve dans des moments d'hallucination, une chose, enfin, comme on n'en retrouve pas deux fois sur ses pas de voyageur! Mais il fallut bientôt redescendre dans les réalités de la vie, et laisser pour un moment les charmants fantômes évoqués par notre imagination, car la barque touchait terre! Le rameur l'amarra dans une touffe d'ajoncs; et tandis que mon mari se rendait au palais avec son interprète, je restai tapie dans le caïque, partagée entre le plaisir de contempler de loin la résidence kalmouke, et l'appréhension involontaire qu'avaient soulevée en moi tous les incidents qui se rattachaient à notre visite.

Cette dernière sensation dura peu heureusement, quelques minutes s'étaient à peine écoulées depuis le départ de mes compagnons, que je les vis revenir accompagnés d'un jeune homme qui me fut présenté comme l'un des princes Tumène. Revêtu de l'uniforme cosaque, et plein de désinvolture dans la taille et la tenue, il n'avait rien d'excentrique malgré ses yeux bridés; je fus tout étonnée de la grâce et du savoir-vivre avec lesquels il m'introduisit dans le palais, où je marchai de surprise en surprise. Quelques frais d'imagination que j'eusse faits à l'endroit de ce palais, rien ne m'avait préparée à ce qui frappait mes regards, en traversant plusieurs pièces qui unissaient à la richesse asiatique tout ce que le goût européen peut offrir de plus élégant; et en voyant s'avancer vers moi une jeune dame qui me souhaita la bienvenue en excellent français. Alors, j'éprouvai un tel saisissement de joie, que, pour toute réponse, je l'embrassai avec effusion! De cette façon une connaissance est bientôt faite.

Pour surcroît d'étonnement, la pièce où l'on nous servit le thé se remplit bientôt d'officiers russes et cosaques, tout comme si la société européenne était encore chez le prince; si bien que je récusais presque le témoignage de mes yeux qui avaient *cru* voir le bateau à vapeur s'éloigner du palais.

C'est qu'en vérité, il y avait de quoi s'émerveiller de la physionomie *européenne* dont tout était empreint, hommes et choses. A peine quelques détails exotiques, entrevus plutôt qu'analysés, venaient-ils me rappeler que j'étais en Kalmoukie. Mais, au résumé, était-ce bien là ce que nous étions venus chercher à travers tant de difficultés. Était-ce pour voir des officiers russes, des meubles familiers à nos souvenirs, pour prendre du thé de caravane sur un plateau d'argent, et pour causer en français, que nous avions quitté Astrakhan; réflexions qui traversèrent rapidement mon esprit, pour faire place après tout au plaisir secret de retrouver l'Europe jusque chez des Kalmouks, et de pouvoir, sans le secours d'un drogman, manifester à la charmante Polonaise qui nous faisait les honneurs du salon, ma satisfaction de l'avoir rencontrée. Le vieux prince Tumène (le chef de la famille) vint se joindre à notre société, et nous remercier, avec les formes de la plus exquise politesse, de notre gracieuse visite.

Après les premières civilités, on me conduisit dans une fort belle chambre dont les croisées s'ouvraient sur une vaste galerie. J'y trouvai une toilette en argent, des meubles d'une grande élégance et beaucoup d'objets aussi rares que précieux. Ma surprise en face de ce luxe aristocratique allait toujours croissant. En vain cherchais-je quelque chose qui me rappelât les Kalmouks ; rien autour de moi n'avait la couleur locale, tout semblait plutôt annoncer la demeure d'un riche nabab d'Asie : avec un peu de bonne volonté, il eût été facile de se croire transporté dans le monde merveilleux des fées, à la vue de ce magnifique palais entouré d'eau, tout brodé au dehors de balcons et d'ornements bizarres, tout rempli intérieurement de velours, de tapis, de cristaux, comme s'il n'avait fallu qu'un coup de baguette pour faire sortir toutes ces merveilles du sein du Volga! La pensée que l'auteur de tels prodiges était un prince kalmouk, un chef de ces tribus à demi sauvages qui errent dans les plaines sablonneuses de la mer Caspienne; un adorateur du grand Lama, un sectateur du dogme de la métempsycose, achevait de m'étourdir complétement.

Mme Zakarévitsch m'eut bientôt mise au courant

de tout ce que je désirais savoir sur les princes Tumène et sur elle-même. Son mari, longtemps curateur des Kalmouks, était mort depuis quelques années victime de la probité qu'il avait apportée dans son administration. Les employés, furieux de ne pouvoir voler à leur aise, s'entendirent pour le faire mettre en jugement, et le poursuivirent de leurs basses intrigues jusqu'à son dernier moment. Depuis lors, sa femme, qui possède le caractère résolu des Polonaises, s'occupe activement à réhabiliter son nom. Temps, argent, voyages, elle emploie tout avec une persévérance admirable. Une ancienne amitié la lie au vieux prince Tumène, chez qui elle passe une partie de l'été avec sa fille et une dame de compagnie.

Ce prince Tumène est le plus riche et le plus influent de tous les chefs kalmouks. En 1815, il leva à ses frais un régiment qu'il conduisit lui-même jusqu'à Paris. Plusieurs décorations le récompensèrent d'un acte de dévouement aussi méritoire. Aujourd'hui, il a le rang de colonel, et se trouve le premier, parmi ces peuples nomades, qui ait échangé sa kibitka contre une demeure stable. Maître absolu dans sa famille (les frères aînés chez ce peuple sont respectés à l'égal du père), il n'use de son autorité que pour le bonheur de ceux qui l'entourent. Il possède environ un million de déciatines de terres et plusieurs centaines de familles, dont il retire un revenu considérable. Sa race, qui appartient à la tribu des Koschottes, est une des plus anciennes et des plus respectées des kalmouks. Éprouvé à plusieurs reprises par de cruels chagrins, l'esprit de ce prince s'est tourné complétement du côté de la religion : les pratiques austères auxquelles il se livre, lui donnent une grande réputation de sainteté parmi ses compatriotes. Un pavillon isolé, construit à quelque distance du palais, lui sert de demeure habituelle. C'est là qu'il passe sa vie en prières et en conférences religieuses avec les prêtres les plus célèbres du pays. A part ces derniers, personne ne peut être admis dans son sanctuaire mystérieux; ses frères, eux-mêmes, n'y ont jamais pénétré. Il faut convenir que c'est là une singulière existence, surtout quand on la compare à celle qu'il pourrait se faire au milieu du luxe dont il a embelli son palais, et qui annonce un ordre d'idées bien supérieur à ce que l'on doit attendre d'un Kalmouk. Ce sacrifice complet des voluptés de la terre, cet ascétisme causé par des souffrances morales, rappelle singulièrement le christianisme et l'origine de nos ordres religieux. De même que les plus fervents catholiques, ce sectateur de Lama demande à la solitude, à la prière, à l'austérité et à l'espoir d'une autre vie, des consolations que toute sa fortune est impuissante à lui donner ! N'est-ce pas là l'histoire de plus d'un trappiste ou d'un chartreux?

La position du palais est parfaitement choisie, et révèle un sentiment du beau aussi développé que chez les peuples les plus civilisés. Construit dans le style chinois, il est placé sur la pente douce d'une colline, à une centaine de pas du Volga. On peut apercevoir de ses nombreuses galeries, toutes les parties de l'île et la surface imposante du fleuve dont les flots viennent mourir sur la plage sablonneuse. De l'un de ses angles, la vue plonge sur un massif d'arbres où brillent la coupole et la pomme d'or de la pagode. En face, quelques centaines de tentes jetées irrégulièrement, s'étendent jusqu'au bord de l'eau; de magnifiques prairies, entrecoupées de bouquets d'arbres, des champs bien cultivés, déploient leur tapis de verdure à gauche du palais, et forment différents plans que le regard peut embrasser à la fois. Tout cela est animé par des cavaliers kalmouks, par des chameaux errants çà et là à travers de beaux pâturages, par des officiers portant d'une tente à l'autre les ordres du chef. C'est un beau spectacle, aussi varié dans ses détails qu'harmonieux dans son ensemble.

Mme Zakarévitsch, après s'être fait expliquer les motifs qui nous avaient empêchés d'arriver deux jours plus tôt, nous surprit très-agréablement, en nous assurant que l'intention du prince était de faire recommencer pour nous une grande partie des fêtes. Déjà des courriers avaient été chargés de ramener au palais les prêtres qui avaient assisté à la solennité, afin que nous puissions voir leurs cérémonies religieuses. Cette nouvelle comme bien on le pense, nous combla de joie. En attendant, nous consacrâmes la première journée à visiter le palais en détail, et à nous reposer des fatigues du voyage.

Le lendemain de bonne heure, Mme Zakarévitsch vint nous chercher pour nous conduire chez la belle-sœur du prince, laquelle, durant la belle saison, habite sa kibitka de préférence au palais. Rien ne pouvait nous être plus agréable que cette proposition. J'allais donc voir enfin les mœurs kalmoukes, sans mélange d'habitudes étrangères. Chemin faisant, j'appris que la princesse passait pour très-belle et très-savante parmi son peuple, et maints autres détails qui contribuèrent encore à augmenter ma curiosité. Nous arrivâmes à sa tente en assez nombreuse compagnie, et jouîmes en entrant d'un spectacle qui dépassait de beaucoup nos prévisions. Lorsqu'on eut soulevé la portière de la kibitka, nous nous trouvâmes dans une pièce circulaire assez vaste, recevant le jour d'en haut, tendue d'un damas rouge, dont le reflet colorait tous les objets d'une teinte ardente; le sol était couvert d'un riche tapis turc et l'air chargé de parfums. Dans cette atmosphère embaumée, au milieu de cette lueur empourprée, nous aperçûmes la princesse, assise sur une estrade au fond de la tente, revêtue d'étoffes brillantes et tout aussi immobile qu'une idole. Une vingtaine de suivantes en grande parure, accroupies sur leurs talons, formaient autour d'elle un cercle aussi bizarre que varié! C'était une véritable scène d'opéra improvisée sur les bords du Volga. Lorsque la princesse nous eut laissé le temps de l'admirer, elle descendit lentement les degrés de l'estrade, vint à nous avec dignité, me prit par la main, m'embrassa affectueusement et me conduisit à la place qu'elle venait de quitter. Elle en fit de même à l'égard de Mme Zakarévitsch et de sa fille; puis, saluant gracieusement les personnes qui nous accompagnaient, elle leur désigna un large divan en face de l'estrade. Une maîtresse de maison à Paris n'eût pas mieux agi. Quand chacun fut placé, elle vint s'asseoir à côté de moi, et me fit transmettre, par un Arménien parlant très-bien le russe et le kalmouk, mille compliments qui me donnèrent une très-haute opinion de son esprit. En nous servant du même moyen, nous pûmes nous adresser mutuellement beaucoup de questions, et malgré l'ennui d'avoir recours aux services d'un interprète, notre conversation fut loin de languir, d'autant que la princesse était fort avide de renseignements de toute nature. Doué d'une humeur enjouée, l'Arménien s'établit de sa propre autorité grand maître des cérémonies, et débuta dans ses fonctions en conseillant à la princesse de donner ordre qu'on ouvrît le bal. Aussitôt, sur un signe de cette dernière, une des femmes d'honneur se leva et fit quelques pas, en tournant lentement sur elle-même; une autre, toujours accroupie, tira d'une balalaïka (guitare orientale) des sons mélancoliques, très-peu appropriés à la circonstance. A la vérité, les poses et les mouvements de sa compagne ne s'accordaient guère mieux avec les idées que nous attachons à la danse. C'était une pantomime pleine de nonchalance et de tristesse, exprimant, par sa monotonie languissante, l'état d'une âme qui semble dégoûtée de la vie. Plusieurs fois la jeune danseuse étendit les bras et se mit à genoux, comme pour invoquer un être invisible. Cette représentation dura assez longtemps, pour me permettre d'examiner attentivement la princesse, et je ne m'étonnai plus qu'elle jouît dans son pays d'une grande réputation de beauté. Sa taille est imposante et fort bien prise, autant que je pus en juger à travers ses nombreux vêtements. Une bouche en cœur, ornée de belles dents, une physionomie pleine de douceur, une peau un peu brune, mais d'une finesse remarquable, feraient d'elle une fort jolie femme même en France, si la coupe du visage et la disposition des traits étaient tant soit peu moins kalmoukes. Néanmoins, malgré l'obliquité des yeux et les pommettes saillantes des joues, elle trouverait encore plus d'un admirateur partout ailleurs qu'en Kalmoukie. Son regard, surtout, respire une ineffable bonté; ainsi que toutes les femmes de sa race, elle a un air de caressante humilité, qui ne la rend que plus touchante.

Passons à son costume. Sa robe d'étoffe persane, fort riche, toute galonnée d'argent, était recouverte d'une tunique en soie légère, ne descendant que jusqu'aux genoux et s'évasant sur le devant; le corsage montant, tout à fait plat, étincelait de broderies d'argent et de perles fines qui recouvraient toutes les coutures. Elle avait autour du cou un fichu en batiste blanche, semblable par sa coupe au col d'une chemise d'homme, et retenu par un bouton de diamant. Ses cheveux, très-noirs et très-abondants, tombaient sur sa poitrine en deux magnifiques tresses d'une longueur remarquable. Sur l'extrémité de sa tête était coquettement posé un bonnet d'étoffe jaune, bordé d'une riche fourrure, et ressemblant à s'y méprendre au bonnet carré d'un juge. Un détail de sa toilette me surprit infiniment, consistant en un mouchoir en batiste brodé et une paire de mitaines noires. Ainsi les produits de notre industrie se glissent jusque dans la toilette d'une grande dame kalmouke. Au nombre des ornements de la princesse, je ne dois pas oublier une grande chaîne d'or qui, après avoir entrelacé ses belles tresses, venait se rattacher, en passant sur sa poitrine, à des anneaux du même métal suspendus à ses oreilles. Tout cela formait un ensemble beaucoup moins barbare que je ne m'y étais attendue. Les dames d'honneur, quoique vêtues moins richement, avaient la même coupe de robe et le même bonnet ; seulement elles ne s'étaient pas émancipées jusqu'à mettre des mitaines.

Au bout d'une demi-heure, la danseuse alla toucher l'épaule d'une de ses compagnes, qui prit sa place et recommença le même exercice. Quand celle-ci eut achevé son rôle, l'Arménien insista auprès de la princesse pour que sa fille, qui jusque-là s'était tenue cachée derrière un rideau, donnât, elle aussi, un échantillon de son savoir-faire; mais il existait une difficulté. Aucune dame d'honneur n'avait le droit de la toucher, et, suivant les usages du pays, cette formalité était indispensable. Alors l'Arménien, prenant bravement son parti, s'élança au milieu du cercle et se mit à danser d'une manière si originale, que chacun l'applaudit à l'envi. Ayant ainsi satisfait à l'étiquette kalmouke, il se dirigea du côté du rideau et posa légèrement le doigt sur l'épaule de la jeune fille qui ne put se refuser à une invitation faite dans toutes les formes. Sa danse nous parut moins monotone que celle des dames d'honneur, grâce à sa jolie figure et à ses poses timides et langoureuses. A son tour elle fut toucher son frère, beau jeune homme de quinze ans, vêtu à la cosaque, qui parut au désespoir d'être obligé de placer sur sa tête le bonnet kalmouk, pour se conformer à l'usage national. Deux fois il jeta à terre la coiffure avec un dépit des plus comiques; mais sa mère exigea sévèrement qu'il la reprît.

Autant la danse des femmes est humble et monotone, autant celle des hommes est impérieuse et animée; la domination se montre dans tous leurs gestes, dans l'expression hardie de leurs regards, ainsi que dans la manière noble avec laquelle ils se présentent. Je ne pourrais décrire toutes les évolutions qu'effectua le jeune prince avec autant de grâce que de rapidité. L'élasticité de ses membres était aussi remarquable que la mesure parfaite qui réglait ses pas les plus compliqués.

Après le bal vint le concert. Les femmes se passèrent successivement la balalaïka et chantèrent ensuite en chœur. Mais leur musique est aussi peu variée que leur danse. Enfin, pour clore la cérémonie, on nous présenta, sur de larges plateaux d'argent, différentes espèces de koumis et de confitures.

En sortant de la kibitka, le beau-frère de la princesse nous conduisit près d'un haras de chevaux sauvages, où nous attendait une scène des plus extraordinaires. Dès qu'on nous aperçut, cinq ou six hommes à cheval, munis de longs lacets, s'élancèrent au milieu du *taboun* (haras), les yeux constamment fixés sur le jeune prince qui devait régler leurs faits et gestes. Au signal donné, ils se précipitèrent dans l'enceinte et enlacèrent en un instant un jeune cheval à longue crinière, dont l'œil dilaté et les naseaux fumants annonçaient une inexprimable terreur. Aussitôt un Kalmouk, habillé à la légère et qui les suivait à pied, s'élance sur l'étalon, coupe les lacets qui garrottent l'animal devenu furieux, et commence avec lui une lutte incroyable d'audace et d'agilité. Je ne crois pas qu'aucun spectacle puisse agir plus vivement sur l'esprit que celui-ci. Tantôt le cavalier et sa monture roulaient ensemble sur l'herbe, tantôt ils fendaient l'air avec la rapidité d'un trait, pour s'arrêter brusquement, comme si un mur se fût dressé subitement en face d'eux. Soudain, le cheval furieux rampait sur son ventre ou se cabrait à nous arracher des cris d'effroi ; puis, reprenant sa course désordonnée, il se jetait à travers le taboun, et par tous les moyens possibles, cherchait à se débarrasser d'un fardeau si nouveau pour lui.

Cet exercice, quelque violent et quelque dangereux qu'il nous parût, semblait n'être qu'un jeu pour le Kalmouk, dont le corps suivait avec tant de souplesse les mouvements de l'animal, qu'on les eût crus tous deux animés du même souffle. L'étalon ruisselait d'écume et tremblait de tous ses membres. Quant au cavalier, son sang-froid eût fait honte aux plus habiles écuyers. Dans les moments les plus critiques, il trouvait encore la liberté d'agiter ses bras en signe de triomphe, et malgré l'humeur indomptable de sa monture, il la dominait assez pour la maintenir presque toujours dans le cercle que nos regards pouvaient parcourir. Au bout de quelques minutes, sur un nouveau signe du prince, deux cavaliers, qui avaient suivi le plus près possible ce hardi centaure, le saisirent avec une prestesse merveilleuse et l'emportèrent au galop, avant que nous eussions eu le temps de nous rendre compte de ce nouvel incident. Le cheval, un moment stupéfait, partit bientôt ventre à terre pour aller se perdre au milieu du taboun. Ces prouesses se renouvelèrent plusieurs fois, sans qu'un seul cavalier se laissât démonter.

Mais notre étonnement se changea en stupéfaction lorsque nous vîmes un enfant de dix ans s'avancer pour tenter la même épreuve. On lui choisit un jeune étalon blanc, d'une grande taille, qui faisait des bonds fougueux et des efforts désespérés pour rompre ses lacets, révélant ainsi un caractère des plus farouches.

Je ne peindrai pas les vives émotions qui nous assaillirent devant une lutte aussi émouvante. Ce faible enfant, n'ayant, comme les autres écuyers, que la crinière du cheval pour point d'appui, donnait l'exemple de ce que peut le raisonnement sur l'instinct et la force brutale. Pendant quelques minutes il soutint avec une intrépidité héroïque la difficulté de sa position. Enfin, à notre grande satisfaction, un cavalier se mit à sa poursuite, l'atteignit, et l'enlevant à bras tendu, le jeta en croupe derrière lui.

Comme on le voit, les Kalmouks sont d'excellents écuyers, s'habituant dès leur enfance à dompter les chevaux les plus sauvages. L'exercice auquel nous venions d'assister est un de leurs plus grands amusements : les femmes n'y sont pas étrangères, et souvent nous en avons rencontré qui rivalisaient entre elles de vitesse et de témérité.

L'heure avancée nous rappela au palais où l'on avait préparé à notre intention un dîner splendide. Deux grandes tables dressées dans deux pièces contiguës, furent présidées par les princes Tumène. Nous prîmes place à celle du frère aîné qui en fit les honneurs de la manière la plus distinguée.

La cuisine, mi-russe, mi-française, ne laissait rien à souhaiter pour l'apprêt et le choix des plats. Tout était servi en vaisselle plate; les vins de France et d'Espagne, et surtout le champagne, furent prodigués avec un véritable luxe de grand seigneur. On porta beaucoup de toasts, parmi lesquels ceux de l'empereur de Russie et du roi des Français jouèrent le premier rôle.

Je remarquai avec beaucoup de surprise que pendant tout le dîner, la princesse paraissait fort mal à l'aise en présence de son beau-frère; elle ne se mit à table qu'après en avoir reçu l'autorisation et tout dans ses manières annonçait un profond respect pour le chef de la famille. Son mari, le frère puîné du prince, était absent depuis deux mois. Le repas se prolongea longtemps et fut très-animé. En voyant l'ordonnance, l'éclat et le savoir-vivre qui y régnaient, nous ne pouvions nous faire à l'idée que l'amphitryon fût un Kalmouk. Le vieux prince nous adressa grand nombre de questions sur la France, nous parlant avec enthousiasme de son séjour à Paris et des liaisons agréables qu'il y avait formées. Quoiqu'il se tînt peu au courant de la politique, la révolution de 1830 ne lui était pas étrangère, et à plusieurs reprises il nous manifesta une grande admiration pour Louis-Philippe.

En sortant de table, nous montâmes dans sa calèche pour nous rendre dans la mystérieuse pagode, que nous étions si désireux de visiter.

Au moment où nous mîmes le pied sur le seuil du temple, un charivari auprès duquel une trentaine de grosses cloches en branle ne seraient qu'une douce harmonie, salua notre présence et nous ôta presque la faculté de voir ce qui se passait autour de nous. C'était un bruit si perçant, si discord, si sauvage, que nous en fûmes abasourdis; il n'y avait plus moyen de se dire une parole.

Les auteurs de ce terrible tapage, autrement dit les musiciens, étaient rangés sur deux lignes parallèles, les uns en face des autres; à leur tête, du côté de l'autel, se voyait le grand prêtre agenouillé sur un riche tapis persan, dans une immobilité complète, tandis que derrière lui, vers la porte d'entrée, se tenait debout le maître des cérémonies, le *ghepki*, vêtu d'une robe écarlate, la tête couverte d'un capuchon jaune foncé et portant dans sa main un long bâton, comme emblème de sa dignité. Prêtres et musiciens, tous agenouillés et ressemblant par leurs traits et leurs poses à des magots chinois, avaient des costumes de couleurs éclatantes, chargés de broderies d'or et d'argent, se composant d'une large tunique à manches ouvertes et d'une espèce de camail à dents de loup. Quant à leur coiffure, elle avait assez d'analogie avec celle des anciens Péruviens, à cela près, que les plumes étaient remplacées par des plaques d'argent couvertes de peintures religieuses; au centre de cette couronne se dressait en outre une espèce de houppe en soie noire, reliée de distance en distance de manière à former des petites boules allant toujours en diminuant de grosseur jusqu'au sommet. La houppe se partageait ensuite en différentes tresses qui retombaient sur les épaules. Cette double ligne de personnages ainsi vêtus, avait bien la couleur locale obligée, mais ce qui fit surtout l'objet de notre étonnement, ce furent les instruments des musiciens. A côté d'énormes timbales et du tamtam chinois, on voyait de grosses coquilles marines faisant fonction de cornet, et deux immenses tubes de cuivre de trois à quatre mètres de longueur, chacun étayé par deux supports. Mon mari essaya inutilement de tirer quelques sons de ces trompes : il ne fallait rien moins que la poitrine de stentor des vigoureux *Mandschi* pour les faire retentir. S'il y a complète absence de mesure, d'accords et de méthode dans la musique religieuse des Kalmouks, en revanche chacun fait le plus de bruit possible à sa manière et suivant la force de ses poumons. Le concert commença par un carillon de petites cloches d'un timbre argentin; puis vibrèrent les tam-tams et les timbales auxquels se mêlèrent bientôt les glapissements aigus des coquilles, le tout couronné par les mugissements des deux grandes trompes qui firent trembler toutes les vitres du temple. Il me serait impossible de rendre l'originalité de cette cérémonie. Cette fois nous étions à des milliers de lieues de l'Europe, au cœur de l'Asie, dans la pagode du grand *Dalaï-Lama* du Thibet.

Le temple, éclairé par un rang de larges croisées, est orné de minces colonnes en briques stuquées, dont la légèreté rappelle la gracieuse architecture moresque. Une galerie règne tout autour du dôme, qui est très-remarquable également par la délicatesse de son travail. Une foule de bons et de mauvais génies, d'idoles monstrueuses et d'animaux fabuleux, tapissent toutes les parties de la pagode et lui donnent une physionomie aussi grotesque que peu religieuse. La vénération des sectateurs du grand Lama pour leurs images est si jalouse, que nous ne pouvions nous approcher de ces dieux magots, sans nous mettre un mouchoir sur la bouche, afin de ne pas les profaner par un souffle impur.

Le mécontentement qu'éprouvaient les prêtres en nous voyant tout examiner avec une minutieuse curiosité, se trahissait par la surveillance inquiète dont ils nous entouraient. Forcés de se tenir à une distance respectueuse de nos personnes, ils n'en observaient pas moins tous nos mouvements d'un air de profonde méfiance. A ce que nous apprîmes plus tard, leur crainte était qu'il ne nous prît fantaisie d'escamoter quelques-unes des images mystiques que nous considérions de si près ; certes, ils avaient assez raison de trembler, car la bonne volonté ne nous manquait pas. Mais il fallut nous contenter de les regarder avec les marques du plus profond respect, sauf à prendre notre revanche dans une meilleure occasion.

De retour au palais, nous trouvâmes le vieux prince dans une petite pièce qu'il affectionne tout particulièrement, et où il a réuni un grand nombre d'armures et d'objets de curiosité. Nous admirâmes, entre autres choses, des chaskas circassiens, tout garnis d'argent émaillé en noir; des damas turcs aussi précieux par la trempe de la lame que par les incrustations de la poignée et du fourreau ; des pistolets florentins du quinzième siècle ; une coupe en jaspe d'une forme antique, achetée 4000 roubles à un seigneur persan; quelques cottes de mailles circassiennes, ressemblant à celles de nos anciens chevaliers, et mille autres raretés d'une grande valeur témoignant du bon goût et du sentiment artistique d'un prince que beaucoup de personnes pourraient regarder comme barbare. Il garde aussi, dans ce cabinet, comme un objet très-précieux, le livre où sont inscrits les noms des voyageurs qui viennent le visiter. Parmi ces noms, aristocratiques pour la plupart, nous remarquâmes ceux du baron de Humboldt, de quelques lords anglais et de divers savants russes et allemands.

Nous terminâmes notre soirée par un bal improvisé qui dura toute la nuit. L'Arménien en eut le premier l'idée, et dut se charger du soin de composer l'orchestre. Je ne sais comment il s'y prit, mais, au bout de quelques minutes, il nous apporta en triomphe un violon, une guitare et un flageolet. De pareils instruments chez les Kalmouks, n'est-ce pas réellement prodigieux !... Nous eûmes promptement organisé une soirée dansante aussi complète qu'on eût pu le faire dans tout autre salon. La gaieté monta même à un tel diapazon, que la princesse et sa fille, après bien des hésitations, finirent par mettre toute fausse honte de côté, et s'élancèrent bravement dans un galop étourdissant, où, par parenthèse, l'une d'elles perdit son bonnet. La princesse, émerveillée, ne me quitta pas plus que mon ombre. Elle avait sans cesse recours à l'Arménien pour m'assurer que cette soirée était la plus belle de sa vie, et qu'elle ne l'oublierait jamais. Elle m'exprima un vif désir de m'entendre chanter, et trouva les romances françaises tellement à son goût, que je dus promettre de lui en copier quelques-unes. De son côté, elle me donna deux chansons kalmoukes composées par elle et écrites de sa main[1]. Selon l'usage russe, les officiers ne se firent pas faute de savourer le champagne qui circula pendant la soirée jusqu'à faire tourner toutes les têtes.

Nous employâmes la journée du lendemain à deux promenades dans l'île et à une chasse au faucon. Ce dernier passe-temps est en grande faveur chez les Kalmouks, où il se pratique encore avec tout l'éclat que lui donnaient nos châtelains du moyen âge. Le prince Tumène, pour sa part, pos-

---

1. Voici la traduction d'une de ces chansons, qui ne donnera certainement pas une haute idée des talents poétiques d'une princesse kalmouke : « Mon cheval roux qui dispute le prix de la course au chameau, broute l'herbe des champs du Don. Dieu, notre seigneur, tu nous feras la grâce de nous retrouver dans une autre contrée. Et toi, charmante herbette agitée par le vent, tu t'étends sur la terre. Et toi, ô cœur le plus tendre volant vers ma mère, dis-lui : qu'entre deux montagnes et des vallées dans un vallon uni, demeurent cinquante braves qui s'approchent avec courage pour tuer une outarde bien grosse. Et toi, tendre mère nature, sois-nous propice. »

sède une fauconnerie très-bien organisée, où l'on retrouve pour l'éducation des oiseaux, les mêmes procédés qu'employaient nos aïeux. Ce fut un petit faucon d'une ardeur et d'une audace sans égales qui, ce jour-là, fit les honneurs de la chasse. Le Kalmouk qui le tenait encapuchonné sur son poing, eut toutes les peines du monde à le contenir, lorsqu'on lui découvrit la tête. Lancé sur un magnifique héron gris, il le prit en moins d'une minute. Plusieurs canards sauvages furent également poursuivis et atteints par lui avec une incroyable rapidité.

Les jours suivants, nous goûtâmes de nouvelles distractions, où l'imprévu jouait toujours un grand rôle. Je ne saurais assez témoigner combien nos hôtes mirent d'empressement à nous faire voir tout ce que leurs mœurs pouvaient avoir d'original à nos yeux : chaque jour une nouvelle surprise, adroitement ménagée, venait retarder le moment du départ. Mais, hélas! tout doit avoir une fin dans ce monde; il fallut donc prendre une résolution irrévocable, et dire définitivement adieu à cette vie brillante et variée, dont nous nous accommodions si bien.

La destinée du voyageur est une chose bien étrange! Véritable oiseau de passage, il effleure tout sans s'inquiéter de ce qu'il laisse derrière lui. Aller, toujours aller en avant, tel est son but. Quant à ces amitiés qui l'accueillent sur sa route, à ces liaisons passagères, d'autant plus douces qu'elles sont moins approfondies, à tout ce qui fait réellement le charme des voyages, à peine a-t-il le temps de leur donner un regret. Le moment présent existe seul pour lui. Il doit avancer, sauf à savourer plus tard avec volupté chacune des impressions recueillies en chemin et entassées à la hâte dans son esprit. Alors il se souviendra, il regrettera peut-être ; mais jusque-là, il a bien autre chose à faire que de s'appesantir sur de pénibles regrets. Le ciel est beau, l'espace est grand ; il s'élance gaiement au-devant de nouveaux horizons et de nouveaux souvenirs !

Le jour fixé pour notre départ, nous déjeunâmes tous ensemble, pendant qu'on s'occupait des derniers préparatifs. Ce repas fut triste, car chacun était préoccupé de la même pensée. Pendant que nous retardions volontairement le moment des adieux, la calèche du prince et une autre voiture stationnaient à la porte. Tout avait été prévu et ordonné avec une magnificence qui n'avait plus le droit de nous surprendre après tout ce que nous avions vu. Chez aucun grand seigneur il ne serait possible de trouver une hospitalité plus large que celle de ce prince kalmouk qui, pourtant, depuis de longues années, vit dans une retraite absolue. Cela prouve que la véritable supériorité est indépendante de la civilisation, et qu'on peut la rencontrer aussi bien chez les peuples aux mœurs primitives qu'au milieu des plus brillants salons de l'Europe.

Au bas du perron, la calèche de notre hôte, doublée de satin blanc et attelée de quatre magnifiques chevaux conduits à longues guides par un cocher khirguise, nous attendait avec une quinzaine de cavaliers qui devaient nous servir d'escorte jusqu'au bac. De nombreux curieux les entouraient, regardant avidement la société réunie sur un large balcon, où elle recevait du prince le coup de l'étrier. Tout cet ensemble formait un tableau aussi bizarre que splendide; ce luxe raffiné de l'Occident, mêlé aux costumes bariolés des Kalmouks, ces physionomies de types si divers, ces officiers en brillants uniformes, ces beaux chevaux rongeant leur frein, et surtout la noble figure du vieux prince nous faisant de son balcon un dernier signe d'adieu, laissèrent dans notre esprit un souvenir ineffaçable. En tête de la cavalcade se plaça le jeune Tumène qui ne cessa, durant le trajet, de nous émerveiller par ses tours de force de science équestre. La journée était resplendissante, tout concourait à éveiller en nous une foule de sensations qui ne se renouvelleront peut-être jamais.

En face de la station de poste, Mme Zakarévitsch et sa fille, que nous avions enlevées au prince Tumène, montèrent avec nous dans le bac, préparé pour notre transport. Des chevaux commandés dès la veille par un exprès du prince, nous attendaient sur le rivage opposé, où nous trouvâmes nos voitures toutes prêtes à nous recevoir.

En regagnant la route où nous avions déjà passé deux fois en moins de vingt-quatre heures, l'idée des désagréments que nous y avions subis, me revint plus d'une fois à l'esprit, et je pus apprécier à ce sujet combien sont illusoires ces mauvais présages dont s'effrayent plus d'un voyageur. Des personnes tant soit peu superstitieuses auraient, sans aucun doute, renoncé à une visite contrariée par une semblable série de fâcheux contre-temps, et eussent ainsi perdu l'occasion de voir les choses extraordinaires que j'ai tâché de décrire. Quant à nous, au contraire, nous revenions riches de souvenirs et d'impressions nouvelles, nous félicitant de plus en plus d'avoir fait un voyage dont les résultats dépassaient de bien loin notre attente!

CHAPITRE VIII.

Détails historiques et pittoresques sur Astrakhan. — Fête indienne.
Bal chez le gouverneur. — Portraits, etc.

De retour à Astrakhan, Mme Zakarévitsch exigea absolument notre installation chez elle. Les réclamations de sa compatriote qui nous avait d'abord donné l'hospitalité, ne purent tenir contre ses vives instances. Nous eûmes un véritable plaisir à revoir Mme Fadiew et à faire connaissance avec son mari, qui est un des hommes les plus distingués que nous ayons connus en Russie. Le gouverneur (le général Timirasif) et sa femme, ainsi que beaucoup d'autres familles, s'empressèrent de rendre notre séjour parmi eux aussi agréable que possible.

L'histoire d'Astrakhan est tellement connue, que l'on nous saura sans doute gré de ne pas insister sur les diverses révolutions politiques qui se sont opérées dans les contrées dont cette ville a été pendant tant de siècles la brillante métropole. Après avoir fait partie de l'empire du Kaptschak, fondé par Batou-Khan, Astrakhan, à la suite de longs déchirements intérieurs, finit au commencement du quinzième siècle par se constituer en État indépendant. Cent cinquante ans plus tard éclata, entre les Russes et les Tatars, la lutte acharnée qui devait délivrer le pays des czars, du joug de ses oppresseurs. En 1554, Ivan IV, le Terrible, s'empara du Khanat de la mer Caspienne, autant par trahison que par la force des armes, et prit le premier, le titre de roi de Casan et d'Astrakhan. Cette conquête, si précieuse pour l'empire, incorporée aux possessions russes, entraîna la soumission ou l'émigration de tous les peuples du voisinage. Depuis cette époque, Astrakhan a toujours appartenu à la Russie; mais elle ne tarda pas à perdre l'ancienne prospérité qui l'avait rendue si célèbre sous les Tatars de la Horde d'or. Quinze ans après la conquête moscovite, les Turcs, de concert avec les Tatars de la Crimée, dirigèrent une expédition contre Astrakhan. Leurs efforts toutefois avortèrent, et l'armée ottomane périt en grande partie dans les déserts du Manitsch. Vers la fin du dix-septième siècle, Astrakhan subit encore une courte, mais sanglante révolution. Le rebelle Heuko-Razin se rendit maître de la ville, la livra à d'horribles massacres et donna un moment des craintes sérieuses à la Russie.

Aujourd'hui, l'ancienne capitale du royaume tatar est simplement le chef-lieu d'un gouvernement qui, tout en possédant une surface de plus de quatre mille mètres carrés géométriques, ne compte néanmoins que deux cent quatre-vingt cinq mille habitants, parmi lesquels deux cent mille nomades. Elle renferme un grand nombre de places, d'églises et de mosquées. Ses vieilles tours crénelées et ses pans de murailles qui embrassent encore un espace considérable de terrain, rappellent aux voyageurs ses anciens souvenirs guerriers. La population, mélange de toutes les races de l'Asie, s'élève au chiffre de quarante-cinq mille sept cent trois âmes; le fond en est russe, kalmouk et tatar. Les Arméniens y sont, bien entendu, à la tête du commerce : malgré leur religion qui devrait les rapprocher des peuples occidentaux, ils ont conservé dans leurs mœurs toutes les traditions orientales. L'Arménien porte partout avec lui cet esprit de négoce qui lui est commun avec le juif; toujours à l'affût d'une affaire, toujours prêt à saisir l'occasion au vol, supputant, chiffrant avec une infatigable patience. Qu'on le rencontre dans les fertiles vallées de l'Arménie, dans les pays du nord ou sous un ciel méridional, on le retrouve partout avec ce profond égoïsme qui a remplacé chez lui le sentiment de patriotisme, si puissant chez la plupart des branches de l'espèce humaine. Disséminé dans le monde entier comme les Juifs, il offre un de ces types de race pure, qu'on ne voit bien conservés que chez les peuples orientaux. Le manteau brun des femmes arméniennes de Constantinople, est remplacé ici par de longs voiles blancs qui les recouvrent entièrement. Ce vêtement, dessinant très-bien les formes du corps, et retombant en draperies gracieuses sur le bout des pieds, rappelle, lorsqu'il est bien porté, les lignes élégantes de certaines statues grecques, analogie d'autant plus frappante, que les dames arméniennes se distinguent surtout par la noblesse du port et la beauté sévère des traits.

Les Tatars, au nombre de plus de cinq mille, s'occupent également de commerce et principalement de l'élève du bétail. Leurs nombreuses mosquées et les coupoles de leurs maisons de bains contribuent à donner à Astrakhan un aspect complétement oriental. Quant aux Indiens, autrefois en assez grande quantité dans cette ville, ils ont depuis longtemps renoncé au commerce qui les y amenait, et n'y sont plus représentés que par quelques prêtres, retenus encore par d'interminables procès. Mais de leurs anciennes relations avec les femmes kalmoukes, sont sortis des métis, actuellement au nombre de plusieurs centaines d'individus, improprement désignés sous le nom de Tatars. Le mélange de ces deux sangs essentiellement asiatiques, a produit un type qui se rapproche beaucoup de celui des nations européennes. Il n'offre ni les yeux obliques des Kalmouks, ni la peau bronzée des Indiens; et rien dans le caractère ni dans les habitudes des descendants de ces deux peuples, ne rappelle leur double origine. Au milieu des populations apathiques et nonchalantes avec lesquelles ils vivent, ces métis apportent dans tout ce qu'ils font, l'activité et la résolution des hommes du nord. A la fois portefaix, charretiers et matelots, ils ne reculent devant aucun travail, quelque pénible qu'il puisse être. Un chapeau de feutre blanc à larges bords et à cône pointu, une taille élancée et une physionomie hardie et enjouée, leur donnent beaucoup de ressemblance avec les muletiers espagnols.

Les Persans, de même que les Indiens, désertent peu à peu Astrakhan. Le système prohibitif de la Russie a détruit toutes leurs ressources commerciales, et aujourd'hui il n'en reste plus que quelques centaines, qui ne demeurent guère que par misère dans leur patrie adoptive, où ils se livrent à un petit trafic de détail. Nous avons parcouru les divers khans persans de cette ville, y cherchant vainement les riches et brillantes étoffes qui les rendaient autrefois si célèbres : les magasins sont vides, et ce n'est qu'à grand'peine que le voyageur peut encore trouver des cachemires, des termalamas soyeux et quelques-uns des produits de l'Asie, qui autrefois étaient pour la ville une source de prospérité.

Astrakan possède depuis quelques années un lazaret aux embouchures du Volga, à soixante-quinze verstes de ses murs. L'histoire de cet établissement est assez curieuse. Avant de le construire sur l'emplacement qu'il occupe actuellement, on s'était vu forcé d'abandonner deux fois d'importantes bâtisses en raison du mauvais choix des lieux. Ce ne fut qu'après une grande perte de temps et d'argent, qu'un ingénieur avisa une petite île placée dans les conditions les plus favorables, où le lazaret fut définitivement érigé. Quelques années plus tard, on trouva dans les archives de la ville une note manuscrite que Pierre le Grand avait laissée à son départ d'Astrakhan, et dans laquelle il désignait précisément cette île pour l'établissement d'un lazaret. Un seul coup d'œil avait suffi à ce prince pour apprécier l'importance d'une localité que plusieurs commissions d'ingénieurs ne trouvèrent qu'après mille recherches.

Le pavage est un luxe entièrement inconnu à Astrakhan; ses rues sont sablonneuses comme le sol des environs. Presque désertes dans la journée, par suite de l'ardeur du soleil qui s'y concentre, il est rare de voir un spectacle plus animé et plus pittoresque que celui qu'elles présentent le soir, lorsque la ville entière se réveille et secoue la somnolence où l'avaient plongée trente degrés de chaleur. Alors chacun s'empresse de jouir de la fraîcheur qu'apporte le crépuscule; les portes se garnissent de curieux, les affaires reprennent leurs cours, les magasins s'animent; une nombreuse population, représentant toutes les races, parlant tous les idiomes, se répand rapidement sur les ponts et les quais bordés d'arbres; le canal se couvre de caïques chargés de fruits et d'arbouses; les droschkys, les calèches, les cavaliers, luttent d'élégance et de vitesse; la ville entière prend enfin un air de fête qui étonne et séduit le voyageur.

Tout ce qu'il a vu de pittoresque dans ses voyages, toutes les impressions qu'il n'a ressenties que séparément ailleurs, tout ce qui fait enfin le charme des courses lointaines, se retrouve, comme par magie, sous ses avides regards. A côté d'une demeure tatare, s'étend un grand bâtiment noirci par le temps, dont les ogives et les sculptures à demi effacées font songer au moyen âge; un magasin européen étale ses modes en face d'un caravansérail; la magnifique église métropolitaine abrite sous son ombre une gracieuse mosquée avec sa fontaine; un balcon mauresque présente quelque groupe de jeunes Européennes, tandis qu'une ombre blanche, aux formes sveltes et sévères, glisse mystérieusement sous la galerie d'un vieux palais. Tous les contrastes sont réunis; et c'est ainsi que, passant d'un quartier à l'autre, l'on croit n'avoir fait qu'une promenade, et l'on a glané une provision d'observations et de souvenirs de tous les temps et de tous les lieux. Les Russes devraient s'enorgueillir d'une ville qui n'est pas née d'hier, comme la plupart des autres cités de leur pays, et où l'on n'est plus poursuivi par la froide monotonie et la régularité systématique que l'on rencontre partout ailleurs.

Les églises n'y offrent plus l'invariable style grec sur lequel sont modelées toutes les constructions religieuses de l'empire russe. On trouve ici des sculptures, des flèches, des balustrades, quelque chose pour attirer le regard, des détails pour le fixer. La cathédrale, construite vers la fin du dix-septième siècle, est un vaste édifice carré, surmonté de cinq coupoles dorées et étoilées d'azur, qui rappelle à la fois l'Europe et l'Asie. L'intérieur est tapissé de tableaux, sans valeur sous le rapport de l'art, mais qui flattent l'œil par la richesse de leurs cadres, la plupart d'argent massif et ciselés d'une manière bizarre. Le monument le plus intéressant d'Astrakhan, est une petite église cachée dans le fort de Pierre le Grand, attribuée à Ivan IV. Son architecture, toute mauresque, est brodée de détails infiniment curieux pour l'artiste. Malheureusement, abandonnée depuis longtemps, elle sert aujourd'hui de lieu de dépôt pour les marchandises.

Le climat d'Astrakhan est sec et fort chaud; pendant plus de trois mois, le thermomètre descend rarement, dans la journée, au-dessous de vingt-huit degrés Réaumur. Cette chaleur, que rend encore plus intense un sol sablonneux, énerve le corps et l'esprit, et explique suffisamment la profonde apathie qui domine tous les habitants. Mais, par suite de la sécheresse de l'air, l'atmosphère atteint ici une pureté qui ferait l'admiration du peintre; tous les objets lui empruntent la couleur chaude qui donne tant de charme aux contrées méridionales de l'Asie.

Un fléau commun à beaucoup de pays, du reste, mais qui devient ici pire que partout ailleurs, provient de la multitude de cousins et autres insectes qui envahissent l'air à certaines époques de l'année. Toutes les précautions sont infructueuses devant leur acharnement; en vain s'entoure-t-on de gaze pendant la nuit; en vain se condamne-t-on à une profonde obscurité pendant le jour; leurs atteintes ne s'en font pas moins sentir cruellement, sans laisser d'autre ressource que celle de se débattre inutilement contre un invisible ennemi.

Dès le lendemain de notre arrivée à Astrakhan, on nous conduisit dans une maison de brahmines indiens, où nous devions assister à une prière du soir. Nous fûmes introduits par le chef, de la manière la plus polie, dans une pièce située au couchant, qui n'avait pour tous meubles que de larges divans à la turque : la seule chose digne d'attirer nos regards, était une petite chapelle scellée dans le mur, que deux prêtres ornaient déjà pour la cérémonie. L'un d'eux tenait ses yeux constamment tournés vers l'occident, suivant avec une religieuse attention le disque du soleil qui descendait à l'horizon. Ces brahmines étaient vêtus de longues robes brunes, croisées sur le devant par une écharpe blanche dont les deux bouts flottaient jusqu'à terre; un turban de mousseline blanche, à larges plis, encadrait leur figure bronzée, au profil antique. Le chef, bien moins recueilli que les autres, nous souriait constamment, en agitant devant nous un gigantesque éventail persan, qui, par son mouvement continuel, nous enveloppait d'un véritable courant d'air. Cependant le soleil baissait rapidement; sa disparition totale fut annoncée par le son aigu d'une conque marine. Aussitôt, un des prêtres alluma plusieurs bougies qu'il plaça devant une image de la chapelle; un autre s'occupa à laver des vases d'une forme étrangère, les remplit d'eau lustrale, et se prosterna devant eux avec beaucoup de recueillement. Une large pierre grise enchâssée dans le mur paraissait être le principal but de leurs adorations. D'après ce que nous expliqua le grand prêtre, l'âme d'un saint célèbre, fatigué du monde et des hommes, s'était réfugiée sous cette enveloppe mystique. Aussi cette pierre est-elle, aux yeux des Indiens, un objet sacré dont la vue seule, à les entendre, peut opérer des miracles. Après l'avoir adorée en silence quelques instants, le chef se mit à brûler des parfums qui remplirent bientôt la chambre d'un nuage odorant, à travers lequel tous les objets prirent une forme plus vague et plus mystérieuse. L'odeur pénétrante de ces aromates, jointe à la chaleur et à l'étrangeté de la scène que nous avions sous les yeux, agit sur nous avec tant de vivacité que bientôt nous ne sûmes plus distinguer le réel du fantastique. Cet état à demi extatique s'accordait merveilleusement avec la disposition morale de nos brahmines dont l'enthousiasme religieux ne se contenta bientôt plus de vaines prosternations. Tout s'était fait jusqu'alors dans un profond silence; mais à un signal donné, deux prêtres s'agenouillèrent devant la pierre sainte, tout en récitant une prière sur un mode lent et guttural. Un autre, les bras croisés sur sa poitrine, debout à quelques pas de la chapelle, portait de temps à autre sa bouche à un sifflet dont il tirait des sons perçants. Le dernier, armé d'une conque marine, monta sur l'un des divans et joignit sa voix à celle de ses compagnons. Animés par ce tapage, les yeux des prêtres s'allument, les membres se roidissent, la conque vibre avec plus de force, une sonnette est rapidement agitée par le chef; et alors commence un charivari si étrange, une scène si burlesque et si sauvage, qu'on aurait réellement cru tous ces brahmines possédés du démon. Leurs poses et leurs gestes frénétiques donnaient plutôt l'idée d'un exorcisme que celle d'une prière. Ce que nous éprouvions ne saurait trop se décrire : c'était à la fois un mélange de surprise, de curiosité, de dégoût et de frayeur. Si la fatigue n'eût forcé les acteurs de ce sabbat à s'arrêter au bout de dix minutes, je doute que nous eussions pu supporter plus longtemps un pareil spectacle. Ne dirait-on pas que les hommes prennent à tâche d'adorer Dieu le moins religieusement possible? J'ai vu à Constantinople les derviches tourneurs et hurleurs; c'est quelque chose de bizarre et d'épouvantable, qui ne peut se comparer qu'aux convulsionnaires du moyen âge. La musique religieuse des Kalmouks ne le cède en rien à ces aberrations de l'esprit humain; et voici le culte indien qui semble vouloir rivaliser de démence avec tout ce que les autres religions ont de plus extravagant.

Quand cet abominable concert fut achevé, le chef prit une poignée de fleurs jaunes semblables à des soucis, les trempa dans l'eau du Gange et vint en offrir une à chacun de nous; puis il pétrit dans ses doigts un morceau de pâte, auquel il donna une forme symbolique; il y planta sept petites bougies allumées, l'agita en tous sens devant la chapelle, et fit la même cérémonie en se tournant de notre côté. Enfin, pour clore la cérémonie, il prit une petite coquille blanche, déposée jusqu'alors sur la pierre sacrée, et la remplissant de la sainte eau du Gange, il nous en aspergea fort dévotement. Pendant ce temps, ses compagnons préparaient sur une table une collation de beaux fruits et de pâtisseries à notre intention, lesquels nous furent servis par le chef avec beaucoup de politesse. Ainsi se termina une scène aussi difficile à bien décrire qu'à oublier.

Maintenant, laissons les Indiens et leurs étranges cérémonies, pour revenir aux usages européens, qu'à notre grande surprise, nous retrouvâmes dans beaucoup de salons d'Astrakhan.

Une chose qui doit singulièrement flatter l'amour-propre des Français en général, et des voyageurs en particulier, est l'influence morale qu'exerce la France dans tous les pays du monde. Partout où l'on rencontre quelque trace de civilisation, l'on est sûr de la voir reparaître, soit dans les mœurs, soit dans les habillements, soit dans les opinions politiques, et cela même chez les peuples qui en sont le plus éloignés.

La plupart de nos romanciers ne se doutent probablement pas que leurs ouvrages sont lus avec avidité jusque sur les bords de la mer Caspienne, et qu'on les y critique avec autant de verve et d'esprit que dans les grandes capitales de l'Europe. Tout ce qui représente la Russie à Astrakhan parle français et reçoit mensuellement de Bruxelles nos publications les plus nouvelles. Dans beaucoup de bibliothèques, j'ai retrouvé Lamartine, Balzac, Alexandre Dumas, Eugène Sue, George Sand, de Musset, etc., et bien d'autres noms moins connus peut-être à Paris qu'à Astrakhan.

Les dames russes lisent beaucoup, ont en général de l'esprit naturel, et soutiennent la conversation d'une manière réellement brillante. Le seul tort qu'on ait à leur reprocher, est celui de borner leurs lectures à des romans qui faussent presque toujours leur jugement, et qui naturellement, leur donnent une opinion tout à fait erronée de nos habitudes et de notre littérature. Paul de Kock et Pigault-Lebrun sont surtout en grande vogue dans l'empire : Le tableau qu'ils tracent des mœurs de bas étage est lu avec bien plus d'empressement que les pages élégantes et sévères de nos bons écrivains. Je dois reconnaître pourtant que beaucoup de dames russes sont en état d'apprécier des ouvrages sérieux : j'ai vu à Astrakhan sur plus d'une table, *les Ducs de Bourgogne*, *l'Histoire du Bas-Empire*, *la Conquête des Normands*, et jusqu'à des traités de géologie. Inutile d'ajouter que nos modes et les prodiges de notre civilisation sont adoptés avec la même avidité que notre littérature.

J'avais de la peine à me croire à deux pas de la mer Caspienne, en entendant causer beaux-arts et modes tout comme à Vienne ou à Paris. La musique également, a droit de cité à Astrakhan, et force partitions de Donizetti y sont chantées par des voix remarquables. Nos quadrilles y font fureur aussi bien que les charmantes mélodies de Loïza Puget.

Sur la foi de quelques voyageurs qui ont été ou qui sont censés avoir été à Astrakhan, nous nous attendions à y trouver bon nombre d'Anglais, d'Italiens et même de Français. Mais de fait, la ville ne possède aucun représentant de ces nations, sa société se composant uniquement de Russes et d'Allemands qui y sont envoyés comme employés. On n'a pu me citer qu'un seul Belge, ancien prisonnier de guerre, qui s'est fait tailleur et qui jouit maintenant d'une très-belle fortune.

Astrakhan prétend avoir un théâtre, mais j'ai peu de chose à en dire : qu'on se figure une salle fort laide, fort noire, percée d'une trentaine de niches à double rang; un parterre orné de quelques sales cafetans, un orchestre composé d'un méchant violon et d'une demi-douzaine de trompettes; pour éclairer tout cela, un rang de chandelles sur l'avant-scène, et l'on aura l'idée de ce qu'on ose appeler théâtre au bord de la mer Caspienne. Quant aux pièces et aux auteurs, ils sont en vérité trop au-dessous de la critique pour qu'on s'en occupe.

Le gouverneur donna un grand bal et quelques soirées pendant notre séjour à Astrakhan. Quoique la chaleur fût accablante, ses salons se remplirent chaque fois d'une foule élégante, toujours avide de plaisirs. Les gouverneurs de province, en Russie, jouent un rôle de petits souverains, exerçant sur toutes les classes de la société une influence qui puise sa source dans la constitution même du pays. Chez un peuple soumis à un régime absolu, tout employé supérieur exerce dans sa sphère une autorité sans bornes. Il a ses courtisans, ses favoris, sa nombreuse chancellerie, ses officiers d'ordonnance, son étiquette calquée sur celle de Saint-Pétersbourg, tout ce qui constitue le pouvoir. Mais ces apparences de puissance et de grandeur ne sont que relatives, car au-dessus de ces petits rois, plane une volonté souveraine qui peut, d'un mot, leur enlever leurs priviléges et les envoyer au fond de la Sibérie. Il ne faut pas croire que la servitude en Russie n'existe que chez le peuple : qu'on aille à l'orient ou à l'occident, dans les brillants salons de Saint-Pétersbourg ou dans l'isbas du paysan moscovite, on la retrouve partout, déguisée plus ou moins sous des formes qui trompent beaucoup de voyageurs, séduits par le vernis brillant dont sait se revêtir le haut employé, par son nombreux état-major, sa demeure princière et la pompe de sa vie administrative. Et pourtant, qu'est-ce que tout cela ? Quelque chose d'analogue à ces bulles de savon, qui reflètent les couleurs de l'arc-en-ciel, mais que le moindre souffle fait évanouir.

Le palais du gouverneur (le général Timirasif)

nous surprit par sa magnificence et son étendue. A notre arrivée pour le bal, après nous avoir fait traverser plusieurs pièces somptueusement meublées, on nous introduisit dans un boudoir où nous trouvâmes Mme Timirasif, entourée de toute l'élite de la société. Elle me présenta plusieurs dames élégantes qui parlaient très-bien le français et avec lesquelles j'eus bientôt engagé une conversation aussi frivole et aussi variée que les causeries du monde parisien. Mais bientôt la musique se faisant entendre, nous nous rendîmes dans un salon très-vaste, éclairé de la manière la plus splendide et rempli déjà d'une foule d'officiers. L'orchestre placé dans une tribune élevée, jouait nos quadrilles avec un ensemble parfait. Je profitai d'une interminable mazurka pour me faire nommer différents personnages : le général Brigon, Livonien, hettman de tous les Cosaques; le comte Pouschkin, curateur de l'université de Cazan; l'amiral Lazaref, le prince Kalmouk Tondoutof; la princesse Dolgorouki; et de plus, un jeune Persan qui occupa toutes les dames par sa belle figure orientale, son riche costume et la grâce avec laquelle il dansait les quadrilles français et les mazurkas polonaises. Un succès si flatteur n'eut pas l'air de l'étonner le moins du monde.

J'omets avec intention la collection de colonels et d'aides de camp, élément inévitable et toujours fort prodigué dans les sociétés russes, ainsi que le bataillon d'excellences, chargées de plus de crachats et de décorations qu'on n'en voit communément dans les bals les plus brillants des cours d'Europe.

La femme du gouverneur, offre le type parfait des dames russes. Élégante, coquette, pleine de distinction, elle possède toutes les qualités nécessaires pour être la reine d'un salon. Ce fut avec une grâce charmante qu'elle fit les honneurs de cette soirée vraiment remarquable. Le bal se termina par un grand souper, qui se prolongea jusqu'au matin.

Nous passâmes à Astrakhan une quinzaine de jours on ne peut mieux employés. Malgré la chaleur, nous courions du matin au soir, escortés d'un aide de camp que Son Excellence nous avait donné pour cicérone. Plein de bonne volonté et parfaitement au fait du pays, cet officier était sans cesse à la recherche de ce qui pouvait nous intéresser, et grâce à son obligeance, nous connaissions bien mieux la ville au bout de huit jours, que ne la connaissait le gouverneur lui-même : une seule chose échappa à nos perquisitions, quelques familles de Parsis qui habitaient encore Astrakhan, mais que notre guide ne parvint pas à déterrer. Il eut beau se mettre en campagne et questionner tout le monde, personne ne put lui donner aucune indication précise à ce sujet. Des soirées, des cavalcades, de nombreux dîners, et surtout une douce intimité complétèrent de la manière la plus charmante notre vie de touristes, et nous firent reculer, le plus longtemps possible, un départ qui devait briser de si douces relations.

Je doute qu'aucun accueil puisse être plus rempli de prévenance et de véritable intérêt que celui dont nous fûmes l'objet de la part du gouverneur et de toute la société d'Astrakhan. J'ai déjà parlé de l'hospitalité gracieuse des deux dames polonaises; les familles Timirasif et Fadiew rivalisèrent à leur tour d'empressement pour nous prodiguer tous les agréments que leur position élevée leur permettait d'offrir à des étrangers. Le gouverneur, pendant tout le temps de notre séjour, mit sa calèche à nos ordres et fut imité en cela par beaucoup d'autres personnes. Mais, malgré tant de séductions, nous dûmes enfin songer sérieusement à quitter ce paradis terrestre, pour accomplir notre excursion à travers les steppes kalmoukes. Notre premier soin fut de nous munir de tout ce qui nous était indispensable pour ne pas mourir de faim en route. Une expédition de ce genre est semblable à une longue traversée en mer : les préoccupations, les préparatifs en sont les mêmes; il faut entrer dans tous les détails de la vie matérielle, comme le marin qui quitte le port pour un voyage d'un long cours.

Nous fîmes une grande provision de galettes, de riz, d'huile, de bougies, de fruits secs, de thé, de sucre et de café, toutes choses qui furent envoyées d'avance avec notre escorte à Houïdouk, station de poste située près de la mer Caspienne, où mon mari devait commencer ses travaux de nivellement.

Cette escorte composée de dix chameaux, de leurs chameliers et de quelques Cosaques parfaitement armés, avait été choisie par le gouverneur et M. Fadiew avec un soin qui nous prouva combien ils tenaient tous deux à notre conservation. Je ne saurais exprimer assez de reconnaissance pour les preuves de bonté qu'ils nous donnèrent en cette occasion : leur inquiétude sur le résultat d'un voyage si hasardé, se trahissait par mille précautions, mille recommandations qui auraient pu avoir quelque influence sur nos projets, s'ils n'eussent été irrévocablement arrêtés.

Le gouverneur choisit, parmi ses meilleurs officiers, un prince tatar pour commander notre escorte. Ce jeune homme, excellent chasseur, possédait un faucon dont il ne se séparait jamais, et ce fut à cette circonstance qu'il dut la mission de nous accompagner. Toujours préoccupé des privations que nous avions en perspective, le général Timirasif ne croyait pouvoir mieux faire que de nous procurer un aussi habile pourvoyeur, qui, soit dit en passant, nous devint d'un immense secours. Aussi, lorsqu'il nous présenta l'officier avec son faucon sur le poing, sa figure exprimait-elle la joie la plus vive :
« Maintenant ma conscience est en repos, nous dit-

il en riant : je vous donne un brave soldat pour vous défendre, et un compagnon de route qui ne vous laissera pas mourir de faim dans le désert. »

Des ordres furent envoyés d'avance sur toute la ligne que nous devions parcourir jusqu'à Houïdouk, pour qu'on nous fournît, sans délai, des chevaux à chaque station.

La veille du départ, nous passâmes la soirée chez Mme Fadiew qui, par une aimable attention, avait réuni chez elle toutes les personnes de notre connaissance.

J'ai rarement reçu autant de témoignages d'intérêt et même d'affection que dans cette soirée. Le voyage que j'allais entreprendre paraissait si extraordinaire à tout le monde, que ma témérité formait le sujet de toutes les conversations, et chacun se montrait aussi effrayé pour moi que s'il eût été question du départ d'une parente ou d'une amie de longue date.

CHAPITRE IX.

Départ d'Astrakhan. — Le littoral de la mer Caspienne. — Un prince tatar et son faucon. — Aspect de notre caravane. — Marchands arméniens dévalisés. — Tempête au bord de la Caspienne. — Une invasion de Tarakanes.

Nous partîmes d'Astrakhan sur les huit heures du soir. Les dames Zakarévitch vinrent nous accompagner jusqu'au bord du Volga que nous devions traverser pour rejoindre la route de poste. Je ne m'étendrai pas sur nos adieux ; ils furent tristes et nous firent chèrement expier les jouissances d'une liaison qui s'était si promptement changée en amitié.

Longtemps encore, après avoir pris congé de nos amis, nous continuâmes à voir sur le rivage leurs formes blanches, agitant des mouchoirs en signe d'affection de regret.

La lune éclairait notre traversée, versant une lueur indécise, et sur les vagues du fleuve, et sur les dômes, et sur les flèches de la ville que nous laissions derrière nous. Un calme profond régnait dans l'atmosphère, mais la sérénité de cette belle nuit était impuissante à combattre la mélancolie qui s'emparait de toutes mes facultés. Mes yeux ne pouvaient se détacher de cet Astrakhan où nous avions passé de si heureux jours, et qui m'apparaissait alors à travers les molles demi-teintes du soir, comme une ville du royaume des ombres. A mesure que nous avancions, tout s'effaçait insensiblement; les formes se confondaient, une brume légère s'élevant du Volga, enveloppait les monuments d'un voile qui en augmentait l'aspect fantastique. Bientôt, nous ne distinguâmes plus que la majestueuse métropole qui semblait nager dans un océan de lumière vaporeuse. Mais peu à peu elle disparut à son tour comme ces nuages qui, après avoir présenté les tableaux les plus brillants, s'effacent lentement du ciel sans laisser aucune trace de leur merveilleuse apparition. Alors il ne nous resta plus rien d'Astrakhan, plus rien que son beau fleuve qui la sépare du désert par une double barrière d'îles et de canaux, et le souvenir de sa gracieuse hospitalité.

Malgré quatre vigoureux rameurs, nous mîmes plus d'une heure à traverser le Volga dont la largeur, en face de la ville, dépasse deux mille mètres. Arrivés sur la rive opposée, nous aurions pu nous croire transportés à mille verstes d'Astrakhan. Des Kalmouks, du sable, des tentes de feutre, des chameaux, en un mot, le désert et ses hôtes avaient brusquement remplacé l'Europe et sa civilisation. Il y avait déjà plus de deux heures que les chevaux étaient attelés à la brichka, et que le cocher kalmouk, assis sur son siége, attendait impassiblement notre apparition; l'officier et le drogman montèrent dans un télègue ou chariot de poste, et la clochette fit bientôt entendre ses tintements joyeux; mais nous ne pûmes partir sans jeter encore un regard de regret sur la nappe du Volga, qui semblait parsemée de paillettes d'argent.

Il est impossible de se figurer quelque chose de plus horrible que la route d'Astrakhan à Kizliar. Pendant deux jours et deux nuits nous voyageâmes dans une éternelle sablière, ne rencontrant sur notre passage que des kibitkas kalmoukes à moitié perdues dans le sable, servant de stations de poste, et quelques champs d'absinthe dont le triste feuillage était parfaitement en harmonie avec la physionomie désolée du pays. Les masses de sable que nous traversions simulaient les plus capricieux accidents de terrain, nous offrant des collines, des ravins, des cascades, d'étroites vallées, des tumulus, etc.; mais rien ne restait en place; un pouvoir invisible et toujours en travail variait à l'infini les formes et les aspects, sans laisser au regard le temps d'en suivre la rapide transformation.

Le soir du jour qui suivit notre départ d'Astrakhan, nous eûmes enfin l'occasion de juger de l'adresse et de l'audace du faucon, notre compagnon de voyage. Le premier théâtre de ses exploits fut un petit étang couvert de canards et d'oies sauvages, promettant un riche butin.

Sur un désir de mon mari, l'officier tatar débarrassa l'oiseau du capuchon fixé sur sa tête, et lui donna sa liberté. Impossible d'exprimer l'ardeur avec laquelle le faucon fendit l'air lorsqu'il se sentit maître de l'espace. Rasant la surface du steppe, il se dirigea, sans balancer un instant, du côté de l'étang, et se perdit bientôt à nos yeux dans les roseaux où sa présence fut saluée par une rumeur étourdissante, dont nous ne tardâmes pas à avoir l'explication, en voyant s'élever du milieu des joncs, une multitude d'oies sauvages évidemment fort effarées. Les cris, les allées et venues, la frayeur et la colère de ces bipèdes, ne sauraient se dépeindre. L'approche de l'officier put seule les mettre en déroute et délivrer le faucon de leurs criailleries; car, à peine l'oiseau avait-il pris son essor, que notre Tatar était parti au grand galop, dans la direction de l'étang, en frappant avec force sur un petit tambour attaché à sa selle. Quant au faucon, campé avec autant de fierté que de résolution sur le dos de l'une des plus récalcitrantes, il attendait en vainqueur que son maître vînt le tirer de sa situation passablement critique.

L'officier nous assura, en nous donnant tous les détails de cette chasse, que, sans sa présence et le bruit du tambour, les oies auraient été capables de tuer leur ennemi à coups de bec pour lui arracher leur compagne. Toutefois, en pareille circonstance, le faucon tient tête à l'orage avec un sang-froid imperturbable, et s'avise d'un singulier expédient quand les attaques deviennent trop vives et que son maître tarde trop à se montrer. Sans se désemparer de sa victime, il se laisse glisser sous les larges ailes de cette dernière dont il se sert alors comme d'un bouclier, pour tenir tête aux attaques. Une fois dans cette position, il est invincible, et les coups de bec qui pleuvent autour de lui, ne sont fatals qu'à la pauvre prisonnière forcée, par une raillerie du sort, de protéger celui qui la tient haletante sous sa redoutable serre.

Lorsque le chasseur arrive, son premier soin est de trancher la tête du gibier pour en donner la cervelle au faucon. Tant que cette opération n'est pas faite, ce dernier reste immobile sur sa proie, et toute la volonté de son maître ne pourrait lui faire lâcher prise.

Cette chasse, aussi originale que nouvelle pour

nous, se renouvela deux ou trois fois avant notre arrivée à Houïdouk, et nous procura d'abondantes provisions que nous eûmes le temps de mettre à profit dans cette misérable station de poste.

Pendant ce voyage nous passâmes souvent très-près de la mer Caspienne, mais sans l'apercevoir.

A Houïdouk, situé à l'embouchure de la Kouma, nous trouvâmes notre escorte arrivée déjà depuis deux jours. Tout était prêt pour notre départ, mais une pluie furieuse nous retint prisonniers pendant trois mortels jours dans cette cabane, la plus détestable masure que nous eussions encore rencontrée. Deux chambres, l'une destinée aux voyageurs, et l'autre à la famille du maître de poste, composaient toute l'habitation. Nous nous arrangeâmes, tant bien que mal, dans la première, qui n'avait pour tout ameublement qu'une longue table et deux bancs. Les murs de cette tanière, faits de planches mal ajustées, laissaient entrer le vent et la pluie, de manière à la rendre inhabitable. Pour surcroît d'ennui, elle servait d'antichambre à l'autre pièce, et se trouvait ainsi la propriété de tout le monde. Les poules, les enfants, l'écrivain la traversaient continuellement, ne nous laissant pas un moment de repos. Notre position était vraiment intolérable; la tempête augmentait tellement de violence, que nous ne savions comment cette chétive maison de bois pouvait résister à ses secousses. Tous les éléments semblaient confondus. On ne reconnaissait plus ni ciel ni terre. Mais ce désordre de la nature, tout effrayant qu'il fût, me semblait beaucoup plus supportable que ce qui se passait autour de nous. Dans la violence même de l'orage, il y avait quelque chose pour l'imagination; l'âme s'élevait en face de cette tourmente qui grandissait incessamment et semblait prête à faire rentrer la terre dans le chaos dont elle est sortie. Mais à la vue des enfants qui se battaient dans la chambre, des poules qui sautaient sur la table et les bancs; au milieu de l'atmosphère viciée que nous respirions, des habitudes ignobles étalées sous nos yeux, j'avais réellement des accès de désespoir! Pour compléter encore nos embarras, des marchands arméniens qui se rendaient à la foire de Tiflis, se trouvant dans l'impossibilité de continuer leur route, vinrent partager le repaire où nous étions déjà si mal à l'aise.

Mais ce nouvel incident fut presque une leçon de philosophie pour nous. En présence de ces hommes, qui s'entretenaient tranquillement, tout en fumant leur tchibouk, des pertes énormes que ce temps pouvait leur occasionner, nous ne pûmes nous empêcher d'envier la résignation philosophique dont les peuples orientaux ont le secret. Rien de tel que leur fatalisme pour s'accommoder des choses; n'est-ce pas là le *nec plus ultra* de la sagesse humaine?

Notre escorte passa ces trois jours de déluge dans un coin du grand hangar attenant à la maison. Couchés sous leurs peaux de mouton, ces hommes de fer dormaient aussi tranquillement, exposés au vent et à la pluie, que s'ils eussent été dans une chambre bien close. Il faut avoir vécu parmi les habitants de la Russie, pour se figurer avec quelle insensibilité ils supportent tous les genres de privations. Leurs corps, façonnés aux intempéries d'un climat rigoureux, à la nourriture la plus grossière, aux habitudes les plus spartiates, s'endurcissent tellement, que tout ce qui deviendrait mortel pour d'autres, glisse sur eux, sans déranger en rien l'équilibre de leur santé et même de leurs facultés.

Enfin, la pluie cessa dans la soirée du troisième jour. Un vent d'ouest lui succéda aussitôt et chassa vers la mer, ces couches de nuages sombres et menaçants qui nous avaient si longtemps dérobé la vue du ciel. Quoique le temps montrât encore quelque indécision, nous nous décidâmes à nous rendre à la mer Caspienne, éloignée de la station d'environ trente verstes. Le désir qu'avait mon mari de commencer ses opérations géodésiques, et surtout le besoin de changer d'air et de quitter cette malheureuse chambre où se rattachaient de si mauvaises impressions, nous firent braver la perspective d'une nouvelle bourrasque en plein steppe.

Cependant un incident inattendu vint jeter le trouble dans la station, au moment même de notre départ, et le retarda de quelques heures. Un Kalmouk cosaque arrivé en grande hâte, sur un chameau, vint nous apprendre que les marchands arméniens, partis avant le jour, avaient été attaqués à une certaine distance de la poste, par une troupe de Kalmouks, et que, forcés de céder au nombre, ils s'étaient vus dépouillés de la plus grande partie de leurs marchandises.

L'officier cosaque, après avoir écouté avec indignation ce récit, demanda à mon mari la permission de se mettre à la poursuite des voleurs. Toute l'escorte se réunit à lui, et partit au grand galop; mais ses recherches furent vaines. Les Kalmouks, ayant quelques heures d'avance, avaient déjà pu gagner les roseaux de la mer Caspienne. Par suite de ces délais, nous ne pûmes nous mettre en route que dans l'après-midi, et encore eûmes-nous mille peines à partir, tant le maître de poste, épouvanté de ce qui s'était passé le matin, nous suppliait instamment de ne pas l'abandonner dans une circonstance si critique. Sa frayeur, fort peu fondée du reste, m'avait presque gagnée, et ce ne fut pas sans redouter quelque rencontre dangereuse, que je me décidai à m'éloigner de la station.

Il serait difficile de se faire une idée du coup d'œil original ou grotesque qu'offrait alors notre caravane. Trois chameaux, remorqués par un conducteur, traînaient la brischka que nous occupions mon mari et moi, tandis que plusieurs autres quadrupèdes de la même famille, accompagnés de quelques chevaux chargés de bagages, étaient montés par des Kalmouks et des Cosaques. Tous les hommes dont se composait notre escorte, armés de sabres, de fusils et de pistolets, avaient un air assez belliqueux pour nous rassurer et tenir en respect les plus hardis pillards. Quant au chef du cortége, le prince tatar, il chevauchait à notre portière, son faucon sur le poing, sans oublier, chemin faisant, de déployer ses talents de chasseur et d'écuyer.

Ne songeant plus à l'alerte du matin, je me livrai avec un vif plaisir à tout ce que cette excursion nous promettait d'extraordinaire. J'allais enfin voir cette mer Caspienne, reléguée au fond de l'Europe; cette mer qui baigne les bords des plus riches provinces de la Perse, qu'on a baptisée de tant de noms différents, et qui, depuis que les hommes s'occupent de questions géographiques, a sans cesse été l'objet de leurs recherches et de leurs hypothèses! Outre tous ces titres, elle avait encore un intérêt bien plus puissant pour nous, étant, pour ainsi dire, le seul but de notre voyage. Il s'agissait d'aller lui demander la solution d'une question soulevée depuis des siècles, et c'est dans ce but qu'abandonnant la vie civilisée, nous avions traversé tant d'ennuis et de privations. Malgré mon ignorance scientifique, il me semblait qu'en partageant les fatigues de mon mari, je m'associais en quelque sorte à ses travaux, et que, par conséquent, j'avais comme lui des droits sur la mer Caspienne. Aussi étais-je fort impatiente de la voir, mais nos chameaux, qui n'avaient pas les mêmes raisons pour se hâter, se traînaient avec une lenteur à laquelle nous étions loin de nous attendre. Tout ce que nous avions lu sur la rapidité de ces vaisseaux du désert, insensibles à la fatigue, à la faim, à la soif, et plus dociles à la volonté de l'homme que la feuille au souffle du vent, se trouvait complétement démenti par la conduite de ces quadrupèdes, fort insouciants de soutenir leur réputation d'agilité.

En dépit d'une grosse corde passée dans une de leurs narines, et qui leur causait une vive douleur chaque fois qu'ils faisaient les récalcitrants, ils ne marchaient guère plus de deux heures de suite sans se jeter à terre. Il fallait sans cesse batailler avec eux pour les tirer de leur torpeur et les empêcher de se mordre les uns les autres. Aussitôt qu'un des chameliers tirait un peu rudement la lisière de sa bête, nous entendions des cris d'autant plus effrayants, qu'ils ressemblent à la voix humaine. En un mot, ces chameaux se conduisirent si mal durant ce court trajet, que nous perdîmes singulièrement de la bonne opinion que notre grand naturaliste nous avait donnée de leur espèce, dans des descriptions plus poétiques que vraies.

A quelque distance de Houïdouk, nous trouvâmes deux campements de Kalmouks, improprement appelés Chrétiens. Ces tribus, qui passent pour être adonnées au vol, sont généralement méprisées des autres Kalmouks. Toute la contrée, jusqu'à la mer Caspienne, est d'une extrême aridité, uniquement accidentée par quelques étangs d'eau saumâtre. Les bords de ces petits lacs sont peuplés d'une quantité innombrable de volatiles, parmi lesquels se trouvent en première ligne les hérons blancs dont les plumes fournissent de si belles aigrettes. Malheureusement ces oiseaux sont d'une telle méfiance, que notre chasseur ne put en prendre un seul, malgré son habileté et l'ardeur de son faucon.

Un incident assez burlesque vint égayer le voyage. Antoine, notre drogman, curieux de monter un chameau, pria l'un des Kalmouks de lui céder le sien. Sa requête lui ayant été accordée, il se juche sur l'extrémité de la selle, tout content d'essayer ce nouveau genre de monture, et ne comprenant pas pourquoi les Cosaques et les chameliers se regardent en riant. Mais aussitôt en marche, sa figure se rembrunit, il pâlit, et bientôt nous l'entendons demander à grands cris qu'on vienne à son secours.

C'est qu'à moins d'être Kalmouk, il est presque impossible de soutenir le trot du chameau. Son allure saccadée secoue si rudement le corps, qu'une course est un véritable supplice, même pour les Cosaques. Le malheureux Antoine, resté à quelque distance de l'escorte, s'efforça vainement de nous rejoindre; il fut obligé, bon gré mal gré, de garder sa monture jusqu'à la mer Caspienne où il n'arriva que deux heures après nous. Jamais je n'ai vu homme plus démoralisé. Ses gémissements, lorsqu'on l'enleva du chameau, étaient si lamentables, que nous ne savions réellement plus que penser de son état.

Il existe dans la nature deux types opposés qui varient jusqu'à l'infini, quoique l'imagination croie sans cesse pouvoir fixer leurs limites. Nous voulons parler de la beauté et de la laideur. Combien de fois sommes-nous persuadé qu'il nous sera à jamais impossible de rencontrer rien d'aussi beau que l'objet momentané de notre admiration : mais à peine avons-nous épuisé pour lui toutes les formules de l'enthousiasme, qu'un visage plus charmant, un site plus sublime, une forme plus gracieuse, vient nous faire oublier ce qui nous semblait le comble de la perfection, pour être bientôt détrôné par d'autres objets, proclamés à leur tour bien supérieurs à nos anciennes idoles. Il en est de même de la laideur. Vainement croit-on avoir sous les yeux le dernier degré qu'elle nous semble pouvoir atteindre; on tourne la tête, et l'esprit reste confondu devant de nouvelles découvertes qui révèlent les intarissables combinaisons de la nature. Ces réflexions me venaient à l'esprit à mesure que nous approchions de Koumskaïa. L'aridité des steppes qui entourent Odessa, les plaines désertes du Volga ; le sol si triste et si brûlé des environs d'Astrakhan, en un mot tout ce que j'avais vu jusqu'alors de moins séduisant, était admirable et enchanteur en comparaison de ce qui nous attendait au bord de la mer Caspienne.

Un ciel gris d'une teinte blafarde, traversé de temps à autre par des nuages noirs et pesants, donnait au sable, à la plage déserte, aux côtes basses et découpées qui allaient s'unir à la mer, quelque chose de terne, de lourd, de sinistre, dont aucune expression ne saurait rendre l'influence. Le même linceul funéraire semblait envelopper les maisons de bois bâties dans le sable ; les troupes de Turcomans et de Kalmouks qui chargeaient du sel sur leurs voitures, et les chameaux qui erraient le long du rivage, mêlant leurs cris lamentables au bruit sourd des vagues : en vérité, je ne reconnaissais plus notre planète, en face de ces mornes silhouettes, et j'en étais à me demander si quelque nécromant ne m'avait pas jetée dans un de ces mondes relégués si loin, si loin du soleil, que ses rayons n'y transmettent qu'une ombre de vie ?

Cependant ce point du littoral, tout affreux qu'il

nous parût, n'est pas sans importance au point de vue commercial. Il possède de grandes salines et un port où les bâtiments, venant du Volga, débarquent les céréales destinées à l'armée du Caucase. A notre arrivée, nous comptâmes au moins une vingtaine de navires que la tempête précédente y avait en grande partie poussés comme une troupe de goëlands effrayés.

La population de Koumskaïa se compose d'un employé russe et d'un poste de cosaques, plus de quelques familles kalmoukes qui paraissent extrêmement misérables. L'employé mit à notre disposition sa maison, c'est-à-dire deux chambres délabrées, sans vitres et sans meubles. On ne comprend pas comment, au milieu de tant de misère, l'homme puisse se résigner à une pareille existence. Un climat malsain, de l'eau saumâtre, des chaleurs excessives en été, un froid rigoureux pendant l'hiver, des baraques et des kibitkas englouties dans le sable, la mer Caspienne avec ses bourrasques et ses tempêtes, tout conspire à faire de cette contrée le plus horrible séjour qu'il soit possible de concevoir. Aussi le major qui nous accueillit, avait-il une fièvre lente qu'il devait moins encore à l'insalubrité du climat, qu'aux privations et au mortel ennui auxquels il se trouvait condamné depuis plus de dix-huit mois. Sa femme, plus courageuse et distraite par les soins du ménage, avait encore conservé une certaine gaieté vraiment héroïque dans sa position. Leur exil devait durer en tout deux ans. Le gouvernement s'étant aperçu que beaucoup d'employés ne revenaient plus de Koumskaïa, a borné à ce court espace de temps le séjour de ceux qui y sont envoyés ; pour les dédommager en quelque sorte de ce qu'ils y souffrent, ces deux ans leur sont comptés comme quatre années de service ordinaire.

Le temps, qui s'était rapidement obscurci depuis notre départ de Houïdouk, se déchaîna contre nous en véritable ouragan, le soir même de notre arrivée sur les bords de la mer Caspienne. Pendant vingt-quatre heures nous eûmes à essuyer les bruyantes menaces des éléments ameutés. Les mugissements des flots et du vent étaient si furieux et si prolongés, que nous avions de la peine à nous entendre parler dans notre chambre. Nous vîmes deux ou trois kibitkas, emportés par la violence de l'orage, aller se perdre dans la mer, et à chaque instant nous craignions de subir le même sort, car la frêle maison qui nous abritait, craquait continuellement comme la cabine d'un vaisseau ; la fenêtre, uniquement fermée par des planches, laissait entrer un tel courant d'air, que tous les vêtements dont nous nous servions pour en calfeutrer les interstices, étaient bientôt rejetés dans la chambre.

Mais je n'ai pas encore raconté le plus sombre chapitre de notre histoire. Aussitôt que le domestique eut préparé le sémavar et allumé les bougies, nous vîmes sortir des fentes des murs et du plafond une innombrable quantité de bêtes noires qui, attirées par la fumée de la bouilloire et l'éclat des bougies, tombèrent de tous côtés comme une pluie vivante!... Qu'on songe à notre consternation, à la vue de cette légion de démons noirs qui fourmillaient de tous côtés ne nous laissant d'autre parti à prendre que celui d'éteindre les bougies. Ces insectes, appelés *tarakanes* dans le pays, quoique d'un aspect dégoûtant, sont fort inoffensifs, et se permettent rarement de monter sur les personnes. Mais ils sont amoureux de lumière et de chaleur, et deviennent, pour cette raison, un véritable fléau dans ces contrées où leur nombre est prodigieux. J'en avais déjà vu dans quelques maisons de poste, en petite quantité, et quoiqu'ils m'eussent alors inspiré une profonde répugnance, ils ne m'avaient jamais encore effrayée comme chez le major, où leur présence me causa une horrible insomnie jusqu'au matin.

Peut-on comprendre une situation plus démoralisante que la nôtre? Forcés d'éteindre les lumières dès la fin du jour, alarmés malgré nous par la fureur de l'ouragan qui semblait avoir atteint toute sa puissance, et n'ayant, pour nous reposer, qu'un bois de lit rempli de paille, nous nous voyions condamnés à douze heures d'obscurité, douze heures d'attente, d'anxiété, d'insomnie!

Le lendemain matin, le vent étant un peu tombé, nous allâmes, malgré la pluie, courir sur le bord de la mer pour ramasser des coquillages. Tous les bâtiments qui se trouvaient dans le port, ballottés par les vagues, endommagés par la violence de l'ouragan, présentaient un déplorable aspect. Nous parcourûmes une longue jetée, au risque d'être emportés par le vent. Les eaux de la Caspienne avaient une couleur trouble et livide que je n'ai vue à aucune autre mer, dans les temps les plus orageux.

Lorsque nous rentrâmes dans notre baraque, l'officier cosaque nous présenta un Tatar qui prétendait avoir trouvé de l'or à quarante verstes de Koumskaïa. Ayant entendu parler de notre arrivée, il avait marché pendant toute cette horrible nuit, pour venir proposer à mon mari de le conduire au lieu où s'était faite sa découverte. Mais malgré les échantillons qu'il exhiba à nos yeux pour nous convaincre de sa véracité, mon mari ne fut nullement tenté de perdre quatre ou cinq jours dans des recherches qui n'eussent abouti à rien, à en juger par la nature du terrain qui, suivant le Tatar, renfermait le précieux minerai.

CHAPITRE X.

Première journée dans le désert. — Campement kalmouck. — Une rencontre dangereuse. — Conquête d'une satza kalmouke. — Singulière hospitalité d'un colonel russe. — Sources du Manitch. — Dernière nuit passée sous la tente.

De retour à Houïdouk, nous trouvâmes le maître de poste dans des transes plus vives encore que celles où l'avait jeté, lors de notre départ, la mésaventure des marchands arméniens. Pendant notre absence, un de ses postillons avait été arrêté à deux verstes au plus de la poste, par quelques Turcomans qui, après l'avoir dépouillé de sa peau de mouton et de son tabac, l'avaient accablé de coups et laissé à moitié mort, emmenant avec eux les trois chevaux qu'il reconduisait à la station. Mais, chose étrange, le jour même de notre arrivée, les trois chevaux volés rentrèrent tranquillement à l'écurie, comme s'il ne se fût rien passé d'extraordinaire. Cela prouvait, du moins, que les voleurs n'étaient pas fort rassurés, et qu'ils aimaient mieux perdre le fruit de leur vol que de s'exposer à la poursuite de nos Cosaques.

Quoique de pareilles histoires fussent de nature à nous donner quelques craintes pour nous-mêmes, nous n'en partîmes pas moins de bonne heure, le lendemain, abandonnant complétement la ligne de poste que nous avions suivie jusqu'alors, pour nous enfoncer dans les steppes avec une faible escorte, très-insuffisante, si quelques dangers sérieux venaient à nous menacer.

Mon mari, qui avait déjà commencé ses travaux de nivellement sur le bord de la mer Caspienne, reprit ses opérations à partir de la station de Houïdouk. Ayant une opération à faire toutes les dix minutes, il allait à pied, ainsi que les Cosaques et les Kalmouks, qui portaient les instruments et mesuraient les distances.

Tous les hommes étaient ainsi occupés, à l'exception des chameliers et de l'officier qui s'amusait de temps en temps à lâcher son faucon sur quelque troupe de canards ou d'oies sauvages. Cette chasse, outre ses avantages gastronomiques, me rendait encore le service de varier la monotonie d'une marche traînante à travers le désert où, le plus souvent, je n'avais d'autre ressource que celle d'étudier l'allure grotesque des trois chameaux remorquant la brischka, et de suivre, dans leurs évolutions capricieuses, les escadrons d'oiseaux qui se réunissaient déjà pour commencer leur émigration d'automne.

Cependant, l'impression que me laissa cette première journée ne me fit pas envisager, avec trop d'effroi, la perspective de passer plusieurs semaines à errer, en vraie Kalmouke, à travers le steppe. La nouveauté des sensations, le plaisir réel d'échapper pour quelque temps au cercle d'habitudes réglées formant le fond de notre civilisation, éloignaient de ma pensée tout ce qui aurait pu jeter quelque défaveur sur une semblable existence. C'était un échantillon de cette vie mêlée à la nature, qui n'est plus possible dans nos pays surchargés de population; et, malgré mes préventions, les mœurs nomades ne me semblaient plus aussi absurdes et aussi ennuyeuses que je me l'étais imaginé.

Une grande sérénité empruntée au calme et à l'immensité qui nous entouraient, domina mon esprit tout en le défendant contre les craintes qu'avaient pu me laisser les derniers événements arrivés à Houïdouk. Les idées de désordre et de violence ne sauraient s'accorder avec la simplicité de l'existence pastorale. C'est au milieu de nos villes, des intérêts et des passions qui s'y agitent sans cesse, que l'homme se pervertit et devient le plus grand ennemi de son semblable. Mais dans ces steppes où les besoins sont si bornés, si faciles à satisfaire, où la nature agit d'une manière bien plus efficace qu'ailleurs sur le caractère et les habitudes, il est difficile de supposer que l'instinct du mal puisse exister et se propager chez des individus pour qui il serait à peu près inutile.

La première halte eut lieu vers le milieu du jour. Elle n'arrivait pas trop tôt pour nos Cosaques, gens peu habitués aux longues promenades à pied. Ils s'empressèrent d'allumer un grand feu, tandis que les chameliers dressaient la tente, et organisaient le campement dans toutes les règles. Le soleil avait reparu, plus ardent qu'il n'avait encore été, comme il arrive d'ordinaire après un violent orage. Le sol nu et brûlé, la sécheresse extraordinaire de l'air jointe à la pluie de feu qui tombait perpendiculairement sur nos têtes, et semblait vouloir enflammer la terre elle-même, avait à la fois énervé notre esprit et nos sens. A peine pouvions-nous donner quelque attention au tableau pittoresque que présentait notre halte dans ce désert, sur lequel nous paraissions régner en maîtres absolus : et pourtant la chose en valait la peine.

La brischka, débarrassée de ses chameaux et de ses coffres, était placée à quelques pas de la tente où l'on avait entassé des portefeuilles, des coussins, des cassettes, formant sur le tapis un capricieux pêle-mêle qu'un peintre n'eût certes pas dédaigné. Pendant que nous prenions le thé, les hommes s'occupaient des apprêts du dîner, les uns, plumant une magnifique oie sauvage et une demi-douzaine de kourlis dus à la chasse providentielle du faucon; d'autres entretenant le feu autour duquel était rangées deux ou trois marmites pour le pilaw et la soupe au lard dont les Cosaques sont très-friands. Antoine, un baril d'eau-de-vie à la main, distribuait à chacun le petit verre obligé avec autant de gravité qu'en apporte dans ses fonctions le plus grave des majordomes allemands. Quant à l'officier, couché sous la brischka pour jouir d'un peu d'ombre, il s'amusait avec son faucon qu'il avait débarrassé du capuchon, après l'avoir attaché à la voiture par une forte ficelle. Quoique les yeux étincelants de l'oiseau fussent sans cesse en quête d'une proie, les caresses de son maître semblaient cependant lui faire plaisir, à en juger par le battement continuel de ses ailes. Les chameaux, heureux d'être libres, broutaient l'herbe à quelque distance, contribuant par leur présence à donner un aspect oriental à notre début dans la vie sauvage, où je figurais moi-même sous mon chapeau à larges ailes, vêtue comme d'ordinaire d'un ample pantalon et d'une tunique gauloise retenue autour de ma taille par une ceinture de cuir. A force de nous étonner de tout, notre étonnement finit par s'épuiser, et nous nous crûmes définitivement naturalisés Kalmouks.

Lorsque nous avions interrompu notre marche, les dernières kibitkas avaient déjà disparu de l'horizon depuis plus de trois heures; nous étions absolument seuls sur toute la surface de l'immense plaine. Aucun vestige de vie ne venait nous avertir que d'autres hommes avaient campé où nous étions. Le steppe est comme la mer, il ne garde nulle trace de ceux qui le traversent.

A deux heures, M. de Hell donna le signal du départ. Aussitôt la tente se plie, les chameaux s'agenouillent pour recevoir leurs charges; l'officier remonte en selle, son faucon sur le poing, et me voilà de nouveau seule dans la voiture, suivant lentement la petite troupe qui recommence ses opérations.

Ma première nuit sous la tente vint me prouver que je n'étais pas encore aussi acclimatée au steppe que j'avais eu la vanité de le croire. Ce cône de feutre sous lequel je devais dormir, ces Kalmouks s'agitant autour du feu, les chameaux jetant leurs cris plaintifs dans l'immensité du désert, tout était tellement en contradiction avec mes souvenirs, mes idées et mes habitudes, que j'avais peine à ne pas me croire le jouet d'une de ces hallucinations que donne l'opium.

Nous passâmes une partie de la nuit assis devant la tente, sans que le besoin du sommeil vînt troubler la fantasmagorie de nos rêves. La lune, plus large et plus éclatante qu'on ne la voit jamais dans l'Occident, éclairait tout le ciel et une partie du steppe, laissant derrière elle une traînée lumineuse semblable au sillon que trace le navire sur la mer. Un silence absolu régnait dans l'air et produisait sur nos sens un effet qui ne peut se décrire. A peine osions-nous l'interrompre, tant il nous paraissait solennel, en pleine harmonie avec la grandeur infinie du désert. En vain chercherait-on un calme aussi complet, même dans les solitudes les plus reculées de nos contrées. Partout frémit quelque source, partout frissonnent quelques arbres, partout on entend murmurer dans le silence des nuits, quelques voix qui servent de point d'arrêt à la pensée. Mais ici la nature est comme pétrifiée, et l'on a devant soi l'image de ce repos éternel que l'esprit peut à peine concevoir. Jamais je n'ai senti éclore dans mon cerveau autant d'idées poétiques que dans ces nuits passées dans le désert, où mon âme était absorbée par une unique sensation.

Nous marchâmes plusieurs jours sans rencontrer un seul être vivant, ce à quoi nous nous attendions, sachant que cette partie des steppes n'est habitée que pendant l'hiver, par suite de son manque absolu d'eau douce dans la belle saison. Néanmoins, à la fin du quatrième jour, nous distinguâmes un point noir qui se mouvait à l'horizon. Aussitôt l'officier de partir ventre à terre pour faire une reconnaissance, agitant en même temps son bonnet en l'air, en signe de commandement, signe qui fut promptement aperçu, car nous vîmes aussitôt se diriger vers nous un Kalmouk monté sur son chameau. En cette occasion, nous eûmes la preuve combien il faut peu de chose aux hommes primitifs pour les amuser. Un incident d'aussi peu d'importance prit sur-le-champ des proportions extraordinaires, car on ne peut se figurer combien les peuples nomades sont avides de nouvelles, et avec quelle rapidité le moindre événement se propage d'une tribu à l'autre. Le nouveau venu, salué avec de vrais cris de joie, nous apprit qu'on était déjà informé partout de notre passage dans les steppes, et que nous rencontrerions bientôt un campement de Kalmouks venus exprès de ce côté pour nous voir.

La présence de cet homme mit toute l'escorte en gaieté. Jaloux de fêter dignement son arrivée, nos Kalmouks nous députèrent Antoine, pour obtenir double ration d'eau-de-vie. Ils passèrent toute la soirée autour du feu de Kirbitch, à fumer leur tchibouk et à se raconter des histoires ; aussi graves et aussi captivés par leur conversation que des pasteurs arabes.

Le lendemain, avant le lever du soleil, la petite caravane était déjà en mouvement ; le Kalmouk prit seul la route de Kisliar où il se rendait pour la foire, et nous nous acheminâmes du côté opposé, suivant la ligne invisible que la science nous traçait à travers le désert, et qui devait nous conduire ainsi jusqu'aux sources du Manitch.

Durant cette matinée, j'eus la sotte fantaisie de faire une première promenade à dos de chameau, malgré la malheureuse tentative du drogman, et je jurai bien comme lui, que l'on ne m'y reprendrait plus. Décidément le chameau est la monture la plus détestable du monde. Depuis le moment où l'on se place sur ses épaules jusqu'à celui où l'on descend de ce perchoir homicide, on essuie sans intermittence une suite de secousses si rudes et si imprévues, que le corps en est entièrement disloqué. Quoique mon épreuve se fût bornée à un trajet de deux verstes tout au plus, j'étais entièrement brisée quand on me descendit à terre.

Un peu plus tard, je fus à même d'observer un curieux effet du caractère vindicatif de ces rudes trotteurs. On sait que le chameau possède la faculté de ruminer les aliments déjà engloutis dans un de ses estomacs, et qu'il s'octroie assez volontiers c plaisir lorsqu'il n'a rien à manger; mais ce qu'on ignore peut-être, c'est qu'il a assez de malice pour faire, dans l'occasion, de sa prérogative un moyen de vengeance aussi extraordinaire qu'ingénieux.

Je m'étais aperçue dès le matin qu'un de nos chameliers paraissait être en assez mauvaise intelligence avec sa bête. En vain tâchait-il de s'en rendre maître par la douleur, en tirant avec force la corde qui traversait la narine de l'animal; celui-ci s'entêtait et se jetait à chaque instant à terre en signe de rébellion. Le Kalmouk, irrité de cette lutte, profita d'une halte générale pour mettre pied à terre et châtier d'importance le récalcitrant. Mais le chameau, élevant son grand cou en signe de dédain, suivait d'un œil si malicieux tous les mouvements de son tyran, que, sans nul doute, certain projet de vengeance roulait dans sa tête. En effet, il attendit paisiblement que le Kalmouk fût en face de lui; puis alors, ouvrant sa grande bouche, il en fit sortir une double fusée d'herbe hachée mêlée de bave et de toutes sortes de saletés, qui atteignit en plein le visage du pauvre chamelier. Exprimer l'air de vengeance satisfaite avec lequel le chameau releva son cou et promena sa tête de côté et d'autre, comme pour quêter des applaudissements, serait vraiment chose impossible. Ce qui m'étonna le plus dans l'aventure, ce fut de voir la modération de son maître après un pareil outrage. Il s'essuya avec beaucoup de sang-froid, remonta en selle et caressa le cou de sa bête mal apprise, comme s'il en avait reçu la gentillesse la plus flatteuse. Alors le bon accord se rétablit entre eux, et ils cheminèrent paisiblement, sans songer davantage à ce qui venait de se passer.

Par un rare bonheur, aucun insecte malfaisant ne se trouve dans les steppes qui séparent la Caspienne du Caucase. Comme bien on le pense, ce fut seulement lorsque j'en eus acquis l'entière certitude, que je pus dormir avec tranquillité. Notre tente, en feutre comme celles des Kalmouks, avait tout au plus cinq pieds de haut sur autant de large. Elle était soutenue sur un faisceau de bâtons réunis à leur extrémité par une corde; l'intérieur, garni d'un tapis et de coussins placés sur le sol nu, contenait en outre nos portefeuilles et quelques coffres de la brischka. Un pan du feutre relevé de côté formait la porte. Nous ne pouvions nous tenir qu'agenouillés dans ce réduit qui allait en se rétrécissant jusqu'en haut. Telle fut notre demeure pendant près de six semaines, et je puis dire qu'en dépit de la dureté du sol qui nous servait de lit, et l'étrangeté de la situation, je n'ai jamais dormi d'un aussi bon sommeil qu'alors. Rien n'est meilleur pour la santé qu'une existence en plein air; l'appétit, le sommeil, l'inaltérable sérénité d'esprit, la libre circulation du sang, attestent suffisamment son heureuse influence sur l'organisation humaine. Je doute que la plupart des affections organiques pussent tenir contre deux ou trois mois consacrés à une excursion de la nature de celle que nous accomplissions.

Ainsi que le Kalmouk nous l'avait prédit, nous

arrivâmes sur le soir, au milieu d'un campement composé d'une vingtaine de tentes. Tous les hommes vinrent à notre rencontre et dételèrent la brichka sans vouloir permettre à l'escorte de s'en mêler; puis, après avoir planté notre tente à quelque distance des leurs, au pied d'un tumulus, ils se mirent à danser avec leurs femmes en signe de réjouissance. L'une de ces dernières pria à genoux mon mari de lui donner un peu de tabac, et devint, en l'obtenant, un objet d'envie pour ses compagnes, devant lesquelles elle s'empressa de l'étaler et de le fumer.

Lorsque la nuit fut tombée, le campement s'illumina de plusieurs feux qui donnèrent encore plus d'originalité à l'aspect de toutes ces kibitkas, autour desquelles Kalmouks et Cosaques sautaient à l'envi, avec une fougue et une gaieté dont l'honneur revenait en partie à une distribution extraordinaire de vivres et d'eau-de-vie. Les femmes vinrent à leur tour prendre part à la fête, et plusieurs d'entre elles, se rangeant en cercle, dansèrent de la même manière que les dames d'honneur de la princesse Tumène. Mais toutes me parurent fort laides, quoiqu'il y en eût parmi elles de très-jeunes.

Deux jours plus tard, nous arrivâmes au bord d'un étang où nous nous arrangeâmes pour passer la nuit. La vue de cette eau et des milliers d'oiseaux qui la couvraient, nous causa un véritable plaisir.

Il fallait si peu de chose, dans une vie semblable, pour faire événement et occuper l'imagination ! Toute cette soirée fut employée à chasser au fusil et au faucon, à prendre des bains et à faire plusieurs fois le tour de la mare. Pour ma part, je ne pouvais assez m'extasier devant cette boue saumâtre et la forêt de roseaux qui l'entouraient. Aucun paysage des Alpes et du Tyrol n'a peut-être été salué avec tant d'enthousiasme. C'est que, depuis une quinzaine de jours, je n'avais aperçu qu'un sol aride, grisâtre, où mes yeux cherchaient vainement un point de repaire pour se reposer.

A partir de cet étang, le steppe changea d'aspect; l'eau fut moins rare, la végétation moins brûlée. Nous rencontrâmes de temps à autre des troupeaux de plus de cinq cents chameaux, qui broutaient en liberté une herbe courte et épaisse. Parmi ces enfants du désert, quelques-uns étaient d'une taille gigantesque. Rien ne peut se comparer à l'étonnement qu'ils manifestaient en nous voyant passer. A peine nous apercevaient-ils, qu'ils accouraient en toute hâte de notre côté, pour rester immobiles, la tête tournée vers notre cavalcade, jusqu'à ce que la distance les empêchât de nous distinguer plus longtemps.

Trois semaines après notre départ de Houïdouk, l'eau douce que nous avions emportée dans plusieurs barils étant complétement épuisée, force fut de recourir à l'eau saumâtre pour faire cuire les aliments. Cette modification dans notre cuisine ne dura heureusement que quelques jours; mais l'essai était plus que suffisant pour m'inspirer une profonde répugnance à l'endroit des mets ainsi préparés : leur goût était si désagréable, que l'empire d'une longue habitude, et surtout de la nécessité, peut seul en faire comprendre l'usage ordinaire. Les Kalmouks et les Cosaques ne se servent pourtant que de cette eau pendant une grande partie de l'année.

Ce même jour nous fîmes une rencontre des plus singulières et qui manqua de devenir tragique. Un peu avant de camper, nous vîmes arriver de loin une immense file de petites voitures, que nos Kalmouks reconnurent comme appartenant à des Turcomans, gens fort peu estimés dans ce pays, en raison de leur caractère querelleur et brutal. Tout ce qui se passe d'extraordinaire dans les steppes est mis sur leur compte, et ils sont sans cesse en guerre avec les Cosaques, auxquels ils taillent plus de besogne que toutes les autres tribus ensemble.

Cette petite explication donnée, je reviens à notre aventure à laquelle je ne pense pas encore sans frissonner, non en raison de ce qu'elle a été, mais en raison de ce qu'elle pouvait devenir.

Chacune des petites voitures composant la procession qui s'avançait de notre côté, était attelée de deux bœufs et escortée d'un Turcoman. A mesure que nous approchions, une agitation devenant de plus en plus inquiétante se faisait remarquer dans le convoi, et tout à coup les bœufs, comme possédés de l'esprit malin, manifestèrent une violente terreur, se jetant les uns sur les autres pour fuir au plus vite, renversant et brisant les voitures chargées de sel, sans que la voix et les coups de leurs guides parvinssent à les rendre à la raison. Au bout de quelques minutes seulement, nous eûmes l'explication d'un pareil événement, et pûmes comprendre le motif des injures et de la colère dont tous les Turcomans accablaient notre escorte.

Les chameliers étaient les vrais coupables dans cette affaire : sachant par expérience combien les chevaux et les bœufs s'effrayent à l'aspect d'un chameau, au lieu de risquer d'attirer sur nous la colère de ces farouches charretiers, ils auraient dû s'éloigner de la ligne que suivait le cortége.

Le moment qui suivit la catastrophe fut réellement critique. Tous ces hommes, regardant d'un air rébarbatif leurs voitures brisées et le sel qui jonchait le sol, semblaient, à en juger par leur pantomime menaçante et leurs bruyantes clameurs, agiter entre eux s'ils nous attaqueraient ou non. Un seul geste imprudent pouvait nous perdre, car ils étaient plus de cinquante, et de larges coutelas brillaient à leur ceinture. Mais l'attitude digne et courageuse de l'escorte finit par les calmer. Loin de répondre aux démonstrations hostiles qui leur étaient adressées, nos hommes se mirent à l'œuvre pour réparer le dégât, et bientôt les Turcomans suivirent leur exemple; bref, en moins d'une heure, tout était rentré dans l'ordre, et cette scène de confusion se termina d'une façon tout autre qu'on ne pouvait d'abord l'espérer.

Chacun ne songea plus qu'au côté plaisant de l'aventure; de bruyants éclats de rire succédèrent à l'irritation qui aurait pu avoir de si terribles résultats. Pour sceller la réconciliation entre les deux camps, mon mari fit faire une distribution d'eau-de-vie, et cela acheva de nous gagner le cœur de ces hommes prêts à nous assassiner quelques instants auparavant.

A mesure que je m'accoutumais au calme et à la grandeur du désert, j'arrivais à comprendre l'amour passionné du Kalmouk pour les steppes et sa kibitka. Si le bonheur est réellement dans la liberté, nul ne peut se dire plus heureux que lui. Habitué à voir s'étendre devant ses yeux un horizon sans bornes, à ne subir aucune entrave, à planter sa tente où son caprice le conduit, on conçoit que, hors de sa solitude, il se trouve emprisonné, étouffé, étreint dans un cercle de fer, et qu'il aime mieux se donner la mort que de se résigner à vivre dans l'exil. Pendant notre séjour à Astrakhan, tout le monde s'entretenait d'un événement récent qui servit à nous prouver combien l'amour du sol a de puissance sur ces hommes primitifs.

Un chef kalmouk, rival d'un Cosaque, tua ce dernier dans un accès de jalousie, et, sans essayer de fuir pour échapper au châtiment qui l'attendait, augmenta encore la gravité de son crime en tenant tête à un détachement envoyé pour l'arrêter. Plusieurs de ses serviteurs l'aidèrent dans sa rébellion, mais le nombre l'emporta; tous furent faits prisonniers et conduits provisoirement dans un fort pour y rester jusqu'à ce que leur jugement fût prononcé.

Au bout d'un mois, arriva l'ordre de les diriger sur la Sibérie, mais les trois quarts des captifs n'existaient déjà plus. Les uns étaient morts par suite de leurs blessures, les autres, trompant la surveillance de leurs gardiens, s'étaient tués. Quant au chef, les mesures les plus rigoureuses l'avaient empêché de faire aucune tentative contre sa vie, mais son silence obstiné, la profonde altération de ses traits et son air farouche, prouvaient éloquemment son désespoir et son désir d'échapper à l'exil par une catastrophe.

Lorsqu'il eut été placé dans le chariot de poste qui devait l'emmener en Sibérie, avec deux compagnons d'exil, on permit à quelques Kalmouks de s'approcher de lui pour le dernier adieu. « Que pouvons-nous faire pour toi? lui disent-ils à voix basse.... — Vous le savez, » fut la seule réponse du chef. Aussitôt un des Kalmouks tire un pistolet de sa poche, et avant qu'on ait eu le temps d'intervenir, lui fait sauter la cervelle. Les regards des deux autres prisonniers rayonnèrent de joie. « Merci pour lui, dirent-ils avec enthousiasme; quant à nous, jamais nous ne verrons la Sibérie. »

Je n'ai pas encore parlé des satzas kalmoukes et du désir que nous avions de faire connaissance avec elles. Cependant, c'était une de mes plus grandes préoccupations depuis le moment où nous nous étions enfoncés dans le désert. Sans cesse mes regards interrogeaient l'horizon, dans l'espoir de découvrir un de ces mystérieux tombeaux dont les Kalmouks se tiennent toujours éloignés, pour ne pas les profaner par leur présence et qui, sous le nom de satzas, contiennent les reliques des grands prêtres. Quand l'un de ceux-ci meurt, son corps est brûlé, et l'on dépose en grande pompe ses cendres dans le mausolée destiné à les recevoir, avec une quantité d'images sacrées qui sont autant de bons génies placés là, pour veiller éternellement sur la poussière du saint personnage.

A notre départ d'Astrakhan, stimulés par tout ce que nous avait raconté, à leur sujet, la princesse Dolgorouki, nous nous étions bien promis d'aller à la conquête de l'un d'eux, et dans cette intention, nous avions pris tous les renseignements relatifs à ces satzas, afin de profiter de notre passage dans les steppes pour en dévaliser une, si faire se pouvait. Mais la susceptibilité religieuse de nos Kalmouks, nous ayant jusqu'alors empêchés de faire la moindre recherche, nous finîmes par laisser au hasard le soin de nous ménager quelque heureuse rencontre.

Ce fut dans le voisinage de Sélénoï-Sustava, que nous eûmes pour la première fois la satisfaction d'apercevoir, dans l'éloignement, un de ces mystérieux monuments. Grande fut notre joie, malgré la difficulté de nous en approcher et de tromper l'active surveillance des chameliers! que dis-je, les obstacles à vaincre étaient un plaisir de plus. Il y avait des précautions à prendre, du mystère à garder, de l'inconnu en jeu; que de raisons pour jeter sur la satza un intérêt presque fiévreux, et rompre d'une manière imprévue la monotonie qui pesait sur nous depuis tant de jours. Aussi tout fut-il calculé avec une prudence extrême, pour que rien ne vînt déranger nos projets. Nous nous arrêtâmes, pour le déjeuner, à une distance raisonnable du petit temple, afin que nos chameliers ne conçussent aucun soupçon. Pendant le repas, Antoine et l'officier qui avaient déjà reçu leurs instructions, eurent le soin de dire que nous comptions poursuivre quelques hérons blancs, avant de nous remettre en route. Les Kalmouks, qui n'ignoraient pas le prix que nous attachions à ces oiseaux, trouvèrent la chose toute naturelle et se réjouirent d'une circonstance dont ils se promirent de profiter pour faire un plus long somme.

La satza était située au milieu des sables, à cinq ou six verstes de l'endroit où nous campions. Pour nous y rendre, force était de faire de longs circuits, dans le but de donner le change aux Kalmouks en cas de soupçon. Tout cela présentait assez de difficultés et entraînait surtout de grandes fatigues ; mais je ne persistai pas moins à être de cette expédition dont on voulait m'exclure, et je fus une des premières en selle.

Au bout de deux heures de marches et de contremarches dans le sable, par une chaleur tropicale qui avait enlevé tout courage à nos montures, nous arrivâmes en face de la satza, aussi satisfaits que si nous venions de remporter une éclatante victoire, quoiqu'au fond, *le jeu ne valût pas la chandelle*, car l'aspect de cette construction n'était rien moins qu'attrayant et semblait fort peu mériter la course que nous venions de faire. Le tout formait un petit bâtiment carré d'une couleur grise, percé seulement de deux trous en guise de fenêtres, et ne présentant pas l'ombre d'une porte. Chacun tournait autour de cet impénétrable sanctuaire avec un désappointement tout à fait comique. Il fallut alors inventer un mode quelconque pour nous y introduire, l'idée de repartir sans satisfaire notre curiosité, ne pouvant nous venir à l'esprit. Quelques pierres enlevées à l'une des fenêtres, nous livrèrent un passage peu commode à la vérité, mais suffisant pour ce que nous en voulions faire.

Conquérants de la satza, nous y entrâmes par une brèche, comme Mahomet II dans la capitale du Bas-Empire. Seulement, personne n'avait songé à l'étendard qui était indispensable pour accomplir rigoureusement les cérémonies d'usage. En lieu et place, Hommaire eut recours à son foulard qu'il planta au haut du mausolée, prenant possession de la satza, au nom de tous les voyageurs passés, présents et futurs.

Cette cérémonie achevée, une visite minutieuse fut faite dans l'intérieur du tombeau, sans qu'elle permît d'y découvrir rien d'extraordinaire : le monument paraissait très-ancien. Quelques idoles en terre cuite, semblables, de forme, à celles que nous avions vues chez le prince Tumène, étaient rangées à terre le long des murs. De distance en distance, plusieurs petites niches renfermaient des images que l'humidité avait à demi pourries. Un feutre couvrait le sol de terre battue, ainsi qu'une partie des murs.

En vainqueurs généreux, nous nous contentâmes de prendre deux statuettes et quelques images. Suivant les croyances des Kalmouks, aucun sacrilége ne peut entrer en comparaison avec celui dont nous nous rendions coupables. Cependant le feu du ciel ne nous pulvérisa pas, et le grand Lama, en dieu bien élevé, nous laissa regagner le gros de notre escorte. Mais une contrariété assez vive nous était réservée au retour. L'une des idoles s'était brisée en route, et nous dûmes prier les Boukhans du steppe d'étendre leur protection sur l'autre, pendant le reste du voyage.

Antoine et l'officier furent longtemps questionnés par les Kalmouks qui paraissaient agités d'une certaine inquiétude. A leur réveil, ils nous avaient vus revenir du côté de la satza, et cette circonstance les avait vivement contrariés. Cependant, quelques pièces de gibier dont nous avions eu soin de nous munir, et l'air d'autorité que prit l'officier, coupèrent court à toutes leurs observations.

Le lendemain de ce jour mémorable, Antoine vint nous annoncer qu'il n'y avait plus de pain, nouvelle fort importante dans le désert, et qui força mon mari à abandonner momentanément ses opérations scientifiques, pour gagner Sélénoï-Sustava, séparé du point où nous étions d'environ trente-cinq verstes. Je ne saurais exprimer avec quelle satisfaction Cosaques et Kalmouks reprirent possession de leurs chameaux. On a bien raison de dire que tous les goûts sont dans la nature, et l'on ne peut plus s'étonner de rien, quand on a vu des hommes préférer le supplice disloquant de ces détestables montures, à l'ennui de faire quinze à vingt verstes à pied par jour. M. de Hell, de son côté, ne parut pas très-fâché de reprendre sa place à côté de moi dans la brichka. En un mot, nous ressemblions tous à une bande d'écoliers gratifiés d'un jour de congé imprévu.

Avant d'atteindre les salines où nous allions demander du *pain*, nous traversâmes quelques campements kalmouks : le désert commençait à s'animer; des chariots chargés de sel se montraient dans différentes directions; nous n'étions plus seuls avec le ciel et le steppe.

A notre arrivée à Sélénoï, on nous conduisit chez le sous-inspecteur des salines (l'inspecteur étant absent), et certes notre surprise fut grande en voyant ce fonctionnaire habiter le plus misérable taudis qu'il soit possible de se figurer. Comparé à ce logement, Houïdouk était un palais. Jamais nous n'avions rencontré, même chez les plus pauvres paysans russes, une aussi épouvantable misère.

Ce sous-inspecteur, qui prenait également le titre de lieutenant-colonel, était un petit homme à figure de fouine, vêtu d'un uniforme dont on ne pouvait plus distinguer ni la couleur ni les galons, vu son état de délabrement. Notre arrivée était pour ce personnage une si bonne aubaine, comme nous le comprîmes plus tard, qu'il nous reçut avec des manifestations de joie effarée, une volubilité de paroles et une importunité vraiment étourdissantes. La maison, amas de ruines étayées les unes sur les autres par quelques poutres à demi pourries, était d'une saleté vraiment révoltante. On nous donna la chambre la moins dégradée, mais il fallut plus de deux heures pour dissiper les nuages de poussière qu'Antoine avait soulevée en la balayant. Les fenêtres sans châssis, les portes délabrées et l'absence de tout meuble, augmentèrent encore notre étonnement et notre malaise; et nous firent vivement regretter de n'avoir pas campé dans le steppe, suivant notre habitude! Nous essayâmes même de quitter la maison, mais le lieutenant-colonel jeta de si hauts cris, prit des airs si désespérés, que, bon gré mal gré, nous fûmes forcés de subir sa singulière hospitalité. Pour suppléer aux meubles qui manquaient, nous fîmes comme font les Turcs : un tapis et des coussins étendus à terre nous servirent de lit et de divans.

Une fois débarrassé de ces premiers soins d'installation, le drogman s'empressa de demander à notre hôte s'il y avait assez de pain chez lui pour nous permettre d'en emporter une certaine provision. Ce dernier, prévenu par l'escorte du but de notre visite, avait pu calculer sa réponse, qui nous fut très-défavorable. Dans l'état de profond dénûment où il vivait, notre présence chez lui était une bonne fortune trop précieuse pour qu'il la laissât échapper avant d'en avoir tiré tout le parti possible. Aussi sa réponse fut-elle négative, et le drogman vint nous apprendre qu'avant plusieurs jours, nous ne pourrions avoir de pain; toutes ses réclamations s'étant brisées contre l'impassibilité du singulier personnage avec lequel le sort nous mettait en présence, et qui s'était sans doute juré à lui-même de nous garder le plus longtemps possible dans ses griffes de vautour.

Tout cela nous rendit sa moralité assez suspecte, et nos soupçons à son endroit étaient loin d'être des jugements téméraires, comme la suite le prouvera. Sa conduite envers nous, ses demandes indiscrètes, son avidité et ses larcins nous expliquèrent suffisamment la folle joie qu'il avait montrée à notre arrivée, joie qui me paraissait d'abord inexplicable.

Dès le premier jour, alléché par une magnifique oie sauvage qu'Antoine avait fait rôtir dans la tente de sa cuisinière kalmouke, il nous fit demander la permission de venir partager notre dîner. Nous le vîmes arriver tenant en main une assiette de mauvais croûtons séchés au four, qu'il nous présenta comme d'excellents *zoucckari*. Pendant tout le temps du repas, il nous donna la comédie la plus divertissante du monde par son insatiable gloutonnerie et son bavardage continuel, ajoutant encore au plaisant du spectacle, en faisant disparaître à lui tout seul un pain à moitié moisi qu'il nous avait vendu, le matin, un rouble et demi.

Les chameliers profitèrent de notre séjour à Sélénoï pour aller, dans un campement voisin, chercher des remplaçants à leurs animaux fatigués par plus de trois semaines de marche. Ils nous promirent d'être de retour dans les vingt-quatre heures, mais ce ne fut qu'au bout de deux jours que nous les vîmes reparaître, et dans quel état?... D'après le récit de l'un d'eux qui revint le premier en grand émoi, ils avaient traité un peu rudement les Kalmouks, fournisseurs des chameaux, et ceux-ci, s'étant révoltés, les avaient battus et conduits, pieds et poings liés, chez un de leurs surveillants qui ne les avait relâchés que le lendemain. Je n'ai jamais vu confusion pareille à celle que présenta le retour de ces matamores : l'un avait la tête bandée, un autre portait un bras en écharpe, celui-ci boitait piteusement ; tous étaient plus ou moins écloppés. Cette aventure et la grotesque avidité du lieutenant-colonel ne furent pas les seules distractions que le sort nous ménageait à Sélénoï. Un beau matin nous vîmes arriver bon nombre de familles kalmoukes dans un curieux désordre, nous annonçant que les Circassiens venaient de se montrer à trois verstes des salines, sur les bords de la Kouma.

Rien ne saurait exprimer la consternation produite par cette nouvelle. Kalmouks et Cosaques, tous étaient profondément effrayés de sentir les Circassiens si près d'eux. L'escorte entière vint nous supplier à genoux de ne pas nous remettre en route avant d'avoir appris quelque chose de positif à se sujet. Mais après beaucoup d'informations, nous eûmes la certitude que l'alarme était dénuée de fondement, et nos préparatifs de départ n'en furent pas retardés.

Je n'ai jamais vu d'être plus bizarre que notre hôte : à chaque instant du jour, et bien malgré nous, il était notre unique préoccupation. Antoine l'avait pris en grippe au plus haut degré, ne manquant pas une seule occasion de nous raconter ce qu'il appelait ses turpitudes. Tous les matins, on était sûr de voir le susdit personnage en embuscade derrière la porte, jusqu'à ce que le sémavar fût prêt. Alors il arrivait, le sourire sur les lèvres, sa tasse et sa cuiller à la main, n'attendant même pas notre invitation pour se mettre à table et tremper ses *zoucckaris* dans trois ou quatre tasses de thé.

Un jour, il vint demander à mon mari quelques cuillerées de rhum pour un soi-disant malade ; mais le soir, sa gaieté et sa figure rubiconde nous apprirent assez clairement à quelle adresse était arrivée la liqueur. Il la trouva même tellement à son goût, que le lendemain, il supplia Antoine de lui en donner encore quelque peu en cachette, lui affirmant, d'un air très-sérieux, que le chat avait répandu la première tasse.

Impossible d'avoir du repos ni jour ni nuit. Non content de nous avoir assourdis de son bavardage, dont nous ne comprenions pas un mot, il lui prenait souvent fantaisie de chanter tous les airs petits-russiens qui lui venaient à la mémoire. Longtemps après nous être couchés, nous l'entendîmes un soir se promener dans le corridor de long en large comme une sentinelle, ce qui nous fit faire plus d'une conjecture sur cette nouvelle lubie. Le lendemain, il eut le soin de nous apprendre que sa nocturne faction était un excès de prévoyance, inquiété qu'il était par le bruit de l'apparition des Circassiens : le fusil au bras, il avait donc veillé sur nous jusqu'au matin, avec l'intention de s'acquitter chaque nuit du même devoir.

Comment rester insensibles à de pareils procédés?... Comment refuser à un tel homme, les provisions de sucre, de thé et de café qu'il sollicitait constamment par ses regards et ses demi-mots ?... Malheureusement, ses requêtes se succédaient beaucoup trop rapidement, et notre reconnaissance finit par se lasser de son indiscrétion. Antoine devenait furieux chaque fois que l'on cédait à ses importunités, et ne cessait, pour s'en venger, de le tourmenter de mille manières.

Un jour, de sa pleine autorité, le susceptible drogman avança le dîner d'une heure, pour dépister notre amphitryon. En effet, celui-ci n'arriva qu'au moment où nous sortions de table. On n'a jamais vu d'homme plus désappointé : il se tenait sur le seuil de la porte, ne sachant s'il devait entrer ou sortir; forcé enfin de faire le sacrifice du dîner, il ne trouva pas de meilleur parti à prendre, dans son désespoir, que celui d'aller administrer une volée de coups de bâton à son Kalmouk.

La veille de notre départ, nous apprîmes que le pain qu'il nous avait vendu, était taxé plus du double de ce qu'on le payait à la caserne; découverte qui donna lieu à une vive dispute entre lui et Antoine, charmé d'avoir un tel grief à lui reprocher. Mais M. l'inspecteur ne se déconcerta pas pour si peu : après avoir écouté avec un calme imperturbable les reproches du drogman, il lui répondit d'une manière fort dégagée que la chose ne valait pas la peine qu'on en parlât, attendu qu'en voyage on devait s'attendre à payer le plus souvent un ducat, ce qui ne valait que vingt kopeks.

Son humeur devint tout à fait morose lorsqu'il vit les préparatifs de départ. Alors il ne parla plus et se contenta d'observer, d'un air inquiet, ce qui se passait dans notre chambre. Ses yeux, furetant sans cesse, auraient voulu se faire jour à travers les enveloppes de tous les paquets. Chaque fois que les hommes transportaient quelque chose dans la voiture, il les suivait d'un œil courroucé, comme s'ils se fussent rendus coupables d'un vol à son préjudice.

Enfin, le sixième jour de cette malencontreuse arrivée à Sélénoï-Sustava, nous eûmes la satisfaction de reprendre notre volée et de planter là le lieutenant-colonel et sa misérable masure. Je doute que la crainte des Circassiens eut pu nous retenir davantage dans un pareil taudis, tellement nous nous sentions le besoin de sortir de cette sphère d'égoïsme, de misère et de malpropreté, où des circonstances imprévues nous avaient retenus si longtemps malgré notre volonté.

La sécheresse, qui s'était maintenue dans l'atmosphère, pendant tout le cours de notre trajet de Houïdouk à Sélénoï, avait, dès notre installation chez le surveillant, fait place à de fortes pluies, principale cause de la prolongation de ce triste séjour sous son oit. Le jour même du départ, le ciel était assez menaçant, mais nous n'en montâmes pas moins en voiture avec un contentement inexprimable. J'aimais mille fois mieux courir le risque de recevoir dix averses en plein steppe, que de me condamner à passer vingt-quatre heures de plus à Sélénoï; heureusement que le sort voulut en quelque sorte nous dédommager de nos ennuis récents, en nous accordant le temps le plus agréable qu'on puisse désirer en voyage. La pluie avait assez durci le sable pour rendre la marche très-facile, et en même temps elle avait répandu sur le steppe quelque chose de doux et de voilé qui lui donnait un charme tout particulier. C'était déjà l'automne; c'était ses fraîches matinées, et ses nuances mélancoliques : habitués à la réverbération dévorante du soleil, nous croyions voir s'ouvrir devant nous le paradis terrestre. Un jour suffit pour dégager le ciel de ses dernières vapeurs, et son azur reparut dans toute sa pureté, sillonné seulement par quelques nuages dont les teintes vaporeuses et chaudes semblaient enlever au désert son aridité. Mais le soleil avait perdu beaucoup de son ardeur, et quoiqu'il versât à profusion ses rayons sur nos têtes, nous atteignîmes sans en souffrir les sources du Manitch.

Ces sources, formées par une dépression d'environ vingt-cinq verstes de largeur, vers laquelle convergent plusieurs petits ravins, se trouvaient complétement desséchées lorque nous y arrivâmes; et tous leurs alentours coupés par de petits lacs salins, ne présentaient aucune espèce de végétation. Le manque absolu d'eau et de pâturage empêcha mon mari de pousser jusqu'au Don, ses opérations géodésiques : ce ne fut pas, comme on le pense, sans une vive contrariété qu'il remit à l'année suivante la solution de son grand problème scientifique. Nos hommes étaient pleins d'ardeur, notre santé excellente, et nous ne nous attendions nullement à l'obstacle qui nous arrêtait ainsi dans une voie suivie jusqu'alors avec tant d'obstination; mais la nature ordonnait, et force fut de plier la tête.

Nous passâmes la nuit près des sources, au milieu d'une contrée alors entièrement déserte. Le lendemain, de bonne heure, nous retournâmes sur nos pas, pour nous diriger du côté de la Kouma, dont nous n'étions éloignés que de 75 verstes. Tous les hommes étaient remontés sur leurs chameaux, fort joyeux de ne plus avoir en perspective les courses pédestres auxquelles, malgré toute leur bonne volonté, ils n'avaient pu s'habituer.

Pendant deux nuits de suite, nous campâmes au milieu des Kalmouks, car le steppe devenait de moins en moins désert à mesure que nous nous éloignions de notre première direction. On ne peut se figurer avec quelle surprise et quelle avidité ces bons Kalmouks écoutaient le récit de notre voyage à travers leurs plaines.

Quand le repas du soir était achevé, ils restaient accroupis autour de notre kibitka, prêtant une religieuse attention aux contes invraisemblables que leur débitaient du ton le plus sérieux nos hommes. Un des chameliers, surtout, avait reçu du ciel une imagination d'une fécondité inépuisable. A lui seul était réservé le soin d'amuser toute l'escorte pendant les campements du soir ; et lorsqu'il avait affaire à de nouveaux auditeurs, sa complaisance et sa bonne humeur atteignaient les dernières limites du possible. Alors c'était un débit, une éloquence, des gestes si entraînants, que chacun applaudissait avec enthousiasme, sans excepter ceux qui l'entendaient tous les jours.

Le dernier campement où nous passâmes la nuit,

nous parut un des plus considérables que nous eussions rencontrés jusqu'alors. C'est que le pays, presque transformé, n'était plus attristé par les plaines de sable de la mer Caspienne et du Manitch. Maintenant, une végétation abondante et des ondulations de plus en plus prononcées, égayaient nos regards, et nous expliquaient les nombreux campements que nos regards découvraient dans toutes les directions. Des troupeaux de chevaux, de chameaux et de bœufs, sillonnaient la surface du steppe, annonçant la richesse des hordes auxquelles ils appartenaient. Aucune manifestation hostile de la part de ces dernières ne vinrent troubler notre sécurité. Heureux de nous recevoir au milieu de leurs tentes, ces bons Kalmouks n'ont jamais essayé de nous voler la moindre chose. Leurs désirs et leurs besoins sont si peu étendus! Dompter un cheval sauvage, errer d'un steppe à l'autre sur leurs chamelles, fumer et boire du koumis, se blottir l'hiver au milieu de la cendre et de la fumée, et s'adonner aux pratiques superstitieuses d'une religion qu'ils ne peuvent comprendre, telle est leur vie tout entière.

J'eus, à différentes reprises, la curiosité d'entrer dans des kibitkas, mais je ne trouvai nulle part la malpropreté dont on m'avait parlé. Les *kates* russes offrent infiniment plus de désordre et de misère que l'intérieur de ces tentes. Entre autres visites, nous en fîmes une à la femme d'un chef subalterne, qui nous attendait revêtue de ses plus beaux atours. Accroupie sur un feutre, elle avait un enfant à ses pieds et, à côté d'elle, une suivante immobile. Elle fut enchantée de me recevoir, considérant ma visite comme un des grands événements de sa vie. En effet, pour ces simples créatures qui ne connaissent, dans le cours de leur vie, que le steppe, la kibitka et les chameaux, notre apparition devait tenir quelque peu du prodige.

Ma vue surtout avait bien le droit de les étonner profondément et de faire travailler leur imagination. C'eut été chose curieuse que de connaître le fond de leur pensée quand, accroupies autour de moi, elles observaient en silence mes moindres faits et gestes. Ma voix, mes traits, mon costume, mes attitudes, tout devait les plonger dans un étonnement extraordinaire et leur donner la révélation d'un monde dont elle n'avaient eu nulle idée jusqu'à ce jour.

Nous remarquâmes avec surprise qu'il n'y avait pas un seul prêtre dans ces nombreux campements, mais, plus tard, nous sûmes qu'ils s'étaient tous portés au nord, du côté de la Sarpa, où se trouvaient de bien plus beaux pâturages, et où l'on n'était plus incommodé, comme sur les bords de la Kouma, par les myriades de cousins qui forment en automne un véritable fléau pour ces contrées. Nous eûmes beaucoup à souffrir nous-mêmes de ces terribles insectes jusqu'à Vladimir-Ofka; ils nous impatientèrent plus d'une fois au point de nous faire regretter les sables du Manitch.

Je ne sais trop comment nous nous serions tirés d'affaires, vu le triste état de nos provisions, si la sécheresse n'eût pas mis obstacle à la continuation du voyage. Depuis longtemps, le lard, le riz, le café et les galettes avaient disparu. Il ne nous restait plus qu'une petite provision de thé et de sucre, et la ressource, à la vérité inépuisable, du faucon qui, tous les jours, faisait merveille pour suppléer à l'exiguité des provisions.

Le dernier repas pris sous la tente ne se composait que de gibier accommodé de toutes les façons. Antoine, qui ajoutait à ses fonctions de drogman, celles de chef d'office, de cuisinier et de marmiton, avait épuisé toute son imagination pour que le dîner laissât un profond souvenir dans l'esprit de chacun. Mais sa science culinaire échoua contre notre dégoût pour tout ce qui était canard sauvage ou sarcelle. Nous vivions depuis si longtemps de gibier, que la vue seule d'une oie sauvage nous donnait une indigestion. Aussi éprouvâmes-nous un véritable ravissement, lorsque, arrivés dans la maison d'un surveillant de Kalmouks, nous nous trouvâmes en face d'une table couverte de légumes et de pâtisseries.

La maison de cet employé (jeune Russe fort aimable et parlant le kalmouk comme sa langue maternelle) était située à peu de distance de la Kouma, dans une magnifique prairie. Depuis longtemps aucun paysage semblable n'avait frappé ma vue, et cependant nous touchions encore au désert; mais cette petite maison blanche à contrevents verts, ombragée de deux ou trois beaux arbres, changeait complétement à mes yeux la physionomie du pays.

Ce surveillant nous donna beaucoup de renseignements sur le propriétaire de Vladimir-Ofka, dont nous avions déjà entendu parler à Astrakhan. Il nous offrit même de nous accompagner jusqu'à son établissement, à peine éloigné d'une dizaine de verstes. C'était là que nous comptions nous refaire un peu de nos fatigues de voyage et prendre définitivement congé de notre escorte.

CHAPITRE XI.

Arrivée sur les bords de la Kouma. — Vladimirofka. — Une attaque circassienne. — Première apparition du Caucase. — Une aventure à Géorgief. — Histoire d'un chef circassien.

En disant un dernier adieu aux hordes kalmoukes dont nous avions partagé, pendant plus d'un mois, la vie libre et aventureuse, nous ne pûmes nous défendre d'un certain regret, malgré les privations qui avaient accompagné nos courses au désert. Ces mœurs des steppes, pleines d'une simplicité patriarcale, reportaient notre esprit aux temps primitifs, et lui ouvraient comme à son insu un vaste champ d'observations et de souvenirs! Comment d'ailleurs rester indifférent à la poésie des lieux, des usages et des coutumes, aux scènes pastorales et aux vastes horizons, qui compensaient si largement les ennuis et les fatigues du voyage?

En face de pareils tableaux, l'individualité égoïste disparaît complétement pour laisser à l'imagination pleine liberté d'admirer et d'apprécier selon ses facultés. Je ne saurais dire dans quelles rêveries l'âme se plonge au milieu de cette existence vague, presque perdue dans l'immensité, qui n'a pour se rattacher à la vie commune que des souvenirs et surtout de l'espérance. D'ailleurs, on l'a dit mainte fois, le secret de plaire appartient à l'originalité, et nous avions tellement expérimenté cet axiome, que nous nous surprîmes dans un véritable accès de tristesse lorsqu'il fallut quitter le surveillant des Kalmouks, qui était à nos yeux un dernier représentant du désert.

Mais chaque instant nous rapprochait de Vladimirofka, et déjà les eaux limpides de la Kouma et les bouquets d'arbres qui couvrent ses bords, remplaçaient l'aridité des plaines de sable, théâtre de nos courses nomades, et nous annonçaient une contrée comblée en apparence de tous les dons de la nature.

Le paysage que nous avions alors sous les yeux était d'une beauté originale d'autant plus frappante pour nous, que depuis longtemps nous n'étions plus habitués aux gracieuses perspectives d'une campagne féconde.

En face de nous, sur une pente inclinée, une demeure élégante, flanquée de deux tourelles et surmontée d'un belvédère s'élevant au-dessus des arbres, nous rappela tout à coup l'Europe qui reparaissait ainsi à nos regards, entre les déserts de mer Caspienne et les montagnes du Caucase dont les premières cimes se dessinaient vaguement à l'horizon. Derrière nous, les campements kalmouks et leurs troupeaux de chameaux ressemblaient dans l'éloignement aux effets de mirage, si fréquents dans le désert. Un peu à gauche, le village, situé pittoresquement au pied du château, descendait par gradins jusqu'au bord de la Kouma, laissant apercevoir ses jolies fabriques, ses maisons séparées les unes des autres par des plantations de mûriers, de noyers et de peupliers d'Italie, forêt déjà nuancée par les teintes éclatantes de l'automne.

Tout ce que l'opulence et la bonté du sol peuvent créer de plus enchanteur, s'offrait à nos yeux, comme une magnifique compensation aux fatigues passées. Les chameliers et les Cosaques qui formaient notre escorte, ne purent s'empêcher de partager notre enthousiasme et restèrent, comme nous, immobiles devant cette brillante apparition.

Peu d'instants après, nous entrions dans la grande cour du château, qui fut bientôt remplie d'employés et de domestiques, fort intrigués de savoir d'où pouvait sortir une si étrange caravane. En effet il y avait de quoi s'étonner à notre vue.

La brichka, traînée par ses trois chameaux, précédait une petite troupe composée de quatre ou cinq Cosaques, armés comme de vrais guerriers en campagne, et de plusieurs Kalmouks traînant après eux d'autres chameaux chargés de tout l'attirail d'une vie ambulante. Notre officier cosaque, le faucon sur le poing, le long fusil en bandoulière, se tenait à la portière, prêt à transmettre, avec toute la précision russe, nos ordres à l'escorte, tandis que le drogman, avec sa nonchalence italienne, se prélassant sur le siége de la voiture, regardait d'un air de profond dédain les individus qui s'agitaient autour de nous, et qui lui adressaient mille questions auxquelles il ne daignait même pas répondre.

Qu'on songe ensuite à l'aspect qu'offrait le cortége entier, hâlé par plusieurs semaines de voyage en plein air, avec des vêtements ternis par la poussière et le soleil; à la procession de chevaux et de chameaux, au mélange de costumes asiatiques et européens, et l'on comprendra la surprise générale que devait exciter une visite aussi bizarre qu'inattendue. Cependant tout se passa pour le mieux. M. Rebrof, le propriétaire de Vladimirofka, averti par notre officier, vint nous recevoir au pied de l'escalier, et nous souhaita la bienvenue avec toute la courtoisie d'un seigneur châtelain. Il s'empressa de nous installer dans un délicieux appartement au rez-de-chaussée, dont les croisées donnaient sur un vaste et beau jardin, et où nous trouvâmes un billard et nombre de livraisons de la *Revue étrangère* qui avaient pénétré jusque sur les bords de la Kouma.

Après avoir mis à notre entière disposition ses domestiques, son jardin, ses fruits, ses chevaux, enfin toute sa propriété, notre amphitryon nous laissa maîtres de nous-mêmes, avec un tact qu'on ne rencontre pas toujours chez les gens du monde.

Il faut pourtant convenir que c'est une bien bonne chose, lorsqu'on a été longtemps privé de toutes les facilités de la vie, de les retrouver comme par enchantement et sans transition ; de passer de la kibitka kalmouke à une demeure seigneuriale, de l'horrible galette au pain frais de chaque jour, de la marche fatigante des chameaux au repos du divan, de la monotonie des steppes à tous les agréments de la vie civilisée. C'est véritablement une bien bonne chose, surtout quand on a, comme nous l'avions, le rare bonheur d'ajouter à tous ces plaisirs la rencontre d'une famille hospitalière, prodigue de ces soins délicats, de ces témoignages d'affection qui viennent du cœur, et qui font tant de bien à quiconque voyage hors de son pays. Avec quelle reconnaissance l'âme apprécie alors tout ce qu'il y a de sympathie et de laisser-aller dans les longues causeries du soir, où l'on se parle à cœur ouvert, comme si l'on avait toujours cheminé ensemble.

Du reste, l'attrait le plus piquant des voyages, réside justement dans ces contrastes qui vous attendent à chaque pas, et qui vous donnent la juste appréciation des choses par la comparaison; car au bout du compte, qu'est-ce qu'un bon dîner pour celui qui dîne bien tous les jours? qu'est-ce qu'un divan, des livres, de la musique, des tableaux, pour l'être privilégié qui s'en repaît à chaque instant? Hélas! la plupart du temps, il bâille au coin e son feu, la musique l'ennuie, la lecture lui fait mal aux yeux, son cuisinier ne sait rien inventer? Tristes misères qui naissent de sa richesse! mais qu'un malin ou plutôt qu'un bon génie le transporte subitement au fond d'un désert; qu'il soit forcé de tremper son biscuit dans l'eau saumâtre d'un étang, de compter sur la chasse de son faucon pour dîner, de coucher sur la dure, d'essuyer le vent, la poussière, la pluie; de n'entendre que des cris de chameaux, de ne voir que des figures kalmoukes; et plus tard on l'entendra s'écrier dans la joie de son âme, en reprenant possession des jouissances si méprisées auparavant : Ah! qu'il fait bon manger, dormir, rêver, ah! qu'il fait bon vivre ici.

Vladimirofka est une des plus belles propriétés que j'aie vues en Russie. On reconnaît une pensée large et intelligente dans toute l'économie de ce magnifique établissement. Il y a environ cinquante ans que M. Rebrof a jeté les premiers fondements de sa colonie, sans se laisser rebuter par les obstacles et les dangers qui s'offraient à lui sous toutes les formes. Il a voulu utiliser les belles eaux de la Kouma dont rien, jusqu'alors, n'avait troublé la libre allure, et maintenant plusieurs moulins, établis par lui, animent et égayent le voisinage par leur bruit continuel. La douceur du climat lui a permis de faire de nombreuses plantations de mûriers qui ont parfaitement réussi, et d'organiser des fabriques de soie dont les produits peuvent rivaliser avec les plus belles soies de la Provence.

Une autre industrie à laquelle il a donné également une grande extension, est celle du vin de Champagne, devenue pour lui un de ses bénéfices les plus importants. Il en expédie chaque année à Moscou au moins dix mille bouteilles, vendues à raison de quatre roubles la bouteille. Homme d'activité autant que d'action, il a su, à force de persévérance et de volonté, répandre la vie, l'abondance, la joie, dans un lieu inculte qui n'avait servi jusqu'alors qu'aux haltes passagères des Kalmouks et des Turcomans. Beaucoup de paysans de la Grande-Russie, qu'il avait amenés avec lui, habitués à une vie presque sauvage, ont été transformés, par ses soins, en bons ouvriers, en cultivateurs laborieux, et, dans l'occasion, en soldats dévoués à leur maître.

En 1835, une soixantaine de Circassiens, tentés par l'espoir d'un riche butin, descendirent de leurs montagnes avec l'intention de piller et de saccager Vladimirofka. Arrivant la nuit en véritables bandits, ils pensaient surprendre la petite population du village et accomplir leurs desseins sans trouver aucun obstacle à combattre. Mais M. Rebrof, quoique jouissant d'une profonde sécurité depuis nombre d'années, ne s'était jamais fait illusion sur les dangers de sa position, et s'attendait tôt ou tard à être attaqué. Dans cette conviction, il avait pris, dès le principe, toutes les précautions possibles pour déjouer les projets qu'il prêtait à ses terribles voisins. Deux bras de la Kouma, servant de fossés au village et au château, une petite redoute, deux canons montés sur leurs affûts, dans l'endroit le plus découvert de l'habitation, et de plus une grande quantité d'armes entassées dans une chambre du rez-de-chaussée avec toutes les munitions nécessaires pour soutenir un siége, lui donnaient presque la certitude de résister à toute attaque, quelque formidable qu'elle pût être.

Chaque nuit, deux sentinelles veillaient jusqu'au matin, mesure de prudence qui semblait inutile et qui sauva Vladimirofka d'une entière destruction. Les Circassiens, ne soupçonnant nullement cet excès de prévoyance, et se fiant à l'obscurité, arrivèrent en face du village avec la certitude que personne ne se doutait de leur approche. Mais l'alarme avait déjà été donnée, et toute la population de Vladimirofka, arrachée subitement au sommeil, était sur pied et prête au combat. Les ouvriers et les domestiques reçurent des armes, on leva les ponts-levis ; les deux canons furent chargés à mitraille, le château se transforma en forteresse ; tout cela se fit avec une telle rapidité que lorsque les Circassiens parurent sur les bords de la rivière, ils trouvèrent la défense du village admirablement organisée, ce qui ne les empêcha pas néanmoins de traverser la Kouma à la nage et à cheval, mais M. Rebrof, à la tête de sa petite troupe, commanda le feu avec une intrépidité qui força les assiégeants à porter ailleurs leurs attaques. Trois ou quatre assauts furent également infructueux : tous les points étaient si bien gardés, et tous les hommes faisaient si bravement leur devoir, qu'au point du jour les Circassiens se virent contraints à battre en retraite. Mais, furieux d'abandonner ainsi, sans gloire et sans profit, des projets qu'ils nourrissaient peut-être depuis longtemps, ils mirent, avant de s'éloigner, le feu au village et aux forêts environnantes. Cet incendie, qui satisfaisait en partie leur désir de vengeance, leur permit de se retirer paisiblement, sans qu'on pût savoir de quel côté ils s'étaient dirigés.

Au sein de cette belle nature, de cette industrie qui revêt toutes les formes, on ne peut se croire à l'extrémité de l'Europe. Les maisons des paysans, gaies et entourées d'arbres, n'ont plus aucune ressemblance avec les tanières infectes qui forment les villages russes. Une joyeuse population d'ouvriers remplit les ateliers et fait entendre tout le long du jour des chants et des éclats de rire, témoignages d'un contentement rempli d'insouciance.

Quant à l'accueil que l'étranger rencontre dans cette heureuse demeure, il est tel que nous ne savions en vérité comment remercier notre hôte et sa famille. Bien-être, douce société, amusements variés, liberté complète, belle nature, tous les biens se trouvaient réunis à Vladimirofka. Huit jours s'y écoulèrent pour nous avec une rapidité désespérante. M. Rebrof ne pouvait assez nous exprimer la profonde satisfaction que lui causait notre arrivée. C'était la première fois que des Français venaient visiter les bords de la Kouma, et lui demander une hospitalité qu'il est à même d'exercer si largement. Chaque jour nous consacrions deux ou trois heures à examiner en détail les fabriques, les moulins, les filatures, les nombreuses plantations de son établissement, toutes choses qui ne cessaient d'exciter notre surprise et notre intérêt.

Comme économiste et administrateur, M. Rebrof peut être comparé aux hommes les plus éminents de l'Europe, et il a d'autant plus de mérite à s'occuper de ces questions industrielles, qu'il ne possède pas, ainsi que tant d'autres, la ressource des livres spéciaux. Ne connaissant que sa langue, fort pauvre en écrits de ce genre, il en est réduit à quelques mauvaises traductions d'ouvrages français et allemands, bien insuffisantes, s'il n'était secondé par une rare intelligence.

Ses jardins sont remplis de tous les fruits de l'Europe et de plusieurs espèces de raisins dont il tire un très-grand profit. Parmi ces derniers, je citerai celui de Schiras, qui n'a point de pepins et qui est d'une suavité incomparable. Je ne dois pas non plus oublier son excellent vin *œil de perdrix*, qu'il nous servait chaque jour, au dessert, avec une véritable satisfaction de fabricant. Rien ne flattait plus son amour-propre que de nous entendre le comparer aux meilleurs crus de France, comme nous le faisions au commencement de notre séjour, et de la meilleure foi du monde. Plus tard, notre enthousiasme se refroidit un peu, mais c'est égal; notre hôte n'en resta pas moins persuadé que son vin pouvait entrer en concurrence avec tout ce que la Champagne produit de meilleur!

Bientôt il fallut songer au départ, dire adieu à des amis que nous n'avions pas plus de chance de revoir, que tous ceux laissés déjà derrière nous. Hélas! une impérieuse destinée nous appelait vers les montagnes du Caucase où nous ne devions faire également qu'une rapide apparition, comme ces oiseaux voyageurs qui rasent vallées et montagnes pour courir après l'inconnu.

Certes, mon courage n'était pas épuisé, pas plus que mon désir de voir, mais en songeant à la vie bohémienne que je venais à peine de quitter, et que j'allais reprendre de nouveau avec ses fatigues et ses privations qui m'apparaissaient à travers mille craintes sérieuses, il m'était difficile d'envisager, avec la philosophie d'auparavant, toutes les chances de dangers contre lesquelles nous aurions à lutter dans le voisinage des Circassiens, héros de mille histoires épouvantables, s'il fallait en croire ce qu'on racontait d'eux!

Je me trouvais si bien dans ce beau séjour où l'on voulait nous garder à toute force jusqu'au printemps prochain! Il fallait presque de l'héroïsme pour résister. Toutefois cette disposition nouvelle d'esprit n'ébranla pas un moment ma résolution. Depuis longtemps notre itinéraire était tracé, il fallait le suivre sans s'inquiéter de ce qui pouvait nous advenir. D'ailleurs, en voyage, il faut être un peu fataliste et avoir confiance en sa destinée; autrement on n'aurait rien de mieux à faire que de rester au coin de son feu.

Ce fut à Vladimirofka que nous prîmes congé de notre escorte. Dorénavant la clochette de la droïka de poste devait remplacer ces cris de chameaux qui m'avaient tant effrayée dans le désert, au milieu du silence de la nuit. Une telle séparation nous affecta beaucoup plus qu'on ne pourrait le croire; mais ces bons Kalmouks, si empressés de nous être agréables, avaient été trop longtemps mêlés à notre vie, à nos impressions, à nos habitudes, pour que leur départ ne laissât pas un véritable vide autour de nous. Le faucon, notre fidèle pourvoyeur, eut, comme on le doit penser, une très-grande part dans mes regrets; et plus d'une fois, par la suite, je songeai à ses prouesses, en voyant passer au-dessus de ma tête des bandes d'outardes et d'oies sauvages. Retrouver, dans les steppes kalmoukes, cette chasse du moyen âge, presque perdue en Europe; n'était-ce pas une bonne fortune inespérée pour des voyageurs réduits à la monotonie du désert? Il me semble voir encore l'officier cosaque, avec son bonnet circassien, sa grande lance et ses longs étriers, galoper ventre à terre pour prendre le gibier palpitant sous l'étreinte du faucon, tandis que nos hommes dressaient la tente, débarrassaient les chameaux, allumaient le feu pour la cuisine et s'abandonnaient, en fumant leur tchibouk, à la quiétude qui suit toujours une journée laborieuse.

Étrange contradiction du cœur humain! Je me surprenais à regretter cette vie kalmouke, au moment même où le séjour de Vladimirofka semblait me l'avoir fait oublier!... La civilisation a certes bien des charmes; mais ce n'en est pas moins une chose des plus piquantes, que de coucher dans une tente de cinq pieds de longueur, au milieu d'une plaine aride; d'entendre les chameaux brouter l'herbe à quelques pas de l'endroit où repose votre tête ; de sentir les chiens fourrer leur museau sous le feutre qui vous sépare d'eux ; d'être entouré de tous côtés par des tribus à demi sauvages, auxquelles vous n'auriez à opposer, en cas d'attaque, que quelques mauvaises armes et une douzaine d'hommes dont le courage est négatif. Alors il se passe d'étranges phénomènes dans le cerveau ! On en vient à en douter de sa propre identité, à se croire presque Kalmouk, et à considérer les souvenirs d'une autre existence comme appartenant au domaine des songes !

Rien ne sert plus à entretenir l'esprit dans ce singulier état, que la facilité avec laquelle on s'habitue à tout ce qu'il a d'extraordinaire. Le vent gronde et vient vous glacer, vous ne le sentez pas ; les chiens hurlent à votre oreille, les chameaux remplissent l'air de leurs gémissements, sans que vous en tressailliez d'effroi. Je ne sais si c'est parce que l'on s'attend à tout, que l'on n'a peur de rien ; mais en réfléchissant à ce que j'éprouvais dans ces circonstances, je ne puis encore m'expliquer l'indifférence avec laquelle j'envisageais alors les réalités et les probabilités, dans le cercle desquelles nous étions renfermés.

Notre départ de Vladimirofka fut aussi triste que possible. Si la saison eût été moins avancée, nous nous serions sans doute oubliés plus longtemps dans les délices de cette nouvelle Capoue, mais il nous restait le Caucase à visiter, et le mois de septembre approchait de sa fin. Il fallait donc nous hâter de profiter des jours de soleil qui devenaient de plus en plus rares, et bientôt tout fut disposé pour le départ. Les gâteaux, les fruits et les provisions de toutes sortes, dont on bourra les poches de la brichka, étaient une dernière preuve de l'amitié de cette excellente famille, que je n'oublierai jamais. Notre intimité avait fait tant de progrès, que nous ne pûmes nous séparer sans chercher dans l'avenir quelque chance de nous retrouver. C'était une illusion, sans doute, mais elle servit du moins à rendre les adieux moins pénibles et moins amers!

Les chevaux de M. Rebrof nous conduisirent jusqu'à Bourgon-Madjar, propriété appartenant au général Skaginsky. Elle est située sur la Kouma, à une trentaine de verstes de Vladimirofka, et possède, comme cette dernière, de belles forêts et des points de vue admirables. Notre projet était d'abord de n'y demeurer que le temps nécessaire pour changer de chevaux; mais l'intendant qui nous attendait déjà depuis quelques jours, en avait décidé autrement, et pour lui complaire, nous dûmes perdre deux jours entiers dans sa compagnie. Cependant notre complaisance n'aurait pas été jusque-là, s'il ne nous eût mis dans l'impossibilité absolue de faire autrement. Dès le moment où nous entrâmes chez lui, il nous déclara, d'un air tout à fait décidé, que nous n'aurions de chevaux que le surlendemain. Nos réclamations, notre dépit, nos prières, tout fut inutile; il fallut forcément subir une tyrannie dont le motif, quoique flatteur pour nous, ne pouvait justifier l'inconvenance. La difficulté de nous comprendre sans le secours d'un drogman, ajoutait encore à notre embarras et à notre mauvaise humeur. Toute la conversation ne roula le premier jour que sur ces deux mots : *mojna* (vous pouvez rester), et *nilza* (c'est impossible). Mais à part la contrariété de sacrifier deux jours fort précieux, je dois ajouter que le temps s'écoula d'une manière fort agréable, notre hôte s'acquittant de son mieux de ses devoirs de maître de maison.

La première journée fut employée à visiter les bâtiments, les jardins, les vignes, les moulins, tout ce qui ressort de l'administration directe de l'intendant. Un ordre parfait régnait en toutes choses, comme si l'œil du maître eût veillé constamment sur cette belle propriété. Cependant le général Skaginsky ne la visite presque jamais, se contentant d'en toucher les revenus, qui s'élèvent à environ vingt mille roubles. L'écurie est remplie de très-beaux chevaux de selle qui nous donnèrent l'idée de faire une longue promenade dans la forêt. Nous vîmes encore des antilopes presque apprivoisées, dont la beauté et la douceur ne sauraient se décrire.

On en rencontre parfois des troupes entières dans cette partie des steppes. Les bois qui avoisinent la Koûma contiennent aussi des chevreuils et même des sangliers. L'intendant voulait absolument organiser une grande chasse à notre intention, et pour cela ne demandait qu'un seul jour de plus ; mais toutes ses instances furent inutiles, et nous prononçâmes un *nilza* si significatif, qu'il fut obligé de se soumettre à ce qu'il appelait notre entêtement.

Son désir de nous garder s'explique suffisamment par la profonde solitude dans laquelle il vit. Polonais de naissance, il a connu une autre condition que celle d'intendant, et ses goûts le prouvent. Il est poëte, musicien et bel esprit. Voilà trois qualités singulièrement incompatibles avec ses fonctions. Mais comme il est seul et qu'aucune volonté supérieure ne vient contrôler ses instincts, il peut se livrer, un Virgile en main, à tous les charmes de la vie champêtre. Une guitare, des livres choisis, et quelques inspirations poétiques lui forment, au milieu de ses prosaïques occupations, une existence tout intellectuelle, qui lui fait supporter plus patiemment ses fonctions subalternes.

Après avoir quitté Bourgon-Madjar, nous traversâmes l'emplacement où se trouvait jadis la célèbre *Madjar* dont le passé est encore un problème pour les historiens. Il n'en reste plus rien, pas même quelques briques qui puissent attester son existence. Les Russes l'ont emportée, morceau par morceau, pour bâtir leurs villages. Nous approchâmes ensuite rapidement du Caucase ; l'Elbrouz (la montagne la plus élevée de la chaîne) nous laissa apercevoir à différentes reprises sa tête majestueuse, presque toujours perdue dans les brouillards, comme pour se dérober à tout regard profane. La tradition nous apprend que, sur son sommet, se posa la colombe échappée à l'arche de Noé, et qu'elle y cueillit ce rameau mystique qui devint plus tard, pour les chrétiens, un doux symbole de paix et d'espérance.

Aussi les peuples du Caucase ont-ils pour cette montagne une profonde vénération : chrétiens, idolâtres ou musulmans, tous la regardent comme un lieu sacré.

Quoiqu'à peine hors des steppes, nous voyagions alors dans un pays enchanté ; des lignes indécises qui se dessinaient et se coloraient dans l'horizon, selon l'état du ciel, nous annonçaient de plus en plus distinctement les Alpes caucasiennes. Elles nous apparurent d'abord en légères fantaisies de brouillards, en vapeurs transparentes qui semblaient nager dans l'air selon le vent et les caprices de la lumière ; mais peu à peu cette fantasmagorie aérienne se changea en montagnes couvertes de forêts, en gorges profondes, en dômes couronnés de vapeurs. Nous rencontrâmes plusieurs cavaliers en costume circassien qui, par leur beauté mâle et fière, nous donnèrent un échantillon de cette race caucasique, la plus belle de l'Europe. Leur physionomie résolue et leur équipement militaire annoncent un peuple montagnard et guerrier; aussi habile à garder les troupeaux qu'à se servir de la carabine dans l'occasion.

Alors, nos facultés avaient peine à suffire aux émotions multipliées qu'éveillait en nous la vue d'une nature riche et vigoureuse étalant, malgré la saison avancée, une magnifique végétation et les teintes variées de ses forêts et de ses montagnes. Les perspectives déroulaient de plus en plus à nos yeux leur océan de pics, d'escarpements, de ravins, de sommets neigeux, dont nous pouvions saisir presque tous les détails. C'était beau, c'était magnifiquement beau, surtout à la pensée que tout cela représentait le Caucase!... le Caucase! nom qui évoque dans l'esprit tant de grandes pensées, tant de souvenirs historiques; auquel se rattachent les traditions les plus reculées, les croyances les plus fabuleuses; le Caucase.... d'où les historiens font descendre, dans les premiers âges du monde, les familles primitives, souches de tant de grandes nations! A lui tout ce qu'il y a de vague, de poétique dans les époques que nous ne pouvons voir qu'à travers le voile mystérieux de l'antiquité et surtout de l'imagination.

Mais quel malheur, au milieu de cet enthousiasme

de l'esprit, de cette extase de la pensée, que d'avoir à s'occuper des soins vulgaires du voyage et de retrouver à chaque pas de nouveaux sujets de contrariété! Parvenus à dix verstes au plus de Géorgief, nous fûmes arrêtés par la mauvaise volonté d'un écrivain qui refusa de nous donner ses chevaux, n'importe pour quel prix. Il pleuvait à verse; le hameau se noyait dans la boue, c'était bien le cas de le dire : nous ne savions réellement à quel saint nous vouer. Le Cosaque et Antoine coururent chez tous les paysans pour les engager à nous louer de leurs chevaux; mais les Russes sont si paresseux qu'ils aiment mieux perdre l'occasion de gagner de l'argent que de sortir de leur bienheureuse apathie. Après quatre heures de recherches infructueuses, nos deux pourvoyeurs vinrent enfin nous rejoindre avec trois misérables rosses qu'ils avaient enlevées de force à différents paysans. Faute d'une baraque pour nous abriter, nous avions passé tout ce temps dans la voiture. L'endroit où l'on avait dételé étant éloigné de toute habitation, force nous avait été de rester en plein air, malgré la pluie furieuse qui ne cessait de tomber. Notre piètre attelage ne parvint qu'à grand'peine à nous tirer du cloaque que la pluie avait formé autour de la brichka. Un brouillard épais, qui nous permettait à peine de voir à quarante pas de distance, augmentait encore le découragement dû à une si longue attente. Nous eûmes, jusqu'à Géorgief, la route la plus détestable qu'on puisse imaginer. Cependant le temps finit par s'éclaircir un peu, mais l'orage avait transformé en marécages les basses plaines que nous devions traverser, et rendu le passage des ponts presque impraticable. Des pentes rapides et fort étroites, où les chevaux pouvaient à peine se retenir, nous forcèrent plus d'une fois à mettre pied à terre, au risque de laisser notre chaussure dans la boue. Les quadrupèdes avaient une allure si dolente et paraissaient tellement épuisés, que nous désespérâmes longtemps d'arriver à Géorgief ce même jour; cependant, à force de coups, le *iemtchik* les décida à gravir la dernière colline qui nous séparait de la ville, et nous atteignîmes, à sept heures du soir, un large plateau au bout duquel s'élevait fièrement la forteresse qui domine la route conduisant au Caucase.

On nous avait avertis que nous trouverions la foire à Géorgief, et cela nous expliqua la rencontre d'un grand nombre de cavaliers se dirigeant, comme nous, du côté de la ville. Je dois avouer, en toute humilité, que je n'étais pas parfaitement rassurée, chaque fois qu'un de ces groupes passait à côté de notre voiture. Le mauvais temps, l'obscurité, la hardiesse avec laquelle ces montagnards s'approchaient de nous, et la vue de leurs armes à demi cachées sous leur bourka noire, tout conspirait à me faire craindre quelque malencontreuse aventure. Cependant nous arrivâmes sains et saufs à Géorgief.

Ceux qui n'ont pas voyagé ne sauraient comprendre la volupté que l'on éprouve lorsque, après de grandes fatigues et mille contrariétés, on se trouve installé, le soir, dans une bonne chambre, sur un large divan, assistant aux préparatifs du thé, et oubliant, dans un repos absolu, tout ce que l'on a souffert précédemment. Le corps se plonge alors dans une béatitude toute matérielle qui l'emporte sur les plus grandes jouissances de l'esprit. On est heureux d'aspirer la vapeur odorante sortant du sémawar; d'observer les apprêts du souper et du coucher, et surtout d'avoir en perspective quelques heures de délicieuse paresse avant le moment où il faudra se remettre en route.

Tandis que nous savourions ainsi les douceurs du repos, la clochette d'un péréclatnoy retentit tout à coup dans la cour, annonçant un nouvel arrivant. Mais nous nous inquiétâmes peu de cet incident, ayant pris la précaution, pour être plus à l'aise, de retenir pour nous seuls la chambre destinée aux voyageurs. En courant le monde, on devient malgré soi égoïste, surtout en Russie où l'on a si peu l'occasion d'être satisfait des choses et des hommes. Nous ne nous laissâmes donc nullement attendrir par lest ntements de plus en plus bruyants de cette clochette réclamant un gîte au nom du pèlerin attardé. Au bout de quelques minutes, une vive dispute parut s'engager à notre porte; nous reconnûmes, au milieu du bruit, la voix d'Antoine qui refusait avec beaucoup de résolution l'entrée de notre sanctuaire. Quant au maître de poste, son rôle semblait tout à fait négatif : il se bornait à dire de temps en temps, du ton le plus humble : *Né mojna polkovnick* (cela ne se peut pas, colonel). Un déluge de *dourak*, et quelques coups de poing distribués de côté et d'autre, mirent fin à la discussion; la porte s'ouvrit violemment, et nous vîmes un grand individu, le nez enfoncé dans son manteau, avancer la tête d'un air furieux, faire quelques pas dans la chambre, puis s'arrêter subitement, saluer de mauvaise grâce et s'enfuir lestement, sans même essayer de profiter de sa victoire. Antoine, tout étonné d'une aussi brusque retraite, s'empressa de refermer la porte qu'il avait si bravement défendue, après quoi il nous raconta que cet officier, sans vouloir écouter la moindre explication, avait menacé, si on le poussait à bout, de nous faire jeter dans la rue pour prendre notre place. Cela ne nous surprit pas le moins du monde, car, en Russie, c'est chose habituelle qu'un colonel agisse ainsi à l'égard de ses inférieurs; et celui-ci ignorant que nous fussions étrangers, s'était montré fidèle aux manières cavalières en usage dans son pays; mais il avait été quelque peu déconcerté en reconnaissant en nous autre chose que des *pometchiks* de village, aussi ses prétentions avaient-elles abouti au dénoûment comique que j'ai rapporté. Nous nous amusâmes infiniment de sa déconfiture, le laissant, grâce à sa rodomontade, chercher, sans pitié, un gîte ailleurs. Il remonta donc sur son péréclatnoy et s'éloigna fort en colère, maudissant sans doute du fond du cœur cette sotte aventure.

Une demi-heure ne s'était pas écoulée depuis son départ, qu'une autre voiture déposa dans la cour un second officier qui, beaucoup plus modeste dans ses prétentions, se contenta d'une mauvaise cuisine, séparée seulement de notre chambre par une légère cloison. A peine son installation achevée, le silence fut interrompu de nouveau par de bruyants coups de fouet plus que suffisants pour mettre le pauvre maître de poste dans tous les états. Pensant qu'il n'y avait aucune raison pour que cela ne durât pas toute la nuit, nous ne daignâmes même pas faire attention à ce nouvel incident; mais aussitôt des mots français, coupés d'éclats de rire, frappèrent nos oreilles et excitèrent vivement notre curiosité. On narrait tout simplement, et de la manière la plus plaisante, ce qui venait de se passer, récit assaisonné de mille réflexions railleuses sur la manie qu'ont les femmes de voyager et d'encombrer tous les hôtels. Ces boutades, comme bien on le pense, nous firent reconnaître immédiatement, dans l'orateur, le héros même de l'aventure. En forme de péroraison, il raconta qu'ayant vainement couru les rues de Géorgief et frappé à toutes les portes, il n'avait eu d'autre parti à prendre que de revenir à cette maudite station, au risque de coucher dans l'écurie; mais qu'instruit alors de l'arrivée d'un camarade et de son installation dans une cuisine, il s'était décidé à solliciter de lui la faveur de partager son taudis. Notez que toutes ces explications étaient données en français pour nous empêcher de les comprendre : c'était vraiment piquant : l'entretien devint bientôt si confidentiel que nous dûmes, à notre tour, élever la voix pour engager nos voisins à revenir à leur langue maternelle. Pendant toute la nuit ils ne firent que fumer, boire du thé et se conter des histoires.

Le lendemain, ayant appris par le maître de poste que nous étions Français, ils le chargèrent de nous demander, en leur nom, la permission de venir s'excuser du dérangement qu'ils nous avaient causé la veille. Il nous fut facile de reconnaître en eux des hommes habitués à la bonne société. Nous rîmes beaucoup ensemble de notre rencontre imprévue aux confins de l'Europe et des circonstances plaisantes qui l'avaient précédée.

Nous quittâmes en même temps qu'eux la station, après un déjeuner pris en commun. Chacun de ces aimables étourdis monta dans son péréclatnoy, l'un pour prendre la route de la Perse, et l'autre pour se diriger vers le nord. Quant à nous, ayant l'intention de passer quelques jours à Géorgief, afin de laisser un peu sécher la route, nous acceptâmes la proposition que nous fit le commandant général de la forteresse, d'aller loger chez lui. La boue était tellement profonde dans la cour de la station de poste, qu'il nous fallut, pour atteindre la calèche mise à notre disposition, passer sur un pont de planches construit exprès pour nous. Les palefreniers se voyaient obligés d'aller à cheval d'un point de la cour à un autre, ainsi que tous ceux qui avaient affaire dans la maison. En traversant la rue, nous aperçûmes un malheureux paysan embourbé jusqu'à la ceinture, faisant des efforts désespérés pour tirer de là sa voiture et ses bœufs. Cela nous rappela une charge assez spirituelle de M. Taïtbout de Marigni, sur la boue d'Odessa. Dans un petit cadre, il avait représenté une rue de cette ville telle qu'on en voyait, il y a une trentaine d'années, encombrée de drochkys, de voitures et de cavaliers à moitié renversés dans la fange. Sur le premier plan, un homme, enfoncé jusqu'aux épaules dans ce cloaque, semblait prendre en pitié ses compagnons d'infortune dont les efforts n'aboutissaient qu'à rendre leur situation plus critique. La tête haute, le corps immobile, la main étendue en avant, tout dans sa pose et sa physio-

nomie, expliquait les mots écrits au bas du dessin :
Je mé fixe ici.

Nous trouvâmes, dans le général qui nous avait offert avec tant de courtoisie l'hospitalité, un grand admirateur de notre pays, ayant le mérite, si rare chez les Russes, d'énoncer franchement ses opinions. Fait prisonnier à la bataille d'Eylau, il avait passé plusieurs années en Lorraine, et avait puisé dans ce long séjour au milieu de nous, son vif enthousiasme pour la France.

Il nous donna maints renseignements sur les tribus du Caucase, portant l'obligeance jusqu'à faire venir chez lui un grand nombre de *Kabardiens*, que la foire avait attirés à Géorgief. Parmi les chefs reçus à sa table, nous en remarquâmes un dont la figure belle et sévère et l'air un peu farouche excitèrent assez vivement notre curiosité. Le général s'en aperçut et prévint notre désir, en nous racontant tout ce qu'il savait sur l'histoire de ce montagnard. Je le laisserai parler lui-même, pour changer le moins possible le caractère de son récit.

« Il y a deux ans à peu près, j'avais reçu l'ordre de faire une tournée parmi les tribus soumises du Caucase, et ma mission touchait presque à sa fin, lorsque, en arrivant un soir en vue d'un aoule situé sur une montagne dont vous pouvez apercevoir d'ici le sommet, je remarquai qu'une grande agitation régnait dans tout le village. Suivi d'un détachement de Cosaques, j'avais peu de motifs d'inquiétude, même en cas de révolte. Cependant je ne crus pas inutile de prendre quelques précautions, et je convins, avec le chef du détachement, de la conduite à tenir si nous étions attaqués. L'esprit en repos de ce côté, je précédai de quelques centaines de pas ma petite troupe, et jouant le rôle d'éclaireur, je m'approchai à pas de loup d'un endroit où se trouvait rassemblée toute la population. Grâce autant à l'obscurité qu'à la bourka qui m'enveloppait, personne ne prit garde à moi, et je pus tranquillement faire mes observations.

« Lorsque mes regards furent un peu familiarisés avec les lieux, je m'aperçus que le gros de la foule entourait les débris d'une maison paraissant avoir été tout récemment la proie des flammes. La fumée noire et les étincelles qui en sortaient encore, jetaient sur ces ruines quelque chose de menaçant et de lugubre, en harmonie avec l'état du ciel plein de menaces. Sans rien savoir de ce qui venait de s'accomplir, je ne doutai pas que cet incendie ne se rattachât à quelque scène de violence et même de meurtre ; car je connaissais de longue date ces montagnards dont les passions violentes ne trouvent que trop d'aliments dans la fausse position où ils sont placés, tant vis-à-vis des Russes, qu'ils détestent tout en subissant leur pouvoir, qu'à l'égard des tribus libres, qui ne peuvent leur pardonner leur soumismission forcée. En examinant avec plus d'attention les groupes formés autour de la maison, je remarquai, couché à terre, la figure couverte de son manteau, un Kabardien que chacun regardait avec un sentiment de pitié et de respect. De plus en plus intrigué, et ne voyant aucune imprudence à me faire connaître, j'allais adresser quelques questions à l'un de mes voisins, lorsqu'un bruit de chevaux vint faire tout à coup diversion aux pensées de la foule. C'était mon détachement dont l'inquiétude pour moi avait accéléré la marche. Tous les montagnards entourèrent aussitôt mes soldats, mais sans aucune des manifestations hostiles qui nous avaient accueillis dans les autres aoules. Une puissante préoccupation semblait dominer tous les esprits, et leur faire même oublier le sentiment de haine qu'inspire à ces populations la vue seule d'un Cosaque.

« Une fois reconnu, je donnai les ordres nécessaires pour faire camper ma petite troupe, puis, quand tout fut disposé pour passer tranquillement la nuit, je m'acheminai de nouveau vers le lieu où ma curiosité avait été si vivement excitée. Je retrouvai le montagnard, toujours étendu sur le sol, ressemblant à un cadavre, sous la bourka noire qui le recouvrait. Quelques femmes se tenaient accroupies autour de lui. L'une d'elles, fort jeune et moins affectée que les autres, satisfit enfin mon impatience, et son récit me fut bientôt confirmé par la population entière du village.

« L'individu, gisant devant sa maison incendiée, était le chef de l'aoule, et appartenait à une famille princière qui vivait dans l'indépendance au milieu de ses montagnes. A l'âge de vingt ans, cet homme avait eu le malheur de devenir le rival de son frère aîné, et pour posséder la femme de son choix, n'avait trouvé qu'un moyen, celui de l'enlever et de venir se mettre sous la protection de la Russie. Cet acte, le plus infâme dont un montagnard puisse se rendre coupable, lorsqu'il le fait librement, resta longtemps impuni au milieu des guerres engagées entre la Russie et les tribus du Caucase. Pendant plus de quinze ans, le transfuge vécut tranquille sans qu'aucun indice pût lui faire supposer que son frère s'occupât encore de lui. Sa femme était morte au bout de quelques années, le laissant père d'une fille qui devint si belle en grandissant, que toute la tribu lui donna le nom de Rose de la montagne.

« Maintenant, expliquons la cause de la catastrophe en question. La veille du jour où j'arrivai dans l'aoule, quatre montagnards libres s'y étaient présentés en amis, pour annoncer au chef que son frère étant mort, il pouvait retourner dans ses montagnes, sans avoir à craindre aucun danger. Les étrangers passèrent la nuit sous son toit et firent mille tentatives pour le décider à les suivre. Le lendemain, n'ayant pu vaincre son obstination, ils mirent le feu à sa maison, le frappèrent de plusieurs coups de poignard, et, s'emparant de sa fille, partirent au grand galop, avant que le trouble occasionné par leur double attentat permît de songer à les poursuivre. D'ailleurs la plupart des habitants étaient alors aux champs : lorsque je survins, à la tombée de la nuit, toute chance d'atteindre les meurtriers était perdue.

« Inutile de vous dire, n'est-ce pas, que cette victime de la vengeance d'un frère était le même Kabardien qui vous a intéressés. Bien qu'on m'assurât qu'il était mort, je le fis transporter dans une maison où les soins les plus empressés lui furent prodigués. Au bout d'une heure, il ouvrit les yeux, et son état finit par offrir quelque espoir. Notre connaissance, commencée d'une manière si dramatique, devint bientôt aussi intime que peut l'être la liaison d'un général russe et d'un chef montagnard.

« Mais, pendant longtemps, toute mon influence sur l'esprit de ce malheureux père fut impuissante à combattre le désespoir et la soif de vengeance où l'avait jeté l'enlèvement de sa fille. A la tête des hommes les plus déterminés de son aoule et de quelques Cosaques, il essaya de pénétrer, à différentes reprises, dans les montagnes où vivaient les siens ; tentatives qui n'eurent d'autre résultat que des combats acharnés et de cruelles représailles. Une quatrième attaque était encore projetée, lorsqu'il y a deux mois à peine, nous apprîmes par un espion, que la *belle Rose de la montagne* avait été expédiée à Trébizonde, pour aller de là faire l'ornément de quelque harem de Constantinople.

« Depuis ce temps, l'humeur sauvage du Kabardien s'est sensiblement adoucie; l'idée que sa fille n'est plus dans ces montagnes détestées, est comme un baume pour ses blessures morales. Il a fini par se rapprocher des officiers de la garnison auxquels son histoire avait inspiré un vif intérêt. A sa requête, j'ai sollicité pour lui un grade dans la garde de Sa Majesté l'empereur Nicolas, et j'espère que bientôt il s'éloignera de ces lieux, qui lui retracent de si terribles souvenirs. »

Ce récit, fait en excellent français, jeta sur le chef circassien un nouveau prestige. Sa belle figure, son courage, ses malheurs, tous les événements de sa vie si remplis de poésie et de passion, le posèrent devant nous comme un véritable héros de roman.

CHAPITRE XII.

Départ de Géorgief. — Vallée de la Pod-Kouma. — Piatigorsk. Le pavillon d'Éole. — Un charmant docteur. — Postes de surveillance entre Piatigorsk et Kislovodsk. — Paysages. — Détails sur la vie des eaux du Caucase.

C'est à Géorgief, ancienne capitale du gouvernement du Caucase, que nous dîmes définitivement adieu aux steppes de la Kouma, à leurs chameaux et à leurs tribus nomades, pour prendre possession d'une autre nature dont la beauté remarquable et les sites pittoresques devaient amplement nous dédommager de la monotonie à laquelle nos yeux n'avaient été que trop longtemps habitués dans les déserts de la mer Caspienne.

A notre départ de Géorgief, un temps lourd, gris, humide, avait remplacé le soleil éclatant qui nous avait favorisés pendant quelques jours. La teinte sinistre du ciel et les nuages pesants qui rasaient la surface du sol, exerçaient sur nous une influence morbide à laquelle nous opposions en vain la pensée que chaque pas nous rapprochait de ce Caucase, objet depuis si longtemps de notre préoccupation continuelle. C'était à peine si les brouillards qui couronnaient quelques mamelons isolés, nous laissaient deviner la grande chaîne des Alpes, dont la ligne noire se perdait au fond d'un horizon brumeux. Une immense plaine, noyée dans les vapeurs, s'étendait devant nous, n'offrant à nos yeux que de grandes flaques d'eau et des effets d'optique qui déroutaient tous nos calculs.

De Géorgief à Piatigorsk, principal établissement des eaux, la route parcourt, pendant plus de trois heures, cette plaine désolée où le regard ne trouve à se reposer que sur quelques cimes de forme conique, surgissant çà et là du sol, et interrompant à peine la triste uniformité des alentours. L'épaisseur de l'atmosphère était tellement intense que, par moment, nous pouvions à peine distinguer la tête des chevaux, ce qui, joint au froid glacial dont nous étions pénétrés, rendait notre situation peu séduisante. Aussi, l'ennui nous gagnait-il insensiblement, et plus que l'ennui; une apathie pleine de malaise qui nous avait été jusqu'alors étrangère. Ce ciel sombre, sans aucune éclaircie pour en adoucir la sévérité, cette plaine immense, que rendait encore plus triste une absence totale de vie, et par-dessus tout peut-être, l'idée que d'un instant à l'autre nous pouvions rencontrer les terribles Circassiens, étaient plus que suffisants pour nous démoraliser complétement.

Les deux Cosaques que le général commandant de Géorgief nous avait donnés pour escorte, tout préoccupés qu'ils étaient eux-mêmes des dangers de la route, me semblaient peu propres à calmer nos craintes; mais ce fut surtout lorsque la route quitta définitivement la plaine pour côtoyer le flanc d'une vallée profonde, au fond de laquelle mugissaient les eaux de la Pod-Kouma, que leur physionomie trahit une véritable anxiété. Ils ne cessaient de regarder de côté et d'autre, comme s'ils eussent redouté partout une embuscade. Bientôt ils s'arrêtèrent et appelèrent notre drogman, pour lui montrer un endroit dont leurs yeux semblaient ne pouvoir se détacher. L'un d'eux se mit à parler avec volubilité; à ses gestes expressifs, nous ne pûmes douter qu'il ne racontât quelque histoire tragique arrivée dans le lieu même. En effet, Antoine nous apprit qu'au point même où nous nous trouvions, une jeune dame polonaise avait été assaillie, l'année précédente, par plusieurs montagnards embusqués dans le lit du torrent. Cette dame se rendait aux eaux de Kislovodsk, accompagnée d'une escorte et de deux ou trois domestiques. Sa suite fut en partie massacrée, sa voiture pillée, et elle-même disparut sans que les recherches les plus actives aient pu jeter aucun jour sur son sort. Un des Cosaques, échappé par miracle au feu des Circassiens, partit ventre à terre pour Géorgief, et revint peu d'heures après sur le théâtre de la catastrophe, suivi d'un détachement de cavalerie. La voiture, complétement brisée, était dégarnie de tous ses coffres ; plusieurs cadavres, horriblement mutilés et dépouillés de leurs armes, gisaient à terre ; mais, ni le corps de la jeune dame, ni celui de sa femme de chambre ne purent être retrouvés. Il est à supposer que les Circassiens les emmenèrent dans leur aoule, comme le trophée le plus précieux de leur sanglante expédition.

Le récit de cette aventure, aussi sinistre que récente, fait dans l'endroit même où elle avait eu lieu, fit passer en moi un petit frisson bien voisin de la peur, pourquoi n'en conviendrais-je pas ? Je voyais des brigands partout, jusque dans la figure pacifique des Cosaques. Qu'on juge donc de ma terreur, lorsque la brume, s'éclaircissant tout à coup, nous permit de distinguer, à cent pas de la route, un groupe de cavaliers, bien propre à réaliser les fantômes de mon imagination. Le doute n'était pas permis. Les hommes armés qui s'avançaient lentement étaient bien ces montagnards redoutables, héros de tant d'aventures tragiques. Le cri d'effroi que je laissai échapper à leur vue fut heureusement entendu d'un de nos Cosaques, qui s'empressa de venir me rassurer, en m'apprenant que ces montagnards appartenaient à une tribu alliée de la Russie. Néanmoins, malgré la conviction qu'ils ne pouvaient nous être hostiles, je ne les vis pas défiler devant nous avec un sang-froid parfait, quoique la troupe se composât tout au plus de cinq ou six cavaliers; mais elle avait dans son ensemble quelque chose de menaçant, d'agressif, puis-je dire. Jamais je n'oublierai le regard de colère que jetait chaque cavalier sur nos Cosaques, en passant à côté d'eux. Du reste, ce fut la seule manifestation qu'ils se permirent, pour exprimer la haine qu'ils gardent au fond du cœur pour tout ce qui leur rappelle la Russie. Sous la bourka noire qui les recouvrait à moitié, on voyait briller leurs pistolets et leurs poignards damasquinés. Au moment de disparaître à nos yeux, ils se dessinèrent en plein sur le sommet d'une colline. Leur étrange aspect, leur tournure belliqueuse et leurs coursiers vigoureux, empruntaient au brouillard quelque chose de fantastique, qui me fit songer involontairement aux guerriers du Nord, chantés par Ossian.

Mais laissons de côté nos impressions personnelles, pour convenir que les Circassiens sont les hommes les plus fiers et les plus beaux qu'il soit possible d'imaginer. A la perfection des formes, à la grâce des mouvements, ils unissent la force du guerrier et l'agilité merveilleuse du montagnard. Habitué dès son enfance aux exercices violents, à vivre aussi libre que l'aigle de ses montagnes, et à détester tout ce qui peut porter atteinte à son indépendance, le Tcherkesse représente noblement au fond du Caucase les dernières traces de l'esprit chevaleresque et belliqueux qui jeta tant d'éclat sur les peuples du moyen âge. C'est à cheval surtout qu'il faut le voir avec son pittoresque costume, sa souplesse et ses évolutions brillantes, pour juger combien cette race caucasienne est supérieure, pour la beauté physique, à toutes les autres.

La contrée, jusqu'alors si monotone, se revêtit d'un tout nouveau caractère, dès que nous eûmes laissé les Tcherkesses derrière nous. A la vaste plaine que la route avait d'abord parcourue si librement, succéda une rampe bordée d'un côté par le lit profond de la Pod-Kouma, et de l'autre, par des montagnes aux escarpements abrupts qui rendaient notre marche de plus en plus difficile et périlleuse. Mais combien cet inconvénient était racheté par l'aspect grandiose des sites qui nous environnaient! A notre gauche, à une profondeur de plus de quatre-vingts mètres, roulaient les flots rapides de la Pod-Kouma, charriant une immense quantité de gravier, de débris de rochers et d'arbres minés par l'action incessante des eaux ; la montagne des Serpents, couverte de forêts impénétrables et affectant la forme d'un pain de sucre, s'élevait, sombre et isolée, à quelques verstes du point où nous étions; tandis que dans l'éloignement, la grande chaîne du Caucase, se dessinant insensiblement à nos yeux, nous montrait ses neiges éternelles, ses pics et ses brouillards que commençaient à colorer quelques rayons d'un soleil couchant. A notre droite, la chaîne secondaire qui suivait parallèlement la vallée étroite du torrent, s'élevant par degrés, nous permit bientôt d'apercevoir le majestueux Bechtau, dressant ses cinq pointes colossales au-dessus des collines environnantes. C'était un beau et grand spectacle. La nature semble avoir choisi le Caucase pour y étaler toute sa puissance et sa majesté : elle n'a rien oublié pour faire de cette contrée l'une des plus pittoresques du monde. Plusieurs écrivains ont déjà fait connaître la richesse de son sol, l'immense variété de ses fleurs et de ses plantes, la plupart inconnues ailleurs; la vertu médicinale de ses eaux, la beauté de son climat, mais il faudra bien des années encore pour qu'il soit possible de l'étudier avec soin et de pénétrer dans ses hautes vallées, sur ses larges plateaux habités par tant de nations belliqueuses qui les rendent inabordables aux Européens.

La lutte établie entre les montagnards du Caucase et la Russie, lutte opiniâtre, acharnée, tenant depuis si longtemps l'Europe attentive, jetait sur ces montagnes l'attrait indéfinissable qui s'attache toujours à l'actualité, cette enchanteresse dont le pouvoir sait rendre prestigieuses jusqu'aux choses les plus ordinaires de la vie. Mais là son rôle était glorieux, car elle évoquait devant nous tout ce qu'il y a de noble et de grand dans l'histoire d'un peuple. La vue de ces hauts sommets, de ces aiguilles se perdant dans les nuages, de ces monts revêtus d'immenses forêts, remplissait notre cœur d'enthousiasme et d'admiration pour les *Tcherkesses*, qui ont fait de chaque pic un rempart de liberté et de patriotisme. Envisagés sous ce point de vue, loin de s'offrir à notre pensée comme d'audacieux brigands, ils nous apparaissaient comme d'intrépides et héroïques martyrs, prêts à mourir plutôt que de permettre à l'étranger de souiller leurs montagnes.

Pendant plus d'une demi-heure, nous gravîmes assez péniblement une rampe étroite et rapide, sans qu'aucun signe nous annonçât Piatigorsk. Nul être vivant, nulle cabane ne se montrait à nos yeux. A peine la solitude était-elle troublée par quelques vautours de la plus grande espèce, passant silencieusement au-dessus de nos têtes. Mais le point culminant de la route atteint, nos regards purent embrasser à la fois la vallée, Piatigorsk, les villas disséminées sur les hauteurs, tous les détails d'un délicieux paysage jeté comme par hasard, au milieu des scènes sauvages et grandioses des Alpes caucasiennes.

De là, nous n'eûmes plus qu'à descendre une pente d'une verste environ, pour atteindre les premières maisons de Piatigorsk. Ce n'est que depuis une dizaine d'années qu'on peut, sans courir de grands risques, aller en voiture aux eaux. Avant cette époque les Circassiens d'une part, et de l'autre le mauvais état des chemins, faisaient de ce voyage une entreprise périlleuse sous tous les rapports. Maintenant, grâce à quelques travaux d'art et au grand nombre de postes de surveillance établis sur toute la ligne, les eaux du Caucase sont fréquentées annuellement par plus de quinze cents personnes, qui viennent de toutes parts de l'empire y chercher le plaisir ou la santé. Les catastrophes sont des plus rares; depuis celle que j'ai rapportée, aucun événement de ce genre n'est venu effrayer le pays.

A notre arrivée à Piatigorsk, nous descendîmes chez le docteur en chef des eaux, pour qui nous avions des lettres de recommandation, et qui nous reçut de la manière la plus aimable et la plus empressée. Dès le lendemain, malgré ses nombreuses occupations, ses soixante-cinq ans et un brouillard très-épais, il voulut à toute force nous servir de cicérone pour nous accompagner sur les montagnes, complaisance d'autant plus méritoire, qu'une pluie fine et des sentiers glissants devaient rendre une telle ascension fort peu attrayante pour quiconque n'était pas stimulé par la curiosité. Je dirai, en passant, que nous eûmes un temps affreux pendant notre séjour aux eaux. Par une dérision du sort, les montagnes que nous étions venus chercher de si loin, au sein desquelles nous nous trouvions, restaient invisibles à nos yeux, comme ces divinités qu'un voile impénétrable dérobe aux regards avides de la foule. C'est à peine si de nos croisées nous pouvions apercevoir la base du Bechtau, dont deux verstes au plus nous séparaient.

Notre première visite fut pour la source d'Alexandra, qui porte le nom de l'impératrice : ses eaux sulfureuses ont une chaleur de plus de trente-huit degrés Réaumur. Un vaste établissement où l'on arrive par un escalier construit dans le roc, offre aux baigneurs toutes les facilités nécessaires à leur traitement. Beaucoup d'autres sources thermales sont répandues sur la plupart des hauteurs qui entourent Piatigorsk. Les travaux qu'on a dû exécuter pour en rendre l'accès facile, font honneur à la sollicitude du gouvernement russe. Sur des rochers qui paraissent inaccessibles, le regard découvre des constructions élégantes, des sentiers se croisant en tous sens, des terrasses et des plantations d'arbres, dont la présence dans ces lieux sauvages ferait croire à un caprice de fée. On a construit, sur un des pics les plus élevés, un monument octogone, surmonté d'une jolie coupole azur ; les colonnes qui le soutiennent sont entourées à leur base d'une élégante balustrade. L'intérieur de l'édifice, ouvert à tous les vents, contient une harpe éolienne, qui prolonge ses sons mélancoliques jusqu'au fond de la vallée, après s'être mêlés à tous les échos des montagnes voisines. C'est au docteur Conrad, notre hôte, qu'on doit cette gracieuse idée. Passionné pour la musique, en véritable enfant de la Germanie, il a compris tout ce que ces sons aériens, venant comme du ciel, pouvaient avoir d'heureuse influence sur le moral de ses malades. Ce petit temple, surnommé le pavillon d'Éole, entouré d'arbres, de vignes sauvages, de fleurs, doit être l'endroit favori de ceux qui aiment rêver, et contempler dans la solitude les scènes sublimes de la nature. De sa terrasse, la vue est d'une beauté incomparable ; mais pour en juger, il aurait fallu que nous fussions un peu mieux favorisés par le temps. Néanmoins notre bon docteur, par sa description colorée, poétique, suppléa à ce que nous ne pouvions voir, et nous consola en quelque sorte de notre mésaventure. Il faut aussi convenir que les cimes coiffées de vapeurs, et les forêts noyées dans les nuages, avec leurs vagues et fantastiques silhouettes, avaient quelque chose d'assez étrange pour que notre ascension ne fût pas complétement inutile.

Plusieurs grottes naturelles et artificielles disséminées sur la montagne, servent de lieu de refuge dans les grandes chaleurs. Au dire du docteur, rien n'est plus amusant que d'aller s'y asseoir à l'heure des bains. Tous les sentiers se couvrent alors de jolies baigneuses et d'élégants buveurs d'eau, offrant aux yeux de l'observateur les types les plus variés, depuis les traits du prince tatar de la Crimée jusqu'à ceux de la belle Géorgienne de Tiflis. En Russie, la société possède un rare avantage, celui de ne pas présenter la fatigante monotonie qui vous poursuit dans presque toutes les contrées de l'Europe. A Saint-Pétersbourg comme à Kief, comme à Moscou, comme à Odessa ; dans les salons d'un gouverneur comme dans un établissement public, on a le plaisir de passer en revue des gens de tous les pays, et de faire dans une seule soirée une étude de races et de physionomies, aussi complète qu'originale.

Le plus beau quartier de Piatigorsk, occupant le fond de la vallée, présente deux lignes d'élégantes habitations s'appuyant sur le roc vif, et faisant face à une promenade ornée de beaux arbres et de canapés. La population ordinaire de la ville se borne aux employés du gouvernement, à la garnison, à quelques malades incurables qui y passent toute l'année.

Les bâtiments de la couronne sont assez nombreux; outre les établissements de bains qui rentrent dans son domaine, on compte encore une église grecque, un immense hôtel pour les étrangers, une salle de concert, une maison de charité, un hôpital pour les officiers blessés revenant du Caucase, une caserne de défense, etc.

Au résumé, Piatigorsk est moins une ville qu'une réunion de délicieuses maisons de campagne habitées pendant quelques mois par une aristocratie riche et puissante. Tout y est coquet, tout y porte le cachet de luxe, que les Russes nobles aiment à mettre en toutes choses. Là, rien ne vient attrister les yeux, ni resserrer le cœur; point de classe pauvre, point de métiers pénibles, point de cabanes, partant point de misère. C'est un lieu fortuné qui ne doit offrir aux dames et aux princes, aux courtisans et aux généraux de l'empire, que des images riantes, choisies dans tout ce que la nature et l'art ont de plus séduisant. Comment les eaux du Caucase ne seraient-elles pas souveraines avec tant d'éléments de succès? Comment les personnes atteintes d'affections de poitrine, de maladies nerveuses et de peines du cœur, ne renaîtraient-elles pas à la santé en respirant l'air vivifiant des montagnes, en s'enivrant des notes mystérieuses de la harpe éolienne, en dansant chaque soir et en prenant des douches?... Aussi que de guérisons merveilleuses n'a-t-on pas à citer chaque année! Le docteur, en homme d'esprit, se méfiant sans doute de l'efficacité des eaux, a pour sa part contribué largement à faire de Piatigorsk un véritable paradis terrestre. Mais il faut reconnaître qu'il a été parfaitement compris et secondé par l'empereur, toujours disposé à mettre de la magnificence dans les choses les plus superficielles. Ici le raffinement est poussé si loin, que les belles dames de Moscou et de Saint-Pétersbourg, fort indolentes d'habitude, peuvent se rendre aux diverses sources sans sortir de leur voitures, traînées par de fringants attelages; et pourtant les sources sont presque toutes à quelques centaines de mètres au-dessus de la vallée! Que de corvées, que de peines, que de misères représentent ces chemins si commodes! Il n'y a vraiment que le gouvernement russe capable de faire de telles galanteries!

Maintenant, je dois dire quelques mots de l'excellent docteur chez qui nous trouvâmes un si cordial accueil. Notre bonheur habituel, auquel nous devions déjà tant de charmantes relations, nous accompagna à Piatigorsk en nous rendant les hôtes du docteur Conrad, qui joue aux eaux du Caucase le rôle d'un petit souverain. Bavarois de naissance, il se trouvait attaché à la direction de ces eaux depuis une vingtaine d'années. Plein de zèle, de talents et de dévouement pour l'humanité souffrante, il finit par s'attirer l'attention de l'empereur qui, dans différentes occasions, lui donna des preuves de sa haute estime.

A l'époque où nous le connûmes, c'était un homme de soixante ans environ, portant une de ces physionomies pleines de finesse et de bonté, dont le type, presque perdu, nous rappela les médecins de la vieille école. Habit noir, large tabatière à la main, jabot bien plissé, col de chemise montant jusqu'aux oreilles, regard observateur, figure de parchemin et quelque peu de surdité; tels étaient ses traits distinctifs. Je ne pouvais m'empêcher, en le voyant, de le comparer à ces anciens portraits de l'école flamande, qui unissent à la perfection des détails tant de vie, de couleur et de naïveté! A notre grande surprise, vu son âge, son infirmité et son genre d'occupation, nous trouvâmes en lui un pianiste passionné, consacrant à son art chéri tous les instants dont il pouvait disposer. Familier avec les compositeurs anciens et modernes, il puisait dans leurs œuvres comme on puise à même d'un vase plein de pierres précieuses, passant des adagios les plus mélancoliques aux variations les plus vives, de même qu'aux ouvertures les plus grandioses, tout comme s'il avait eu sous les yeux les partitions de Beethoven ou de Mozart. Favorisé d'une mémoire prodigieuse, il interprétait les grands maîtres sans avoir besoin de musique sous les yeux.

Que de soirées charmantes nous avons passées à

l'entendre exécuter, tantôt quelque fugue de Sébastien Bach, tantôt quelque improvisation triste ou joyeuse, selon la fantaisie du moment, unissant à la mélancolie germanique, tout le *brio* italien.

On conçoit quel charme devait avoir pour des oreilles si longtemps condamnées aux cris des chameaux du désert, de semblables soirées! C'était une source de délicieuses sensations, retrouvée tout à coup dans un coin du Caucase, à laquelle nous nous abreuvions avec une volupté inexprimable. Aussi conserverai-je un éternel souvenir de ce bon docteur pour tout le plaisir qu'il nous a causé.

Du reste, j'ai rarement rencontré de nature plus sympathique que la sienne. A l'âge où tant d'hommes sont blasés, grognons, désabusés de tout, il aime la poésie, la musique, la nature, comme s'il n'avait que vingt ans. Le soir de sa vie est plus radieux que bien des jeunes existences. Ses salons sont remplis de tableaux, d'albums, de portraits, qui lui ont été laissés en grande partie par ses nombreux malades, et qu'il conserve avec un soin religieux.

Quoique la saison des eaux fût passée lors de notre arrivée, il avait encore chez lui quelques pensionnaires qui donnaient beaucoup d'agrément à nos réunions du soir. Parmi ceux-ci, se trouvait un jeune officier russe, arrivé depuis peu d'une excursion contre les Circassiens. Deux blessures assez graves le forçaient à demeurer tout l'hiver à Piatigorsk. Ce qu'il nous raconta de la campagne qu'il venait de faire, et des terribles épisodes dont il avait été témoin, nous fit plus d'une fois frissonner. Les Russes payèrent cher la prise de quelques villages incendiés. La moitié des leurs resta sur place avec une perte de plus de cent vingt officiers. Un des amis du blessé recueillit une charmante petite fille circassienne ayant eu sa mère tuée sous ses yeux. Vivement ému de l'horrible position de cette enfant, restant orpheline sur un champ de bataille, l'officier la mit en croupe sur son cheval, et regagna le camp avec cette prise d'un nouveau genre. A son arrivée à Piatigorsk, il s'empressa de placer sa protégée dans une pension tenue par des dames françaises. Nous allâmes la voir, et revînmes enthousiasmés de sa beauté, qui promettait de soutenir la réputation des femmes de son pays.

Le temps, complice peut-être de nos secrets désirs, mit pendant une huitaine de jours obstacle à toute longue course : réellement nous avions besoin de cette relâche dans nos habitudes nomades. Ces huit jours se passèrent dans un repos et une douce intimité qui nous rappelaient le séjour de Vladimirófka. Mais le soleil, auquel nous ne songions plus le moins du monde, fit un beau matin irruption à travers les brouillards, et nous rendit un peu malgré nous à nos excursions aventureuses.

Dès le lendemain nous partîmes pour Kislovodsk, situé dans l'intérieur des montagnes, à quarante verstes de Piatigorsk, et possédant des eaux acides d'une grande réputation.

La route, en quittant Piatigorsk, suit d'abord la vallée large et profonde de la Pod-Kouma, que borne à droite une ceinture de rochers amoncelés les uns sur les autres, comme des vagues pétrifiées, présentant dans leurs caprices et dans leurs crevasses tous les signes d'un ancien bouleversement; tandis qu'à gauche de belles montagnes boisées montent d'étage en étage jusqu'à l'imposante chaîne du Kasbeck. Au bout d'environ deux heures de marche, la route quitte la vallée alors fort rétrécie, pour serpenter sur une longue corniche côtoyant horizontalement le cours du torrent, jusqu'au moment où ce dernier s'enfonce définitivement dans les montagnes. Alors, au sol fangeux dont nos chevaux avaient mille peines à se tirer, au ciel gris, à l'atmosphère pleine d'humidité qui nous avait accompagnés jusque-là, succéda comme par enchantement, de la sécheresse, du froid, de la poussière et du soleil. Ce contraste subit, phénomène particulier aux pays élevés, nous avait été prédit par notre hôte, fort expérimenté dans tout ce qui concerne les variations atmosphériques de ses chères montagnes.

Rien de ce que j'ai tâché de dépeindre précédemment, ne saurait rivaliser avec les sites sauvages et pittoresques que présente cette partie du Caucase. On ne voit de tous côtés qu'un océan de pics, de cônes, de mamelons, de pyramides dont les proportions gigantesques et le sublime désordre impressionnent vivement l'imagination. Les Alpes caucasiennes, avec leurs grandes cimes, leurs neiges étincelantes et leurs abîmes, se déroulent majestueusement au regard, et semblent se confondre avec les nuages. Tantôt un rocher isolé s'élève devant vous, comme un mur infranchissable; tantôt une pente rapide vous conduit jusqu'au bord du torrent dont les eaux bouillonnantes lavent les roues de votre voiture; tantôt vous marchez plongé dans les brouillards, ou vous vous engagez dans une gorge qui paraît sans issue. C'est un continuel changement de scènes et d'horizons, revêtant toutes les formes et toutes les couleurs, depuis le gris opaque des vapeurs qui couronnent les sommets les plus orgueilleux, jusqu'aux teintes pourprées des feuillages d'automne. On rencontre de distance en distance des buttes coniques de terre d'une vingtaine de mètres de hauteur, servant de lieu d'observation à des sentinelles, qui de là surveillent nuit et jour les alentours : leur silhouette, se profilant sur le fond nébuleux du ciel, produit un singulier effet au milieu de la solitude qui les environne. La vue de ces Cosaques, l'arme au bras, le capuchon sur la tête, arpentant avec toute la précision militaire l'étroite terrasse des buttes, nous faisait remercier intérieurement le gouvernement russe d'avoir balayé cette contrée, et rendu son accès facile aux malades ainsi qu'aux touristes.

Malgré la saison déjà avancée, la végétation avait encore toute sa fraîcheur. De magnifiques pelouses, recouvrant les pentes escarpées des montagnes, offraient une nourriture abondante à des troupeaux de chèvres épars çà et là. Leurs gardiens, revêtus de peaux de moutons et portant, en guise de houlette, un long fusil en bandoulière, avec deux ou trois poudrières à leur ceinture, donnaient de la couleur au paysage, par leur accoutrement semi-guerrier, semi-pastoral. Des aigles d'une taille gigantesque volaient majestueusement d'un roc à l'autre, comme les seuls souverains de ces lieux solitaires. C'était bien là ce que nous avions rêvé, lorsque, perdus dans les steppes de la mer Caspienne, les yeux brûlés par un sable ardent, sans autre distraction que la vue et les cris de nos chameaux, ou la rencontre de quelques kibitkas kalmoukes, nous tâchions de nous soustraire à nos souffrances, en peuplant le désert de mille images ravissantes.

Avant d'atteindre la gorge où se cache Kislovodsk, nous rencontrâmes une seconde fois des Circassiens; mais aguerrie par la sécurité avec laquelle nous avions voyagé jusqu'alors, et par notre séjour à Piatigorsk, je me livrai sans arrière-pensée au plaisir de les admirer. Ces montagnards, au nombre d'une douzaine, se délassaient sous un rocher fortement en saillie.

C'était un pittoresque coup d'œil que celui de leur halte dans cette solitude. Les chevaux, sellés et bridés, paissaient à quelques pas de leurs maîtres qui n'avaient pas même songé à se débarrasser de leurs armes, avant de se livrer au repos. Les uns avaient la tête entièrement couverte du bachlick, espèce de capuchon de poil de chameau, qui ne se met qu'en voyage; d'autres portaient le bonnet de fourrure, coiffure nationale du pays; de larges galons d'argent brillaient sur leurs vêtements d'une coupe gracieuse et commode; tous étaient munis de la bourka, aussi nécessaire au Tcherkesse que ses armes. Lorsque notre voiture s'approcha d'eux, quelques-uns se levèrent sur leur séant, et nous regardèrent d'un air de dédaigneuse indifférence, sans manifester la moindre intention alarmante.

A peine arrivés à Kislovodsk, notre premier soin fut d'aller visiter la source des eaux acides, à laquelle ce lieu doit sa célébrité. Cette source est non-seulement un phénomène intéressant aux yeux du savant, mais encore une curiosité pleine d'attrait pour le voyageur. Elle ne jaillit pas, comme la plupart des sources de ce genre, du flanc d'une montagne ou de la fente d'un rocher; non, elle s'épanche au fond d'une vallée, à la portée de tout le monde. La nature, qui cache ordinairement ses trésors dans les retraites les plus inaccessibles, a fait une exception en sa faveur. On lui a construit un bassin carré, où elle bouillonne constamment, sans avoir la moindre chaleur. Son petillement et sa saveur légèrement acide lui donnent de la ressemblance avec l'eau de Seltz.

Kislovodsk se compose d'une quinzaine de maisons, ou plutôt de petits palais asiatiques, ornés de longues galeries à jour, de terrasses, de jardins et de vestibules remplis de fleurs. Tous les baigneurs de Piatigorsk viennent y finir la saison des eaux. Derrière ce séjour aristocratique s'étend une gorge étroite, bordée de tous côtés par des montagnes à pic qui semblent l'isoler du monde entier. Il faudrait plusieurs jours pour parcourir en détail tous les sites délicieux que renferme Kislovodsk.

Parmi ses curiosités naturelles est une cascade très-renommée, cachée tout au fond du vallon. Pour y arriver, on suit pendant une heure le long du lit que ses eaux se creusent dans une épaisse couche de calcaire, un sentier tortueux qui va toujours en se rétrécissant, jusqu'au pied de la chute. Là, emprisonné par des escarpes si roides que le pied d'une chèvre ne pourrait s'y poser, vous avez devant vous une nappe éblouissante, descendant par gradins d'une hauteur de plus de vingt mètres, se transformant en neige et en écume à mesure qu'elle rencontre des obstacles sur son passage, et se perdant un moment sous des fragments de rochers qui hérissent le fond de la voûte pour reparaître bientôt en un ruisseau limpide, s'enfuyant sur un lit de mousse et de cailloux. Longtemps le bruit de cette mystérieuse cascade nous accompagna dans notre retour à Kislovodsk, nous jetant' ainsi un dernier adieu à travers la forêt et les échos de la vallée.

Kislovodsk, par sa position, est bien plus exposé aux attaques des montagnards que les autres établissements. Aussi n'y est-on jamais dans une entière sécurité, malgré le détachement cosaque qui en garde les hauteurs. Un aoule circassien, foyer de liberté et d'expéditions hardies, placé comme l'aire de l'aigle sur la crête la plus élevée des montagnes environnantes, est un dangereux voisinage pour les buveurs d'eau. Ses habitants, quoique nominalement soumis, n'en profitent pas moins de toutes les occasions pour se livrer à leur haine contre les Russes.

De retour chez le docteur, nous allâmes visiter la colonie allemande de Karas, située au pied du Bechtau. Son état de prospérité fait autant d'honneur aux colons qu'au gouvernement dont ceux-ci ont recherché la protection. Exclusivement composée d'Écossais dans le principe, elle a été fondée par un nommé Péterson, ardent sectaire, qui, pour objet principal, se proposait la conversion des peuples du Caucase. Mais toutes ses prédictions furent inutiles, et peu à peu de laborieux Allemands vinrent remplacer les missionnaires écossais. A peine si l'on se souvient aujourd'hui du but primitif de l'établissement. La colonie, essentiellement agricole, ne songe plus qu'à s'enrichir aux dépens des étrangers que les eaux minérales attirent dans le Caucase.

Après cette dernière excursion, nous prîmes, non sans de vifs regrets, congé de notre aimable docteur et de son entourage.

Le rare avantage que nous avions eu de trouver dans un coin du Caucase, esprit, politesse, désir de plaire, goût des beaux-arts, en un mot, tout ce qui fait le charme des pays les mieux civilisés, était une de ces bonnes fortunes, comme il s'en rencontre peu sur les pas du voyageur, mérite doublement précieux dans les conditions exceptionnelles où nous vivions alors. Le contraste qu'offrait une nature sauvage avec les goûts et la conversation spirituelle du docteur; le voisinage des Circassiens, uni à tant de sécurité et de bien-être, tant de soins et de sympathie prodigués à nous, étrangers venus de si loin, ne pouvaient manquer de laisser une trace profonde dans notre esprit. Aussi, en nous éloignant de Piatigorsk, convînmes-nous plus d'une fois, qu'au milieu des Alpes caucasiennes, nous nous étions trouvés moins dépaysés que dans beaucoup d'endroits où l'on se pique néanmoins de connaître tous les raffinements de la civilisation.

CHAPITRE XIII.

Ouragan dans le Caucase. — L'officier polonais. — La foire à Stauropol. — Un chapitre de roman interrompu. — Le général Grabe.

A quatre heures du soir, par un temps sombre, nous quittâmes ce Piatigorsk, de si charmante mémoire, pour nous enfoncer de nouveau dans les montagnes, où, par parenthèse, nous attendait l'un des plus violents orages dont j'aie conservé le souvenir. Dès l'instant de notre départ des eaux, l'atmosphère chargée d'électricité, et les vapeurs qui roulaient lourdement sur le sommet des Alpes, ne nous faisaient que trop présager quelque prochain ouragan : notre espoir était d'atteindre la première station avant qu'il éclatât, espoir tout à fait chimérique. A peine marchions-nous depuis une heure le long des gorges profondes creusées au pied des montagnes, que des ténèbres subites vinrent préluder au spectacle imposant qu'offrit bientôt une tempête au milieu du Caucase. Quiconque n'a pas été témoin des grands bouleversements de la nature, ne saurait comprendre l'admiration mêlée d'effroi qu'ils font éprouver à l'âme. Les roulements du tonnerre, répercutés par tous les échos des abîmes, se mêlant aux gémissements des grands arbres, aux éclats du vent, à toutes les voix que l'orage éveille, et qui semblent sortir des profondeurs de la terre, ont une harmonie si puissante, des rugissements si perçants et si prolongés, que l'esprit le moins superstitieux s'attend involontairement à quelque chose de surnaturel.

Pourquoi faut-il que dans ces moments de surexcitation, l'instinct de la conservation grandisse avec le majestueux courroux des éléments, et parle plus haut que l'imagination même! Pourquoi faut-il se préoccuper du mauvais état des chemins, de la frayeur des chevaux, des dangers de l'obscurité, de la violence des rafales, quand on a devant soi un spectacle aussi imposant! Pendant plus de deux heures nous dûmes lutter contre un ouragan dont la violence, croissant de plus en plus, menaçait à chaque pas de nous lancer au fond de quelque précipice. Notre situation était d'autant plus critique, que le *iemchik* (cocher), quoique parfaitement habitué à la route, semblait lui-même fort déconcerté. Il en était réduit, pour se reconnaître et diriger ses chevaux, à profiter de la lueur des éclairs, qui lui permettait de faire une rapide inspection des lieux. C'était, on l'avouera, une ressource assez précaire; mais il est une providence toute spéciale pour les voyageurs. Perdus au milieu de ces montagnes, n'ayant pour sauvegarde que le sang-froid et l'adresse d'un paysan, nous échappâmes, sans trop savoir comment, à une catastrophe inévitable. Une pluie furieuse, dernière expression de l'orage, éclaircit enfin le ciel qui se colora au couchant de bandes pourprées, dont l'éclat faisait un effet magique avec l'obscurité qui enveloppait le reste du firmament.

Un magnifique arc-en-ciel, dernière expression de l'orage, appuyant l'une de ses extrémités sur le sommet le plus élevé du Caucase, tandis que l'autre se perdait dans les vapeurs du soir, nous annonça définitivement la fin de la tourmente. C'était comme un gage de réconciliation entre les éléments et notre planète. A peine eut-il brillé quelques instants, qu'il disparut du ciel avec les teintes dorées du couchant.

A sept heures et demie nous arrivâmes à la station, étourdis, mouillés, fatigués, et surtout fort étonnés de nous retrouver sains et saufs, après avoir traversé tant de périls. Néanmoins cette récente alerte ne nous fit pas abandonner le projet que nous avions formé d'abord de marcher toute la nuit, afin de pouvoir arriver le lendemain soir à Stauropol. En voyage rien ne s'oublie aussi vite que le danger. A peine sort-on d'une position critique, qu'on se rejette dans une autre, plus critique encore, sans tenir le moindre compte des terreurs précédentes. Est-ce témérité, insouciance ou manque de réflexion? Je crois qu'il y a un peu de tout cela dans le sentiment qui vous pousse en avant. Il faut que vous arriviez : telle est votre idée fixe. Quant à prendre des précautions, à calculer les chances bonnes ou mauvaises du voyage, à se préoccuper des dangers à venir, en regard de ceux que l'on a courus, jamais cela n'entre dans la pensée du voyageur. Ce qui le prouve, c'est que notre désir de courir la poste toute la nuit, ne fut pas un moment affaibli par les vives émotions que nous avait causées l'ouragan. Mais ce désir, que beaucoup de gens trouveront téméraire, fut vivement combattu par l'écrivain et les Cosaques que nous rencontrâmes à la station. Ils nous apprirent que la foire se tenait à Stauropol, et qu'en pareille circonstance, la route présentait toujours quelque danger, surtout après le coucher du soleil. L'avant-veille encore, en dépit des nombreux postes de surveillance, les Circassiens avaient surpris et pillé des voyageurs revenant de la foire. Beaucoup d'autres histoires sinistres nous furent racontées avec un ton sérieux et un air d'alarme qui finirent par ébranler notre résolution. Bien à contre-cœur nous allions prendre le parti de clore, pour cette nuit, la série de nos aventures, lorsqu'un incident inattendu nous fit subitement revenir à notre détermination première.

Un officier polonais, qui s'était tenu jusqu'alors tapi dans l'angle le plus obscur de la chambre, voyant la contrariété que nous causait ce retard imprévu, vint se mêler à la conversation, et nous offrit de partir sur-le-champ avec nous, si toutefois sa présence suffisait pour nous rassurer. Il se rendait également à Stauropol, et peu lui importait de partir cette nuit même ou le lendemain. Une telle proposition, faite avec l'empressement le plus aimable, eut à l'instant raison de notre incertitude : en dépit des Cosaques et de leurs sinistres prédictions, nous nous hâtâmes d'accepter. Notre chevalier avait avec lui un domestique fort bien armé, et ces deux hommes joints à notre petite troupe, nous offraient une garantie presque complète de sécurité. Ce fut avec toute la joie du triomphe que nous fîmes nos préparatifs de départ, tandis que le maître de poste, plus expérimenté que nous, ne donnait qu'à regret l'ordre d'atteler les chevaux, conjurant, par de nombreux signes de croix, les dangers où nous allions nous exposer si follement.

Les deux iemchiks, de leur côté, ôtaient à chaque instant leurs bonnets de fourrure, en témoignage de leur dévotion. Les Russes trouvent toujours moyen de mêler des signes de croix à tout ce qu'ils font. L'emploi fréquent de cette formule met complétement leur conscience en repos. Je suis persuadée que, même en volant, ils en font usage, autant par habitude que dans l'espoir d'obtenir ainsi l'impunité de leur larcin.

Une fois hors de la cour, le plaisir de parcourir, par une nuit douce et voilée, un pays inconnu s'offrant à nous sous des formes indécises qui en doublaient le charme, agit avec tant de vivacité sur nos facultés, que nous ne songeâmes plus ni aux Circassiens, ni aux passages dangereux, ni à tout ce qui pouvait nous attendre dans ces montagnes aux contours effacés et qui ressemblaient alors à de légères vapeurs. Le Cosaque du Polonais se mit à chanter à demi-voix un de ces airs mélancoliques et doux qu'on n'entend qu'en Russie. Cette mélodie plaintive, mêlée au bruit des deux clochettes de poste; les nuages noirs et lourds qui gâgnaient rapidement les sommets voisins; la route serpentant autour d'une montagne isolée; le mouvement de la voiture, tout me plongea dans une somnolence où mille pensées confuses, tourbillonnant dans mon cerveau, m'emportèrent bientôt dans le domaine des songes.

Les perceptions de l'esprit, dans ce demi-sommeil, étaient complétement soumises aux rêves de l'imagination. D'étranges visions s'agitaient devant moi ; des voix d'une douceur infinie berçaient mes sens, une force inconnue, irrésistible, m'enlevait à travers les nuages, bien au-dessus de notre planète dont les contours s'effaçaient insensiblement à mes yeux. Je ne puis dire combien de temps dura cette espèce d'hallucination, mais j'en fus tirée violemment par un coup de pistolet qui retentit tout près de moi. Avant que j'eusse pu me rendre compte d'un bruit aussi menaçant, un second coup se fit entendre, mais à une assez grande distance. La voiture était arrêtée, la nuit fort noire ; un silence profond régnait parmi mes compagnons ; mon mari, dont je tenais la main, et qui s'aperçut du tressaillement nerveux que produisaient sur moi ces deux détonations, s'empressa de m'en donner l'explication en m'apprenant que l'officier polonais s'étant égaré, le drogman avait pris le parti de décharger son pistolet en l'air pour s'en faire entendre, et que le second coup était une réponse à cette singulière interrogation. Certaine de ne pas avoir autour de nous une demi-douzaine de Circassiens, je repris assez de courage pour rire la première de mon effroi. Antoine s'empressa d'aller à la recherche de notre compagnon de route, après être convenu avec nous qu'un troisième coup de feu nous apprendrait le moment de leur réunion. Nous passâmes une demi-heure environ dans une attente vraiment pénible, livrés à mille conjectures alarmantes, ayant surtout à craindre que le bruit des armes à feu n'attirât de notre côté quelques Tcherkesses rôdant au milieu des montagnes. Que n'aurais-je pas donné alors pour être bien loin de cette route qu'on nous avait signalée comme si terrible, et qui me paraissait bien plus terrible encore !

Inutile d'exprimer toute mon anxiété pendant cette longue demi-heure d'attente. Enfin le signal convenu se fit entendre, et peu de temps après Antoine revint, mais tout seul, nous apprendre que force était de continuer la route sans le Polonais, attendu que le péréclatnoy de ce dernier s'était engagé dans un mauvais passage, et que par conséquent il devait attendre le jour pour sortir d'embarras. L'obscurité était si profonde et l'endroit si dangereux, qu'il n'avait pu songer à quitter le théâtre de son accident malgré son désir de nous rassurer. Ces détails, comme on doit le penser, ne servirent qu'à rendre notre inquiétude plus vive, et à nous faire maudire mille fois notre imprudence. D'un moment à l'autre, nous pouvions nous trouver dans la même position que l'officier, à supposer qu'il ne nous arrivât rien de pire. La route, au dire du iemchik, serpentait autour d'un rocher; et ce qui prouvait tout le péril de l'endroit, c'étaient de légères balustrades qui avaient été placées de distance en distance. Une telle précaution est si rare en Russie, qu'il faut, pour la motiver, un danger réel. En face de toutes ces difficultés, nous délibérâmes si la prudence n'exigeait pas que nous restassions jusqu'au jour à l'endroit même où nous étions arrêtés; mais le cocher, tout effrayé de passer une nuit dans ces dangereuses montagnes, ne nous laissa de repos que quand il reçut l'ordre d'avancer. La perspective de rouler au fond d'un précipice lui inspirait à coup sûr moins d'effroi que l'idée d'avoir affaire aux Circassiens.

Heureux d'avoir carte blanche, il se hâta de descendre de son siége et de prendre les chevaux par le mors, réglant son pas sur celui d'Antoine qui, en véritable éclaireur, sondait un des côtés de la route. A mesure que la descente périlleuse s'effectuait, le bruit d'un torrent se faisait de plus en plus entendre au bas de la montagne, comme pour augmenter encore la perplexité de chacun. Mais, grâce à notre bonne étoile, qui nous avait déjà tirés tant de fois de situations difficiles et aventureuses, nous nous trouvâmes au bout d'une heure dans la plaine, et, quelques minutes plus tard, près de la station où notre arrivée causa un étonnement général. Le maître de poste était furieux contre son collègue, ne pouvant comprendre que malgré les règlements les plus sévères de la poste, celui-ci nous eût donné des chevaux pendant la nuit. Il s'empressa de nous déclarer sa résolution de résister à toutes nos instances, ajoutant que son devoir lui prescrivait absolument de nous refuser des chevaux. Nul besoin de dire que cette déclaration était elle-même fort inutile; Dieu merci, nous avions eu trop d'émotions nocturnes pour songer à en chercher d'autres.

La chambre la plus confortable d'un hôtel suisse ou allemand ne m'a jamais fait éprouver un sentiment de bien-être comparable à celui que m'inspira le misérable logement où nous passâmes le reste de la nuit. Étendue sur un banc étroit recouvert seulement d'un tapis, je savourai longtemps, en véritable sybarite, la satisfaction de me trouver en pleine sécurité. Cette satisfaction, fruit d'émotions vives et multipliées, est l'un des plus grands attraits des voyages. Après le danger, le repos; après les angoisses de la crainte, la béatitude du calme. Dans cette série d'impressions diverses, l'imagination et l'esprit, toujours occupés, ont des facultés qui sont complétement négatives dans la vie ordinaire, seul moyen d'expliquer la passion que les artistes ont toujours eue pour les voyages. Quant à la plupart des touristes qui courent le monde, trop positifs pour que le danger ait des charmes à leurs yeux, ils s'en tiennent d'ordinaire aux grandes routes, où leur esprit et leur imagination peuvent dormir aussi paisiblement que dans la vie habituelle.

Le lendemain, nous attendîmes, pour quitter la

station, l'arrivée de notre compagnon de route, que nous avions laissé, bien malgré nous, dans une si fâcheuse situation. Il arriva tout meurtri de la chute, mais riant de bon cœur de sa mésaventure. Nous partîmes ensemble, fort contents de nous éloigner de ces belles montagnes du Caucase qui resplendissaient alors sous les rayons du matin. Les événements de la veille, quoique, au résumé, fort peu dramatiques, avaient laissé dans notre esprit une si pénible impression, que leur vue nous inspirait encore un secret effroi. Nous n'eûmes donc aucun regret à quitter un pays aussi pittoresque : loin de là, plus la contrée devenait uniforme, plus nous étions portés à l'admirer.

Cette nouvelle disposition nous aurait fait, au besoin, saluer avec joie jusqu'aux steppes de la mer Noire : c'est ainsi que le mérite des lieux dépend presque toujours des impressions de l'esprit.

Pendant toute la journée, la route fut couverte de voitures, de cavaliers, de piétons, se rendant à la foire de Stauropol, et présentant, dans leurs groupes divers, toutes les variétés de types qui caractérisent la population de ces montagnes. Circassiens, Cosaques, Turcomans, Géorgiens, Tatars, s'offraient pêle-mêle à nos regards, les uns sous leurs brillants costumes de chefs, caracolant sur des chevaux de race persane ou kalmouke; ceux-là entassés avec leurs familles dans des chariots recouverts de peaux de buffles; d'autres chassant devant eux d'immenses troupeaux de moutons et de porcs dont les escadrons enveloppaient de poussière voitures et cavaliers, tout cela donnant lieu aux incidents les plus burlesques. Parmi les individus que leurs affaires ou leurs plaisirs appelaient à la foire, nous remarquâmes un Circassien d'une très-belle figure, monté sur un cheval richement caparaçonné, et qui marchait constamment à côté d'une pavoske plus élégante que les autres, gardant ses rideaux hermétiquement fermés. C'en était assez pour piquer notre curiosité : dans un semblable pays, au milieu de ces populations dont les mœurs ont conservé tant d'originalité, le moindre incident prend une tournure romanesque et devient un sujet intarissable de conjectures. On comprendra donc combien cette voiture mystérieusement fermée, et surveillée avec tant de sollicitude par un jeune et beau montagnard, dut donner carrière à notre imagination. La beauté des femmes de ce pays est si célèbre, que tout ce qui se rattache à elles acquiert un puissant intérêt; et nul doute à former que la pavoske ne contînt une de ces jeunes beautés destinées, par la force des choses, à être tôt ou tard reines et esclaves en Orient. Quoique je n'eusse plus à leur égard toutes les illusions que j'avais apportées de France, ce nom de Circassienne exerçait encore sur moi une certaine fascination, en me rappelant que les harems de Constantinople et de l'Asie Mineure s'enorgueillissent toujours de posséder ces filles de la montagne. J'aurais donné beaucoup pour soulever un des rideaux de la mystérieuse pavoske, ou du moins pour la suivre jusqu'à notre arrivée à Stauropol; mais notre postillon qui n'avait pas les mêmes raisons que nous de la suivre pas à pas, en avait décidé autrement. Aiguillonnés par ses coups et les vigoureux claquements de son fouet, les chevaux reprirent le galop, et bientôt après nous perdîmes de vue Circassiens, Turcomans, Tatars, troupeaux, voitures et tout ce qui avait momentanément ralenti la rapidité de notre marche.

La dernière chaîne du Caucase, dont les collines s'abaissent insensiblement jusqu'à Stauropol, formait à notre gauche une ligne dentelée, où notre regard saisissait à la hâte plus d'un charmant point de vue. La végétation avait encore beaucoup d'éclat, grâce à la douceur de la température qui, à cette époque de l'année, nous aurait paru extraordinaire même dans des contrées méridionales. Plus nous avancions, et plus le steppe, avec son caractère mélancolique et ses grands horizons, gagnait en étendue. Les cimes du Caucase disparaissaient dans un lointain vaporeux; les collines s'effaçaient graduellement; tout nous annonçait le voisinage des vastes plaines qui s'étendent entre la mer Caspienne et la mer d'Azof.

Nous ne pûmes arriver à Stauropol qu'à une heure assez avancée de la soirée. Ce contre-temps nous empêcha de profiter, pour la nuit, de nos lettres de recommandation. Il fallut nous résigner à chercher un gîte dans les hôtels de quelque apparence qui garnissaient la principale rue ; mais tous étaient pleins, et, bon gré, mal gré, nous dûmes aller chercher fortune dans les faubourgs. A force de frapper et de faire du bruit, l'officier polonais parvint à nous caser au grand Saint-Nicolas, mauvaise bicoque, dont la chambre commune était déjà envahie par une douzaine de voyageurs. Néanmoins, nous conquîmes un petit coin, grâce encore à notre officieux compagnon. Une fois en possession de ce bienheureux domaine, nous pûmes, avec nos coussins et nos pelisses, arranger un divan qui en valait bien un autre. J'eus, dans cette circonstance, la preuve, une fois de plus, combien, dans ce pays, les voyageurs s'occupent peu les uns des autres. Chacun fait son petit ménage, se livre à ses habitudes nationales sans s'embarrasser de son voisin. Ainsi, dans cette chambre remplie d'individus de mœurs tellement diverses, nous nous trouvâmes aussi à notre aise que si l'appartement eût été à nous seuls. Notre langage, notre manière d'être, notre costume, ne nous attirèrent pas un seul regard indiscret.

Tandis que nous prenions le thé, tout en observant avec intérêt ce qui se passait autour de nous, de nouveaux voyageurs. L'hôte, après une contestation assez longue, leur permit d'entrer, quoique fort embarrassé pour les loger. Quel fut notre étonnement lorsque nous reconnûmes, dans le principal interlocuteur, le Circassien qui avait si vivement excité notre curiosité! Décidément le hasard, qui du reste nous avait servis tant de fois dans ce voyage, voulait encore nous favoriser de l'une de ses plus agréables surprises.

Je ne sais comment le Circassien vint à bout de trouver une place pour déposer ses bagages; ce qu'il y a de certain, c'est qu'il réussit à former, avec l'aide de ses deux domestiques, un divan à pe près semblable au nôtre; ce soin achevé, il sortit et rentra, quelques instants après, soutenant dans ses bras une femme entièrement voilée qu'il déposa très-délicatement sur le divan, et s'assit à son côté avec les marques d'une vive tendresse. De temps à autre, il soulevait les voiles blancs qui nous dérobaient les traits de la jeune femme, pour l'interroger avec les formes les plus respectueuses. Toute cette scène possédait un charme poétique que je chercherais vainement à exprimer. Il y avait dans les attitudes, le costume, la physionomie de ce petit groupe, une grâce orientale dont un peintre eût été vivement frappé. Non-seulement le regard avait un délicieux tableau à admirer, mais l'imagination, cette folle du logis, trouvait là ample matière à s'exercer.

Malheureusement, la charmante vision disparut comme un songe. A peine quelques minutes s'étaient-elles écoulées, que l'hôte vint chercher le couple mystérieux pour le conduire dans une chambre destinée à lui seul. Des précautions infinies furent prises pour emporter l'inconnue qui semblait mourante. J'aurai voulu avoir le droit de la suivre et de lui prodiguer les soins que toute femme est heureuse de donner à une personne de son sexe; mais c'était chose impossible. Elle s'éloigna de nous, sans se douter de l'impression extraordinaire qu'elle avait produite sur notre esprit.

Le lendemain, encore tout préoccupés de cette aventure, nous interrogeâmes notre hôte, qui ne nous répondit que d'une manière fort vague. Tout ce que nous pûmes comprendre, c'est que la jeune femme était venue à Stauropol pour consulter un célèbre médecin sur son état qui présentait peu d'espoir. Quant aux rapports existant entre elle et le jeune chef, aux causes morales de sa maladie, à la partie intéressante de l'histoire, nous ne pûmes absolument rien obtenir du maître d'hôtel. Cependant, si notre séjour s'était prolongé dans l'auberge, il est probable qu'avec le secours du drogman, nous serions parvenus à connaître quelque chose de positif sur le jeune couple; mais dès le lendemain, un Français pour qui nous avions des lettres de recommandation, s'empressa de nous offrir son logement, et, moitié de gré, moitié de force, nous enleva de l'hôtel, nous ôtant ainsi toute espérance d'approfondir une histoire qui se présentait sous un aspect si romanesque.

Cet homme obligeant, ancien serviteur de Napoléon, est un des mille débris qu'on trouve éparpillés dans toute la Russie. Fait prisonnier de guerre en 1812, il n'eut d'autres ressources que celles de l'enseignement. Stauropol lui doit la création d'un pensionnat, établissement très-précieux dans une ville aussi reculée. Pendant les quelques jours que nous passâmes chez lui, nous ne pûmes assez nous louer de lui et de sa famille.

Il faut avoir voyagé dans ces contrées éloignées, pour comprendre tout le bonheur que peut causer la rencontre d'un compatriote parlant votre langue, et sympathisant avec tout ce qui fait le charme de notre civilisation. Que de fois nous avons été accueillis avec toute la politesse de l'ancienne cour par de vieux émigrés, remplissant encore les modestes fonctions d'instituteur ou d'intendant. A la vérité, ces représentants d'une autre époque et d'une autre société, disparaissent de jour en jour; mais les prisonniers de guerre qui ont eu le bonheur d'échapper à la Sibérie, sont encore nombreux dans ce pays, et y perpétuent le goût de la langue française, base de toute éducation russe.

Stauropol, la capitale du Caucase, est une ville fort agréable, qui nous parut d'autant plus animée que la foire en avait doublé la population. Mais je m'aperçois que dans le cours de ce voyage, je n'ai pas encore cité le nom d'une ville sans y accoler tout aussitôt le nom de foire. C'est qu'en effet, nous ne pouvions arriver nulle part sans retrouver ces solennités mercantiles si propres à nous donner une haute idée du commerce de la Russie. Cependant, à Stauropol, la foire nous occupa beaucoup moins que le général Grabe, revenu depuis huit jours à peine d'une expédition contre les Circassiens. Son état-major remplissait toute la ville du bruit de ses fanfares et de ses exploits. Chaque officier avait à raconter quelque brillant fait d'arme, dont, bien entendu, il s'attribuait tout l'honneur. A peine de retour, le général Grabe s'occupait déjà activement de préparer une autre campagne sur laquelle il fondait les plus grandes espérances. Ne s'avisa-t-il pas de faire des instances très-vives auprès de mon mari, pour l'engager à l'accompagner, tout comme s'il se fût agi d'une partie de plaisir. Il lui offrait sa tente, des instruments de physique, tout ce dont il pouvait disposer pour faire tourner cette excursion au profit de la science. Dans toute autre circonstance, l'idée de pénétrer chez les tribus du Caucase, protégé par une armée entière, aurait sans doute séduit M. de Hell, mais c'eût été une véritable folie que d'entreprendre un semblable voyage après ceux que nous venions à peine de terminer.

Nous passâmes deux ou trois jours à nous remettre de nos fatigues, au sein de l'excellente famille Croupiez; puis, il fallut prendre congé de Stauropol et de sa population variée. L'idée de quitter pour toujours ces braves et hardis Circassiens qui semblaient être venus tout exprès à Stauropol, pour nous dire un dernier adieu, doublait encore l'intérêt qu'ils avaient à nos yeux. Peu d'heures avant notre départ, nous nous rendîmes exprès sur le théâtre de la foire pour les admirer une dernière fois et graver dans notre mémoire un type qui représente avec tant de noblesse et de beauté l'une des mille variétés de la race humaine.

CHAPITRE XIV.

Départ de Stauropol. — Rapidité des chevaux de poste cosaques. — Nous risquons de nous noyer dans le Don. — Aventures nocturnes. — Quelques jours de repos à Taganrok. — Retour à Odessa.

Il est impossible de voyager avec plus de rapidité que nous ne le fîmes depuis Stauropol jusqu'au Don. Le steppe est aussi uni qu'un miroir, et la poste beaucoup mieux servie que partout ailleurs. A peine arrivions-nous dans une station, que des chevaux préparés dès le moment qu'on nous avait aperçus, nous emportaient au grand galop jusqu'à la station voisine, sans ralentir d'un seul instant la vitesse de leur course. C'était à donner le vertige. Une chaleur de vingt degrés au moins, la beauté du ciel, et quelque chose de riant répandu dans l'air, entretenaient en nous un sentiment de bien-être qui nous laissa de ce voyage un souvenir délicieux. Dans aucune contrée je n'ai jamais vu en aussi grand nombre ce qu'on appelle les *fils de la Vierge*. La voiture, les chevaux, nos vêtements étaient couverts de ces fils déliés, plus brillants que la soie, qui voltigeaient au gré de l'air, et dont la présence faisait espérer encore une série de beaux jours.

A mesure que nous avancions vers les pays civilisés, toutes les fatigues et les impressions de notre long voyage disparaissaient comme par enchantement. Les chameaux, les Kalmouks, le désert, les Circassiens même, s'effaçaient peu à peu de notre esprit comme les visions d'un rêve. Chaque heure emportait avec elle un souvenir pour nous livrer à toute la joie du retour. Arriver à Taganrok, y trouver nos lettres, nos amis, nos habitudes d'Europe, le bien-être de la vie civilisée dont nous ne jouissions plus depuis plusieurs mois que d'une manière fortuite, telle était notre pensée dominante. Aussi bénissions-nous la rapidité avec laquelle nous franchissions les distances, ne songeant pas même à jeter un regard sur les stanitzas qui s'enfuyaient derrière nous. Cependant, en traversant un village russe, force nous fut de donner quelque attention aux objets extérieurs. Tout le cortége d'une noce remplissait la rue, empêchant ainsi notre voiture d'avancer. Nous comptâmes une douzaine de pavoskes remplies de jeunes gens des deux sexes. Les filles, la tête chargée de rubans, jetaient des cris presque sauvages, et rivalisaient avec les garçons d'impudence et de grossièreté. C'était un spectacle dégoûtant. La fiancée ne différait des autres que par la profusion des rubans et des fleurs qui formaient sa coiffure; du reste sa figure était aussi enluminée, ses gestes aussi hardis, sa voix aussi perçante que celle de ses compagnes.

On le croira difficilement; mais il nous fallut à peine vingt-deux heures pour franchir les trois cent seize verstes qui séparent Stauropol du Don. Mangeant, dormant dans notre voiture, nous ne mîmes pied à terre qu'au bord du fleuve où nous attendaient toutes sortes de tribulations. Je ne puis encore songer à cette mémorable nuit, où le dramatique fut sans cesse mêlé au grotesque, sans admirer la ténacité du guignon qui nous poursuivit pendant tant d'heures. Grâce à la multiplicité des incidents, cette nuit devint le digne pendant de celle passée dans les montagnes du Caucase. Du reste, on va en juger.

Sur les dix heures du soir, parvenus à une certaine distance du Don, nous apprîmes que le pont qui devait nous servir de passage était en très-mauvais état, et que probablement nous serions forcés d'attendre le jour pour le traverser. Dans notre impatience d'arriver, un semblable retard ne faisait nullement notre affaire, d'autant que nous avions en perspective pour cette nuit même, Rostof, où toutes les douceurs de la vie civilisée nous attendaient. Puis le temps, si doux jusqu'alors, s'était subitement refroidi, et devait naturellement augmenter notre désir d'arriver au port. Tous ces motifs, sans compter le plaisir de lutter contre l'impossible, nous firent faire la sourde oreille, et nous continuâmes notre route. Cependant, aux abords du fleuve, nombre de chariots dételés ne purent nous laisser aucun doute sur le mauvais état du pont. Des paysans couchés auprès de ces voitures, en attendant patiemment le jour, ajoutèrent encore leur mot aux récits de mauvais augure qui nous avaient été faits. Tout cela nous sembla peu rassurant ; mais il n'était que onze heures ; nous avions donc en perspective près de sept heures à passer dans notre brichka, exposés au froid âpre de la nuit, tandis qu'une fois sur l'autre rive, nous pouvions gagner Rostof en deux heures ! Cette considération était en vérité trop puissante pour nous permettre d'abandonner notre projet.

Mais en prenant le parti d'avancer, aucun de nous ne négligea les précautions que la prudence devait conseiller. Le cocher et le Cosaque, munis d'une lanterne, furent chargés d'aller faire une reconnaissance dont le résultat devait décider si nous passerions ou non. Après une demi-heure d'exploration, ils revinrent nous annoncer que le passage n'était pas précisément impossible; seulement il s'agissait de prendre les plus grandes précautions, car le pont, à leur dire, avait des parties si peu solides que la moindre imprudence pouvait devenir fatale.

Sans calculer les risques auxquels allait nous exposer une entreprise qu'on traitera de téméraire, nous prîmes promptement notre détermination. Mettant tous pied à terre, nous suivîmes la voiture que le cocher conduisait, tandis que le Cosaque, marchant en tête avec la lanterne, lui indiquait, au fur et à mesure, les endroits à éviter.

Il est douteux que, dans le cours de ce long voyage, nous nous soyions trouvés dans une situation aussi effrayante. Le danger était imminent, il n'y avait pas à s'y méprendre. Les craquements du pont, l'obscurité, le bruit de l'eau qui se faisait jour à travers le plancher à demi brisé que nous sentions fléchir sous nos pieds ; les cris d'alarme que jetaient à chaque instant le Cosaque et le cocher, tout se réunissait pour nous plonger dans une profonde épouvante. Cependant, la pensée de la mort ne me vint pas, ou plutôt mon esprit était trop bouleversé pour qu'une pensée distincte s'y fît jour. Plus d'une fois la voiture se trouva engagée entre des planches tout à fait rompues; c'étaient des moments de cruelle anxiété, mais à force de persévérance, nous réussîmes enfin à gagner la rive opposée, sans avoir aucun malheur à déplorer. Ce passage avait duré plus d'une heure ; il était temps qu'il finît, car je pouvais à peine me soutenir. L'eau qui couvrait le pont nous était venue plus haut que la cheville. On dût me déchausser et m'envelopper les jambes dans une couverture pour leur rendre un peu de sensibilité. Est-il nécessaire de dire avec quelle satisfaction chacun reprit place dans la voiture? Les périls que nous venions de courir, et que nous étions alors mieux à même d'apprécier, nous faisaient presque douter de notre sécurité actuelle. Longtemps encore il nous sembla entendre le bruit des vagues qui se brisaient contre le pont. Mais cette impression, toute vive qu'elle était, dut faire place à d'autres sensations, car nos aventures nocturnes n'étaient rien moins que terminées.

A quelques verstes du Don, notre mauvaise étoile nous gratifia d'un cocher ivre. En vérité, cette nuit était néfaste. Après avoir perdu la route je ne sais combien de fois, après nous avoir fait traverser des fossés et des terres labourées sans s'inquiéter des soubresauts de la voiture, ce malheureux ne s'avisa-t-il pas de ramener le véhicule juste en vue du pont auquel nous ne pouvions encore songer sans frissonner!

En vain dans notre détresse, cherchions-nous à nous faire illusion. Hélas! il n'y avait pas à s'y tromper : le Don était en face de nous; Axaï, village que nous avions traversé en remontant dans la brichka, nous montrait de nouveau ses falaises et ses maisons bâties inégalement sur la hauteur! Qu'on juge de notre colère! Avoir perdu plus de deux heures à courir les champs, pour nous retrouver précisément à notre point de départ! N'était-ce pas un guignon à démonter l'esprit le plus philosophe?

Le seul parti à prendre était d'attendre le jour dans une kâte; mais notre abominable cocher, que la vue du fleuve avait subitement dégrisé et qui devait s'attendre, pour le moins, à une bonne volée de coups de bâton, se jeta à nos genoux et nous supplia si instamment de reprendre le chemin de Rostof, que nous nous laissâmes enfin attendrir. Le difficile était de regagner la route, et nous eûmes encore à essuyer plus d'une alerte; il y eut même un moment qui menaça de devenir tout à fait tragique : la voiture, en traversant un fossé, reçut une si forte secousse que le iemchik fut arraché violemment de son siége, ainsi qu'Antoine qui tomba sur le brancard et s'y empêtra de telle façon, qu'on eut mille peines à l'en tirer. Exprimer la confusion de cette scène serait chose impossible. Les cris de « Stoy! stoy! » (Arrête! arrête!) poussés par le malheureux interprète, étaient si furieux, que nous crûmes qu'il avait tous les membres cassés : il fallait le voir, lorsque le Cosaque et mon mari l'eurent délivré et posé à terre : il se tordait en désespéré, quoiqeu, au bout du compte, il n'eût que quelques contusions sans gravité. Quant au iemchik, se relevant avec un sang-froid imperturbable, il remonta sur son siége comme si rien d'extraordinaire n'était arrivé. A le voir reprendre si tranquillement ses guides, on eût dit qu'il venait de quitter un lit de roses. Ces paysans russes, dans leur sauvage ignorance, font parfois preuve d'un stoïcisme qui semble ne pouvoir être que le résultat d'une haute civilisation.

Il était quatre heures du matin quand nous arrivâmes devant Rostof, séparé du Don de douze verstes à peine. Nous avions ainsi passé une partie de la nuit à tourner autour de cette ville, comme des âmes en peine, sans que notre téméraire passage du fleuve nous eût servi à grand'chose. Allez donc risquer de vous noyer, quand vos prévisions et vos efforts sont déjoués par une cause aussi vulgaire que l'ivresse d'un cocher !

Mais la vue de Rostof nous consola de toutes nos mésaventures. Cependant une nouvelle contrariété vint encore mettre notre patience à l'épreuve, au moment même où nous nous félicitions d'être parvenus au terme de nos fatigues. Sautant à terre devant la poste qui se trouvait à deux verstes de la ville, notre coquin de cocher refusa positivement de nous conduire plus loin.

Mais à ce dernier trait, le Cosaque exaspéré, ayant recours à un long knout qu'il portait à son ceinturon, paya en ce moment au récalcitrant tout ce qu'il se promettait de lui donner plus tard. Réveillés en sursaut, les gens de la station accoururent aux cris du iemchik; la femme du smatricle (surveillant) vint elle-même l'accabler d'injures, si bien qu'il fut forcé de nous mener jusqu'à la ville. Nous nous remîmes donc en route, mais plus d'une heure s'écoula avant que nous eussions gagné la maison de M. Yems. Ce n'était qu'à force de recevoir des soufflets de droite et de gauche que le coquin de cocher se décidait à avancer : son ivresse lui avait valu un sommeil intempestif, qu'il fallait combattre avec toute la brutalité moscovite.

Maintenant, si l'on veut bien récapituler tous les événements de cette mémorable nuit, depuis notre arrivée au Don jusqu'à l'apparition de la demeure après laquelle nous soupirions si ardemment, on conviendra que nous avions eu plus que notre part de contre-temps, et que le repos nous était bien permis ; mais on va juger par le dernier épisode de cette nuit trois fois maudite, que le sort nous tenait encore en réserve une de ses plus noires malices.

La maison où nous comptions loger, renfermait un magasin de blé appartenant à M. Yems, consul d'Angleterre à Taganrok. A notre départ de cette ville, le consul l'avait complétement mise à notre disposition, ayant envoyé d'avance ses ordres à son commis M. Grenier. Parfaitement hébergés lors de notre premier passage à Rostof, nous avions emporté de cet asile momentané, un souvenir fort agréable. A notre retour, l'idée d'aller ailleurs ne nous vint même pas à l'esprit, tant les instances de M. Yems avaient été vives pour que nous regardassions cette maison comme la nôtre. C'eût été lui manquer essentiellement que de paraître dédaigner son hospitalité. D'ailleurs on a vu que la seule perspective d'en jouir, nous avait fait braver toutes les difficultés de notre voyage nocturne.

Cette petite explication donnée, j'en reviens au moment où la voiture s'arrêta devant cette porte que nous regardions comme l'entrée du paradis. Antoine s'empressa d'aller frapper, tandis que nous nous disposions à descendre de voiture. Le cocher ne mit pas deux secondes à dételer ses chevaux, se hâtant bien vite de s'en aller sans même demander un pourboire. Quelques minutes se passent. Mon mari, impatienté, frappe de nouveau, lorsque le drogman arrive enfin, mais la figure toute décomposée et ne sachant comment nous annoncer que M. Grenier, *commis et Provençal par-dessus le marché*, refusait de sa propre autorité de nous recevoir, sous prétexte qu'il n'avait pas de chambre à nous donner. Ne pouvant comprendre une pareille indignité, et la mettant sur le compte d'un malentendu,

M. de Hell se rendit aussitôt près de cet homme, qui, se cachant le nez sous sa couverture, lui répéta impudemment que nous devions nous décider à chercher un gîte ailleurs.

Tout commentaire est inutile pour juger une semblable conduite. Fermer pendant la nuit sa porte à des compatriotes, à une femme, pour ne pas se déranger, est un procédé qui ne peut entrer que dans la tête d'un Provençal. Les Kalmouks auraient pu donner une leçon de politesse à ce malotru qui eut le courage de se rendormir tranquillement, tandis que, transis et grelottants, nous attendions le jour dans sa cour, sous ses fenêtres. On comprendra sans peine dans quelle situation je me trouvai jusqu'au matin. Mouillée, brisée autant par les terribles émotions de la nuit que par les cahots de la voiture, mourant de faim et de sommeil, glacée par le froid pénétrant qui précède dans cette saison le lever du soleil, je n'avais réellement plus la conscience de ce qui se passait autour de moi.

Dès que le jour parut, le Cosaque trouva des chevaux pour nous conduire au meilleur hôtel de Rostof, où une chambre bien chaude, un excellent bouillon et un large divan, rétablirent un peu l'équilibre fort ébranlé de notre économie physique et morale.

A notre arrivée à Taganrok, toute la famille Yems fut tellement révoltée de l'indigne procédé de leur commis, qu'elle voulait à toute force lui envoyer sa destitution. (Je dus intercéder pour lui.) De son côté, le consul de France lui écrivit une lettre foudroyante ; mais nous bornâmes là notre vengeance, et il fut conservé dans ses fonctions.

D'après ce que nous apprîmes à Taganrok, les bruits les plus étranges avaient couru sur notre compte. Les uns prétendaient que les Circassiens nous gardaient comme prisonniers, d'autres que nous étions morts de soif et de faim dans les steppes de la mer Caspienne; bref, chacun avait fait ses conjectures, la plupart fort mélodramatiques. Je ne puis dire tout l'intérêt que l'on nous manifesta en nous voyant sains et saufs après un voyage si aventureux. Malgré notre désir de gagner au plus tôt Odessa, nous ne pûmes nous dispenser de donner une huitaine de jours aux amis qui nous accueillaient avec une si vive sympathie.

Les vents de l'Oural firent disparaître, dans l'espace d'une seule nuit, tout ce que le mois d'octobre avait respecté. Le soleil brillait encore à notre arrivée sur les bords de la mer d'Azof, mais dès le lendemain, le ciel prit la teinte sinistre et glacée qui précède toujours les métels ou chasse-neige. Toute la nature semblait se préparer à recevoir l'hiver, cet éternel souverain des pays du nord. Les bords de la mer, recouverts d'une légère couche de glace, l'âpreté du vent, le sol durci par la gelée, l'atmosphère de plus en plus livide, tout annonçait sa venue, et nous faisait vivement appréhender ce que nous aurions à souffrir pour parvenir jusqu'à Odessa. Neuf cents verstes nous séparaient encore de cette ville où nous devions prendre nos quartiers d'hiver. Avec la rapidité de la poste russe, c'était l'affaire d'une dizaine de jours, en supposant toutefois que le mauvais temps ne se mettrait pas de la partie ; mais avec les symptômes menaçants dont j'ai parlé, nous devions nous attendre à voir tomber la neige d'un moment à l'autre, et à rester peut-être prisonniers au fond de quelque village.

Malheureusement, c'était le moment le plus dangereux pour courir la poste russe. Les premières neiges, faute de consistance, ne permettent pas encore d'aller en traîneau, et sont très-redoutées des voyageurs, causant presque chaque année de nombreux accidents. A cette époque, les vents augmentant rapidement de violence, produisent ces métels dont il a été question précédemment, et qui équivalent aux orages les plus furieux de la mer.

C'était une perspective fort triste, surtout pour des gens aussi fatigués que nous l'étions, que d'avoir à lutter sans cesse contre les éléments et les obstacles. Néanmoins il fallut nous résigner à quitter Taganrok et à reprendre encore une fois notre vie errante, sauf à l'abandonner pour longtemps, une fois que nous aurions atteint le but de notre désir. Je me souviens que dans ce dernier voyage, le besoin de repos était devenu si impérieux pour nous, que le plus pauvre paysan, assis au coin de son poêle, devenait à nos yeux un objet d'envie.

Nous traversâmes de nouveau toutes les colonies allemandes que j'avais tant admirées quelques mois auparavant. Mais l'attrayante végétation du mois de mai avait disparu sous la neige et le vent glacé du nord. Tout était triste, sombre, décoloré! Les couleurs variées des maisons auxquelles le soleil du printemps ne prêtait plus son éclat, avaient pris des nuances ternes et plombées, en harmonie avec le feuillage desséché des arbres.

Mais, si la nature s'était revêtue tout à coup d'une si sombre physionomie, l'aimable hospitalité des colons n'en devenait que plus précieuse. Après une journée passée en voiture, dans l'engourdissement causé par le froid et l'immobilité, il y avait une jouissance infinie à trouver une chambre parfaitement close, et d'excellentes gens se mettant en quatre pour vous rendre plus agréable votre séjour chez eux!

Forcés de passer deux jours dans un village allemand, en raison d'un métel qui avait éclaté dans la nuit, je n'oublierai jamais les prévenances dont nous fûmes l'objet pendant ces quarante-huit heures. Le hasard nous avait fait tomber chez deux bons vieillards, originaires de la Prusse. La femme, paralysée à moitié, ne pouvait quitter son fauteuil; mais son mari la remplaçait dans tous les soins du ménage avec une adresse et une activité que nous ne pouvions assez admirer. Dans toutes les maisons allemandes, la principale pièce est ornée d'un beau poêle en faïence et d'un large lit à baldaquin, que nos hôtes voulurent à toute force nous céder. Dès le point du jour, le mari, secondé par une grosse servante, mettait à contribution toutes ses connaissanses culinaires, espérant ainsi nous faire oublier le mauvais temps. La table, dressée du matin au soir, était chargée, jusqu'à l'heure du dîner, de café, de pâtisserie, de bouteilles de vin, de jambon, formant le salmigondis le plus appétissant du monde.

Rien, à mon avis, n'est plus délicieux que d'assister aux apprêts d'une cuisine tant soit peu rustique. Alors toutes les merveilles de Carême pâlissent devant les deux ou trois plats préparés sous vos yeux par une bonne ménagère. L'ouïe est chatouillée agréablement par le bruit du rôti qui rissole dans la poêle; l'odorat aspire avec un plaisir sensuel la vapeur sortant du pot au feu; les allées et venues, la table se chargeant peu à peu de tout ce qui peut exciter l'appétit; tous ces détails de ménage, ces éléments de bien-être ont quelque chose de si séduisant, que le voyageur ne donnerait pas de tels préliminaires pour le festin le plus magnifique du monde.

La neige, tombée en abondance pendant ces deux

jours, retarda considérablement notre marche. Un homme à cheval, précédant la voiture, sondait avec soin les mauvais endroits, car le métel avait comblé ravins et fossés, effaçant tout sur son passage.

Que dire de ces solitudes neigeuses récemment bouleversées par des vents furieux ? Toute expression pour les peindre serait impuissante. On ne voit plus de trace humaine. Nulle route, nul sentier ne se dessine à travers ces vagues blanches, amoncelées les unes sur les autres dans un désordre comparable à celui des flots fouettés par la tempête. Alors nous pûmes apprécier, durant ces longs jours employés à nous frayer un chemin sur la neige, les horribles souffrances de nos pauvres soldats, mourant par milliers dans la funeste retraite de 1812! A chaque instant la pensée de leur détresse venait resserrer notre cœur, et nous empêcher de nous plaindre, nous chaudement vêtus, traînés par des chevaux robustes, et n'ayant à nous préoccuper d'aucun soin matériel.

Aux environs de Kherson, les traîneaux de poste commencèrent à se montrer, emportant, avec la rapidité de l'éclair, les voyageurs enveloppés jusqu'aux yeux de leurs manteaux fourrés. Ces traîneaux sont très-bas et ne portent au plus que deux personnes. Très-fréquemment il arrive que la caisse chavire sans que le cocher s'en aperçoive : le danger est nul, mais le voyageur ne peut manquer d'éprouver une vive contrariété, en voyant son traîneau s'éloigner de toute la force des chevaux, tandis que, roulé dans la neige, il n'a d'autre ressource que de se mettre à sa poursuite. Si le cocher n'a pas la précaution de jeter un regard en arrière, cette course risque souvent de se prolonger jusqu'à la station, et l'on peut comprendre alors dans quel état arrive le malheureux voyageur. Lorsque cet accident a lieu pendant la nuit, le cas devient encore plus sérieux. Bien des Russes nous ont raconté qu'ils s'étaient ainsi égarés, au point de ne pouvoir atteindre, qu'après un ou deux jours de recherches, la poste où leur traîneau était arrivé vide.

Rien de plus ordinaire que de dévier de son chemin dans ces steppes; il n'est nullement nécessaire pour cela de tomber de son traîneau. Nous-mêmes, dans le voisinage de Kherson, nous risquâmes de poursuivre toute la nuit notre route sans la découvrir. Un brouillard des plus épais nous surprit au coucher du soleil, à cinq verstes au plus de la ville. Longtemps nous marchâmes au hasard, ne sachant si nous nous dirigions vers le nord ou vers le sud; Dieu sait où nous serions allés, si le bruit d'une clochette de poste n'était enfin venu nous tirer d'incertitude. On nous remit sur la bonne voie, en nous apprenant qu'il était dix heures, et que douze verstes nous séparaient encore de Kherson.

Je renonce à dire avec quelle profonde satisfaction nous nous retrouvâmes à Odessa, ce port où tendaient nos vœux, cette terre de promission où nous allions enfin jeter l'ancre, après tant de fatigues et d'impressions multipliées! Les premiers jours qui suivirent notre arrivée, furent une source continuelle d'enchantements. Celui qui a couru le monde, pourra seul comprendre la joie avide avec laquelle nous nous reprîmes aux jouissances du chez soi, après en avoir été si longtemps sevrés. Le chez soi, mais c'est le bonheur suprême, c'est le paradis! Qu'importent alors l'hiver et ses rigueurs! Qu'importent les longues nuits glacées, les rafales du vent, tout ce qui se passe au dehors, quand, assis au coin du foyer, entouré de quelques bons amis, on savoure avec une si intime volupté les mille bonheurs dont se compose la vie sociale. Il est impossible de décrire le charme de ces longues causeries dont vos aventures lointaines font alors tous les frais; l'avidité avec laquelle on vous écoute, la surprise, la frayeur, la jalousie même qui agitent tour à tour l'âme de vos auditeurs, à mesure que les événements se multiplient dans votre récit. Heureux celui, qui, au retour d'un long pèlerinage, trouve une oreille complaisante pour recueillir les mille souvenirs de sa vie errante! Heureux quand il peut recommencer son voyage, en dérouler les tribulations, les enchantements, les dangers, le charme aventureux, devant un petit cercle d'intimes qui s'associent à toutes ses impressions, et parfois à ses regrets.

Tant qu'on est en voyage, il est difficile d'apprécier les nombreux épisodes, les péripéties, les ennuis, les impressions de toutes sortes qui naissent de cet état cosmopolite. L'esprit est alors trop intéressé à voir selon ses désirs, pour pouvoir se faire une idée précise des choses. Ne revenant jamais sur ce qui vient de se passer, il ne se préoccupe que de l'actualité. Ce n'est donc qu'à l'aide de la perspective, que le voyageur peut considérer sous leur véritable point de vue tous les incidents que le hasard a accumulés sur sa route. Ces réflexions, fruits d'une longue expérience, me portèrent, une fois rendue au repos, à juger d'une manière plus grave que je ne l'avais fait, quelques aventures de notre voyage dont les suites auraient pu devenir si fatales pour nous. La physionomie nouvelle qu'elles prirent à mes yeux, ne fit qu'augmenter ma reconnaissance envers cette douce Providence du voyageur, qui veille incessamment sur lui, écartant de son chemin tout ce qui pourrait mettre obstacle à son retour dans ses foyers.

En terminant ce voyage, source de tant d'idées nouvelles et d'impressions poétiques, je me permets de citer ces paroles remarquables de Lamartine : *Les voyages seraient une brillante duperie, s'ils n'étaient l'éducation de la pensée, par la nature et par les hommes.*

On ne peut, en quelques mots, mieux définir le résultat que doivent avoir sur l'esprit et l'imagination, les scènes changeantes de la nature et la diversité des peuples qu'on a eu l'occasion de voir et de juger.

CHAPITRE XV.

Départ d'Odessa pour la Crimée. — M. Taïtbout de Marigny. — Balaklava. — Le monastère Saint-Georges. — Le cap Parthénique.

Après un hiver passé dans les douceurs du repos, nous quittâmes Odessa, dans les derniers jours d'avril, pour aller visiter la Crimée, l'un des plus beaux fleurons de la couronne moscovite. Ce fut sur *la Julie*, brick appartenant à M. Taïtbout de Marigny, qui en était à la fois l'armateur et le capitaine, que nous nous embarquâmes, fort contents de quitter Odessa et sa poussière pour les frais paysages de la Tauride.

Notre départ du port fut des plus brillants. Les deux canons de *la Julie* et de *la Petite-Marie*, charmant cutter qui devait faire voile de concert avec nous, annoncèrent à toute la ville que notre flottille venait de lever l'ancre. La traversée ne pouvait manquer d'être fort agréable avec un aussi aimable capitaine que celui que nous possédions. M. Taïtbout de Marigny, consul des Pays-Bas, joint aux connaissances variées du savant, toutes les précieuses qualités de l'artiste et de l'homme du monde. Dès notre arrivée en Russie, une certaine analogie de destinées, de goût pour les arts et les voyages, joints à ce titre de compatriote, si précieux quand on est à six cents lieues de son pays, firent naître entre nous une amitié qui, depuis, ne s'est jamais démentie. Son nom, comme on a dû le remarquer, est assez souvent cité dans le cours de cet ouvrage; c'est à la fois un hommage rendu au savant, et un témoignage de sympathie pour l'homme aimable dont la société nous fut si douce pendant notre séjour en Russie. Chargé par le gouvernement hollandais d'explorer les bords de la mer Noire dans un but scientifique et artistique, il possédait les deux bâtiments que j'ai nommés, et sur l'un desquels, toute la petite société était réunie.

Quoique fort courte, la traversée n'en fut pas moins féconde en émotions. Mal de mer, bourrasque, clair de lune, causeries délicieuses, nous eûmes en abrégé tout ce qui fait le charme d'un voyage sur mer. Dans la matinée du second jour, par un soleil radieux, nous commençâmes à apercevoir les côtes de cette terre célèbre, surnommée inhospitalière par les anciens, en raison de l'horrible coutume qu'avaient ses habitants, de massacrer tout étranger que le hasard ou la tempête y conduisait. Les malheurs d'Oreste suffiraient seuls pour rendre la Tauride célèbre. Qui ne s'est attendri en lisant le drame à la fois terrible et touchant, dans lequel le frère et la sœur, jouets de la fatalité, sont les héros sur cette côte déserte! A peine pus-je distinguer la ligne de rochers qui se dessinait vaguement à l'horizon, que déjà je cherchais le cap Parthénique, où la tradition place le temple de la déesse Taure, cette cruelle déesse dont Iphygénie était prêtresse, et où elle faillit immoler son frère. Avec les indications de notre capitaine, je finis par découvrir sur la pointe d'un rocher, mais à une grande distance de nous, une chapelle isolée qu'on m'assura être consacrée à la Vierge. Quel contraste entre le doux culte de Marie et celui de la sanguinaire Taure qui exigeait pour offrandes, non la prière naïve et l'*ex-voto* du marin, mais des victimes humaines.

Toute la côte de ce côté, est stérile et déserte : un mur inaccessible s'étendait devant nous et semblait nous fermer cette presqu'île tant de fois conquise et ravagée par les nations guerrières et commerçantes. Dotée par la nature des avantages les plus précieux, la Tauride fut de tout temps un objet de convoitise pour l'Europe et l'Asie. Les peuples pasteurs se sont disputé ses montagnes; les peuples marchands ses ports et son célèbre Bosphore; les peuples guerriers ont planté leurs tentes au milieu de ses magnifiques vallées : tous ont voulu avoir un pied sur ce sol, où la civilisation grecque a laissé de si brillants souvenirs.

Pendant une partie de la journée, le vent contraire nous força à louvoyer et à courir de petites bordées devant la muraille qui s'étendait en face de nous. Cependant sur les quatre heures, un changement de vent permit au brick de se rapprocher de la côte. La mer ressemblait alors à un magnifique bassin, reflétant sur ses eaux transparentes les grandes masses calcaires dont les cimes surplombaient au-dessus de nos têtes. C'était un beau spectacle; mais l'air sérieux du capitaine et la manière attentive avec laquelle il regardait les voiles et commandait les manœuvres, nous faisaient facilement comprendre que le moment était grave, sinon critique. Une chaloupe montée par quelques hommes fut envoyée pour reconnaître la côte. Sa voile blanche, dorée par le soleil, ses oscillations et son éloignement la faisaient ressembler à un oiseau marin qui va chercher un gîte dans le creux de quelque rocher. Quant à la petite Marie, légère et gracieuse comme une hirondelle de mer, elle suivait nos évolutions en folâtrant sur les vagues. Tantôt à gauche, tantôt à droite, tantôt dans le sillon du brick, elle paraissait non céder à l'impulsion du vent, mais le faire servir à ses caprices. Le cercle se rétrécissait toujours autour de nous, et la figure de M. Taïtbout devenait de plus en plus soucieuse, lorsque tout à coup, à notre grande surprise, le rocher s'entr'ouvrit comme par un coup de théâtre, et nous livra un passage où deux navires n'auraient pu entrer de front. La manœuvre fut si brusque et si habile, que nous ne pûmes en aucune manière nous en rendre compte. Une fois hors de la passe, M. Taïtbout, tout radieux, nous apprit que cette entrée était fort dangereuse par les gros temps, et que même avec un peu de vent, elle devenait souvent impraticable. Mais grâce à son habileté et à la brise qui nous poussait vers la terre, nous pénétrâmes voiles déployées dans le port de Balaklava, avec tous les honneurs de la guerre.

Une forteresse en ruines domine la ville : de ce point élevé, les Génois, jadis maîtres de toute cette côte, planaient comme des oiseaux de proie sur la mer, et malheur aux bâtiments étrangers chassés par la tempête vers ces parages ? Balaklava, avec sa population grecque, sa ceinture de rochers et son doux ciel, ressemble à ces petites villes de l'Archipel, qu'on voit blanchir à l'horizon en faisant voile pour Constantinople.

Forcés de rester à bord jusqu'à ce que les formalités de la douane fussent remplies, nous jouîmes du tableau le plus gracieux et le plus animé qu'il soit possible de décrire.

Notre arrivée ayant lieu un dimanche, toute la population, en habits de fête, était répandue sur la plage et les hauteurs voisines. Des groupes de matelots, d'Arnaoutes et de jeunes filles, aussi sveltes que celles des îles de la Grèce, gravissaient lentement le sentier rapide conduisant à la forteresse, tandis que d'autres groupes, tout aussi pittoresques entouraient un joueur de balalaïka, dont l'instrument criard conviait à la danse. Les balcons étaient remplis de curieux, faisant sans doute mille conjectures sur l'apparition d'un brick dans leur port.

Balaklava, la brillante cembalo des Génois, est aujourd'hui le modeste chef-lieu d'une petite colonie grecque, dont l'origine remonte au règne de Catherine II et qui compte plusieurs villages réunissant environ 600 familles. Ce fut au milieu de ses guerres avec la Porte ottomane, que la célèbre impératrice songea à faire un appel à la nationalité des Grecs et à leur haine contre les Turcs. Le manifeste impérial fut suivi d'un prompt succès, et la Russie ne tarda pas à disposer d'un nombreux corps naval qui, dans toutes ses rencontres avec l'ennemi, se distingua par une éclatante bravoure. A peine la campagne contre la Turquie fut-elle terminée, que les auxiliaires de l'Archipel prirent une part active aux opérations militaires de la Crimée; plus tard, après la conquête de cette presqu'île, nous les voyons chargés de réprimer les insurrections, en frappant de terreur les Tatars, par la cruauté sanglante de leurs expéditions. A cette époque seulement, les musulmans de la Tauride leur donnèrent le nom d'Arnaoutes, qui s'est conservé jusqu'à nos jours.

La Crimée une fois soumise, la mission des Grecs devint plus pacifique. Le régiment reçut une nouvelle organisation à la fois militaire et coloniale, et on lui concéda pour résidence la ville et le territoire de Balaklava. La colonie compte aujourd'hui 600 hommes de troupes, dont les fonctions se bornent à surveiller, à tour de rôle, la ligne des côtes. D'après les statuts impériaux, l'activité de service ne peut être exigée d'un colon que durant quatre mois de l'année; les huit autres restent à sa disposition pour qu'il puisse se livrer à la culture de ses terres. Chaque soldat reçoit vingt-huit roubles de traitement annuel, et se charge de son équipement.

Le lendemain de notre arrivée, nous fîmes une promenade matinale ayant pour but quelques études géologiques. Embarqués dès cinq heures du matin, nous eûmes le spectacle du lever du soleil, si splendide en mer. Les flots étaient pailletés d'or; les rames elles-mêmes semblaient petiller d'étincelles. La ligne de rochers que nous longions, mise en relief par la lumière, nous laissait saisir ses contours les plus délicats. Nos rameurs nous débarquèrent sur une petite plage sablonneuse, formée par une échancrure du rocher, où les flots déposent une grande quantité de coquillages et de plantes marines. Là, pour horizon, on n'a que la mer bleue; pour bruit, que les tempêtes qui l'agitent. Une profusion d'arbustes en fleurs tapissait alors toutes les anfractuosités de la falaise. Hommaire, armé de son marteau de géologue, gravit, à notre grand effroi, ces masses calcaires qui ne sont visitées, de loin en loin, que par quelques pêcheurs. Sa présence inattendue et le bruit de son marteau causèrent, parmi les oiseaux qui nichaient dans ces belles solitudes, une révolution complète. Nous en vîmes un grand nombre voler au-dessus de nous, en donnant tous les signes d'une vive inquiétude.

Les rameurs, en se remettant en mer, se couronnèrent de branches d'aubépine et de pommiers en fleurs, et en décorèrent les bords de la chaloupe. Ce fut parés de ces fraîches guirlandes que nous fîmes notre entrée à Balaklava. Dans notre enthousiasme poétique, à la vue du beau ciel, de la mer si calme et des rameurs grecs qui conservaient ainsi après tant de siècles, sur la terre étrangère, les riantes coutumes de leurs aïeux, nous nous comparâmes modestement à l'une des nombreuses députations de l'antiquité, qui, chaque année, abordaient au

Pyrée, la poupe de leurs navires festonnée de fleurs, pour prendre part aux brillantes fêtes d'Athènes!

Dans la même journée, il fallut se séparer de notre excellent M. Taïtbout qui continua sa route pour Ialta, où nous nous donnâmes rendez-vous. Tandis que *la Julie* arrondissait ses voiles sous une fraîche brise et s'éloignait de Balaklava, nous nous dirigions vers le couvent de Saint-Georges, emportés par le rapide *péréclatnoy* russe, et l'imagination toute remplie des souvenirs de l'antiquité. Grâce à cette disposition de notre esprit, nous bravâmes, avec un courage héroïque, les horribles soubresauts de la voiture. Qu'on se figure une petite charrette à quatre roues, tellement étroite que deux personnes peuvent à peine y trouver place, et n'offrant pour siége, que les paquets des voyageurs placés sur un gros tas de foin, et l'on concevra qu'une fois assis là, des tours de force d'équilibre deviennent indispensables pour s'empêcher de tomber, surtout quand trois vigoureux chevaux emportent ce frêle équipage d'une poste à l'autre avec une fougue difficile à imaginer. C'est pourtant ainsi que la plupart des Russes voyagent, supportant pendant des semaines entières ce rude exercice.

Le bras passé sous celui de mon mari, pour avoir du moins un point d'appui, je soutins en véritable Moscovite, toutes les difficultés de ce genre de locomotion, et j'eus la satisfaction d'arriver saine et sauve chez les cénobites auxquels nous allions, au nom d'Oreste et d'Iphygénie, demander l'hospitalité : plaisanterie à part, je doute que l'exhibition de ces noms païens eût pu blesser la susceptibilité religieuse des moines. L'érudition n'est pas leur fort, et peu leur importe, après tout, que leur église ait peut-être pour fondement les ruines d'un temple rougi tant de fois par le sang des hommes.

La route de Balaklava au monastère est peu accidentée ; elle parcourt un immense plateau qui offre toute l'aridité des steppes de la mer Noire. Une heure avant le coucher du soleil, nous arrivâmes tout près du couvent, mais sans qu'un indice quelconque nous annonçât son voisinage. Aussi fûmes-nous très-surpris lorsque le cocher, quittant joyeusement son siége, vint nous prier d'imiter son exemple. Interrogeant vainement du regard tous les environs, nous étions tentés de croire qu'il se moquait de nous, et nous hésitâmes à le suivre dans un passage voûté où il venait de s'engager d'un air narquois, qui nous semblait être le comble de l'impertinence. Mais, à l'extrémité du passage, un cri d'admiration s'échappa de nos lèvres : le monastère, avec ses maisonnettes adossées contre le rocher, ses terrasses, son église à dôme vert, ses jardins, sa riche végétation, s'offrit à nos yeux, suspendu à plusieurs centaines de pieds au-dessus de la mer. Longtemps nous contemplâmes l'effet magique que produisaient les travaux de l'homme sur ce terrain d'éboulement couvert de roches volcaniques et d'arbres séculaires, et qui paraissait, par son aspect sauvage et bouleversé, n'avoir été destiné qu'à être le domaine de la solitude.

Les monastères russes et grecs sont loin d'offrir l'aspect monumental des couvents ultramontains : ils ne se composent que d'un groupe de maisonnettes à un étage, bâties sans symétrie et ne dénotant en rien les habitudes austères d'une communauté religieuse. Les âmes poétiques, qui trouvent dans les longues galeries d'un cloître tant de sujets de rêverie et de graves méditations, ne pourraient guère s'accommoder d'un pareil mépris pour la forme. L'expérience a toujours démontré combien les objets extérieurs exercent, même à notre insu, d'influence sur nos facultés intellectuelles. La beauté visible élève l'âme en exaltant son culte pour l'éternelle beauté, l'éternelle grandeur, pour le principe enfin de toute perfection. Nos pères le comprenaient parfaitement, en érigeant ces magnifiques cathédrales gothiques, ces abbayes, ces chapelles, tous ces chefs-d'œuvre d'architecture que nous admiron aujourd'hui, et qui révèlent un sentiment religieux dont nos monuments modernes ne sont que trop souvent déshérités.

Mais revenons aux moines de Saint-Georges qui nous reçurent, non en chrétiens, mais en véritables païens. L'évêque, pour lequel nous étions munis de lettres de recommandation, étant momentanément absent, nous eûmes le plaisir de tomber entre les mains de deux ou trois frères à mine refrognée, aux vêtements sales, à la figure enluminée annonçant des habitudes fort peu monacales. Ils nous confinèrent dans un taudis qui étalait, à notre grande consternation, la malpropreté la plus repoussante : quelques chaises vermoulues, deux ou trois mauvaises planches placées sur des tréteaux, et une horrible chandelle placée dans une bouteille, tels furent les objets que nous obtînmes de leur munificence. Le drogman ne put même se faire donner du charbon pour le sémavar, qu'en le payant le double de sa valeur. A toutes ses réclamations, les moines répondaient invariablement qu'ils ne nous devaient autre chose que le couvert. Que faire avec des gens qui comprennent ainsi les devoirs de l'hospitalité ?

Tout brisés que nous étions par le péréclatnoy, il fallut donc nous contenter de quelques verres de thé pour notre souper, et nous étendre, bon gré mal gré, sur les affreuses planches qu'ils avaient l'audace d'appeler un lit. Le retour de l'évêque nous valut heureusement, pour le lendemain, une chambre plus propre, des coussins, des matelas, des repas copieux, et des attentions plus respectueuses de la part des moines; mais tout cela ne put nous réconcilier avec des gens qui avaient une si singulière manière de mettre en pratique les préceptes de l'Évangile.

Du reste, les quelques jours passés au milieu d'eux, suffirent pour nous faire juger du degré d'ignorance et d'abjection dans lequel ils vivent. La religion, qui, à défaut d'instruction, devrait au moins façonner leur âme aux vertus chrétiennes et à l'amour du prochain, n'a aucune influence sur eux. Ils ne la comprennent pas, et leurs instincts grossiers trouvent peu d'obstacles dans les statuts de leur ordre. La paresse, l'ivrognerie, le fanatisme, remplacent chez eux, la foi, l'espérance et la charité.

La pente, extrêmement rapide de cette partie du littoral, rend la descente vers la mer des plus difficiles. Cependant nous la tentâmes, un peu par amour-propre, un peu par curiosité, et parvînmes, non sans avoir entraîné à notre suite bon nombre de débris de roches et d'arbres pourris, au bas de la côte, qui n'offre qu'une plage de quelques mètres de largeur. De magnifiques jets volcaniques forment, en cet endroit, une colonnade naturelle dont la base est sans cesse lavée par la vague. Des oiseaux de mer, seuls êtres vivants de ces lieux, se tenaient immobiles sur les aiguilles de pierre qui surgissent de l'eau, animant par leur présence, la physionomie un peu sauvage de la scène.

La descente, toute périlleuse qu'elle était, ne saurait se comparer aux difficultés que nous eûmes pour remonter. Il fallut, pour cela, s'accrocher aux saillies du rocher, aux broussailles, aux arbustes, à tout ce qui présentait quelque résistance, au risque de laisser des lambeaux de vêtement un peu partout. Quelque habituée que je fusse à courir les montagnes, je me sentis presque prise de vertige dans cette ascension réellement dangereuse, qui me sembla durer une éternité.

Je dus changer immédiatement de costume en rentrant dans notre cellule, tant le premier était endommagé; mais aucun accident sérieux ne vint gâter le plaisir que nous eûmes d'avoir fait un vrai tour de force.

Pendant les quelques heures consacrées à cette excursion, le couvent s'était rempli d'une foule de mendiants attirés par la fête annuelle qui devait avoir lieu le surlendemain. Des marchands de gâteaux et de fruits, des Tsiganes, des Tatars couvraient déjà le plateau de leurs tentes. Tout annonçait que la solennité devait être fort brillante, sans qu'une telle perspective eût le droit de nous séduire, car le soir même nous partîmes pour Sévastopol, fort satisfaits de nous éloigner de ce singulier couvent, où, contrairement à l'usage, l'hospitalité se vend, mais ne se donne pas.

En quittant le monastère Saint-Georges, nous nous dirigeâmes vers le cap Khersonèse, la pointe la plus occidentale de cette terre classique où brilla pendant plus de douze siècles la célèbre colonie de Kherson, fondée par les Héracléens six cents ans avant Jésus-Christ : aujourd'hui de tant de grandeurs passées, il ne reste plus que quelques monceaux de pierres sans nom et sans caractère.

CHAPITRE XVI.

Paysages de la Crimée. — Bagtché-Séraï. — Le palais des khans. Excursion à Tchoufout-Kalé. — La vallée de Josaphat. — Un rabbin poëte. — Le philosophe sans le savoir.

Quelques jours de repos à Sévastopol, une promenade à Inkermann, deux visites à la flotte russe, furent plus que suffisants pour satisfaire notre curiosité de touristes, toujours en quête d'impressions nouvelles.

Nous partîmes donc un beau matin, heureux de laisser derrière nous Sévastopol et la civilisation enropéenne, pour Bagtché-Séraï, l'ancienne capitale des khans.

La route, entre ces deux localités, est constamment adossée à une chaîne de montagnes qui domine des paysages d'une admirable beauté. Il faut voyager, comme nous le faisions alors, dans le commencement de mai, pour apprécier tout le charme de cette fraîche et éclatante nature de la Tauride. A défaut de la mer, nous avions sous les yeux tout ce que la richesse du sol et la variété des sites peuvent offrir de plus séduisant : des forêts de pêchers, d'amandiers, de pommiers, d'abricotiers en fleurs, tapissaient tous les coteaux, formant au loin dans les vallées, des taillis rouges, verts, blancs, roses, dont le vent du midi nous apportait les parfums. Nos regards embrassaient à vol d'oiseau, mille tableaux que nous aurions bien voulu admirer en détail, mais les côteaux, les rivières, les fermes, les vertes prairies, les villages tatars si rapidement entrevus, s'effaçaient aussitôt pour faire place à d'autres images, et le péréclatnoy, dans sa course fougueuse, nous laissait à peine le temps d'avoir un regret.

Malgré la chaleur énervante de cette journée, le temps nous parut court absorbés que nous étions par le charme d'une pareille course à travers la Khersonèse. Partout des aqueducs, de vieux ponts, des tours à demi renversées, attestant une ancienne civilisation : puis, comme contraste, les villas les plus coquettes, s'épanouissant de tous côtés ; là sur le bord d'un torrent, ici au penchant de la colline, plus loin, au milieu d'un verger.

A Chouly, nous mîmes pied à terre, tout exprès pour visiter la modeste maison où Pallas vécut longtemps, et où il mourut dans un âge fort avancé.

Nous arrivâmes dans la capitale des khans, sur les trois heures, brisés par les secousses du péréclatnoy, les yeux brûlés par le soleil, et couverts de poussière à ne pouvoir plus respirer. Qu'on juge donc de l'ineffable volupté avec laquelle nous prîmes possession d'un salon du palais, frais et sombre, garni de divans moelleux, et, chose surprenante, d'une table couverte de sorbets à la glace, de fruits, de pâtisseries, comme dans un conte de fée, sans qu'aucune figure importune fût là pour en atténuer le prix.

Une lettre du gouverneur de la Tauride était le talisman qui, en nous ouvrant les portes du palais, nous avait ménagé cette délicieuse surprise. Les ordres, donnés avec la précision militaire qui domine tous les actes de la vie privée et de la vie publique en Russie, avaient été exécutés de façon à ce que nous n'eussions pas le temps de manifester un désir dès notre entrée dans ce palais magique.

A la vérité, une telle réception était bien due à de pauvres voyageurs qui n'avaient avalé la poussière de la route qu'avec l'espoir de se reposer au séraï, seul but de leur voyage. On nous en avait raconté tant de merveilles, qu'amoureux comme nous l'étions de tout ce qui rappelle l'Orient, nous nous faisions une vraie fête de le visiter, et je dois ajouter que la réalité surpassa encore notre attente.

Situé au centre de la ville, au fond d'un vallon

cerné par des collines d'inégales hauteurs, le palais (séraï) occupe une enceinte considérable qu'entourent de hautes murailles, et une petite rivière profondément encaissée. Un poste, tenu par des invalides russes, garde le pont qui donne accès dans la principale cour. Celle-ci spacieuse, plantée de peupliers d'Italie et de lilas, est ornée d'une charmante fontaine turque, ombragée de quelques saules. Son murmure mélancolique est en harmonie avec la solitude qui règne dans toute l'enceinte du palais. A droite, en entrant, sont des bâtiments d'une grâce orientale, dont l'un, exclusivement réservé aux voyageurs assez heureux pour obtenir l'entrée du palais, nous avait ouvert ses portes à deux battants. A gauche sont la mosquée, les écuries et les arbres du champ des morts, qu'un mur sépare de la cour.

Nous visitâmes d'abord le palais proprement dit, présentant dans son extérieur toute l'irrégularité des demeures orientales. Mais à défaut d'unité et d'harmonie dans les parties, de larges galeries, des peintures brillantes, des pavillons de construction si légère, qu'ils semblent à peine tenir au corps de l'édifice, et une profusion de grands arbres l'ombrageant de tous côtés, lui donnent un charme qui, à mon avis, l'emporte de beaucoup sur la régularité systématique de nos résidences princières. Quant à l'intérieur, c'est une page des *Mille et une nuits*, offrant, non des fictions mensongères, mais une ravissante réalité. Le premier vestibule où nous entrâmes, possède la célèbre fontaine des larmes, qui sut inspirer de si beaux vers à Pouschkine! Ce nom mélancolique lui vient de ce que les filets d'eau qui s'échappent comme à regret de leur prison, font entendre, en tombant sur le marbre du bassin, un murmure si triste et si doux, qu'en les écoutant, on se sent saisi d'un trouble secret. Le vestibule, par son aspect sombre et mystérieux, augmente encore la propension de l'esprit à oublier le réel pour les rêves de l'imagination. De fines nattes égyptiennes amortissent le bruit des pas ; les lambris sont couverts de sentences du Coran, écrites avec ces étranges caractères turcs, en or sur fond noir, qui semblent plutôt le produit capricieux de la fantaisie que l'expression de la pensée.

Du vestibule, nous pénétrâmes dans un salon spacieux ayant un double rang de croisées qui sont ornées de vitraux représentant toutes sortes de scènes champêtres. Le plafond est étincelant de dorures, ainsi que les portes qui sont d'un fort beau travail. De larges divans en velours cramoisi règnent tout autour de la pièce. Au milieu est un jet d'eau avec des gerbes éblouissantes retombant dans un large bassin de porphyre. Tout est magnifique dans cette salle ; mais une chose assez bizarre, et qui rentre dans le caractère plein d'enfantillage des

Orientaux, est la manière dont les murs sont peints. Tout ce que l'imagination la plus féconde peut inventer en fait d'îles, de villages, de ports de mer fantastiques, de châteaux fabuleux, se trouve pêle-mêle jeté sur les murs, sans que la perspective soit plus respectée que les règles de la géographie. Bien mieux : on a ménagé au-dessus des portes, certaines niches où sont rassemblés toutes sortes de jouets d'enfants, tels que des maisonnettes en bois de quelques pouces de hauteur, des arbres chargés de fruits, des modèles de navires, de petits bonshommes faisant mille contorsions ; enfin tous les produits de la forêt Noire, etc. Ces curiosités d'un nouveau genre, placées par gradins, afin qu'on puisse bien les examiner, sont précieusement défendues par des vitrages. L'un des derniers khans, à ce que l'on nous assura, venait chaque jour s'enfermer dans ce salon pour admirer à son aise des objets d'un si haut intérêt. Une telle puérilité d'esprit chez les Orientaux, donnerait une triste idée de leur intelligence, si elle n'était rachetée par l'instinct du beau et le sens poétique, qu'ils possèdent à un haut degré. Pour ma part, je pardonnai de bon cœur aux khans d'avoir bariolé leurs murs à plaisir, en considération du délicieux jet d'eau qui ruisselait sur le marbre, et du petit jardin rempli de fleurs rares attenant au salon.

La salle du divan, d'une grande magnificence,

possède un plafond dont les moulures sont d'une finesse exquise; l'or, le velours, les riches ornements ont été prodigués dans cette pièce où les khans, environnés de toute leur cour, venaient tenir conseil!

D'autres salons, décorés de fontaines et de peintures brillantes, furent tour à tour l'objet de notre curiosité. Mais l'appartement de la belle comtesse Potoski absorba bientôt tout notre intérêt. Cette jeune femme, par une fantaisie bizarre du sort, inspira l'amour le plus violent à l'un des derniers Khans de la Crimée, qui l'enleva et la rendit maîtresse absolue de son palais. Elle y vécut dix ans, partagée entre la tendresse que lui inspirait un infidèle et les remords auxquels elle dut une mort prématurée.

Le souvenir de cette étrange destinée qui, pour nous, avait l'attrait du roman, jetait un charme magique sur tous les objets. L'officier russe, notre cicérone, nous fit remarquer une croix sculptée sur la cheminée de la chambre à coucher. Ce symbole mystérieux, placé au-dessus d'un croissant, traduisait éloquemment le côté poétique d'une vie d'amour et de souffrance. De combien de larmes, de combats, de regrets ne fut-il pas témoin. Il me semblait voir au milieu de ce vestibule, de ces salons déserts éclairés par un soleil couchant, glisser mystérieusement l'ombre de la belle polonaise, et entendre sa voix dans le murmure des fontaines.

Nous traversâmes je ne sais combien de jardins et de cours intérieures entourées de hauts murs, pour visiter les différents pavillons, kiosques, constructions de tous genres que renferme l'enceinte du palais. L'endroit qu'occupe le harem possède une si grande profusion de rosiers et de sources, qu'on lui a donné à juste titre, le nom gracieux de petite vallée des roses. Une porte presque invisible le met en communication avec le palais par un long corridor. Rien de plus charmant que cet édifice de style arabe, s'élevant au milieu des arbres en fleurs, et rappelant le souvenir des voluptueuses musulmanes qui venaient y respirer la fraîcheur de ses jets d'eau. Aucun son du dehors ne peut arriver jusque-là; le gazouillement des sources et le chant du rossignol sont les seuls bruits de cette retraite enchantée. Nous comptâmes plus de vingt fontaines disséminées dans les cours et jardins: toutes ces eaux viennent de la montagne et sont d'une fraîcheur extrême.

Une tour assez élevée, avec sa terrasse garnie de grillages s'élevant et s'abaissant à volonté, était destinée aux femmes des khans, afin qu'elles pussent assister, sans être aperçues, aux jeux guerriers des jeunes Tatars. Au delà, la ville de Bagtché-Séraï s'élève graduellement sur un cercle de collines dont la configuration peut se comparer à celle d'un entonnoir. Mille bruits confus, resserrés dans cet étroit horizon, arrivaient jusqu'à nous, à cette heure du soir où la nature s'empreint d'un charme inexprimable : la voix des derviches, descendant grave et sonore du haut des minarets pour annoncer l'heure de la prière, les bêlements des troupeaux quittant les pâturages, les cris des pasteurs, tous ces sons divers, multipliés par les échos de la montagne, étaient empreints de poésie.

Après notre visite du palais, nous nous rendîmes à la mosquée et au champ des morts, où sont les tombeaux de tous les khans qui ont régné dans la Tauride. Là, comme à Constantinople, j'admirai l'art merveilleux qu'ont les Orientaux pour déguiser sous de fraîches images l'idée si triste de la mort. Il est difficile de se livrer à de lugubres pensées en respirant un air chargé de parfums, en écoutant le bruit de l'eau qui jaillit d'une fontaine, en suivant de petits sentiers bordés de violettes, conduisant à des bosquets de lilas où des tombeaux, couverts de riches tapis et d'inscriptions fastueuses, se cachent sous leurs grappes embaumées? On conviendra que tout cela ne peut guère assombrir l'imagination.

Le Tatar qui garde cette riante retraite de la mort, obéissant sans s'en douter, au sentiment poétique que les Orientaux possèdent instinctivement, m'apporta un bouquet cueilli sur le tombeau d'une Géorgienne, l'épouse chérie du dernier khan? Ce don, aussi charmant que le souvenir de la jeune et belle princesse dont la dépouille reposait parmi les fleurs, me fit une vive impression. N'était-ce pas chose touchante que de voir un humble gardien du champ des morts, comprendre que des fleurs, associées à la mémoire d'une jeune femme, ne pouvaient être indifférentes à une autre jeune femme? Il y avait là une exquise délicatesse de sentiment qui se refuse presque à l'analyse.

Quelques pavillons isolés contiennent les tombeaux des khans qui ont laissé de grands souvenirs à la postérité? Plus ornés que les autres, ils témoignent par leur magnificence et le soin avec lequel on les entretient, de la vénération religieuse des Tatars. Des tapis, des cachemires, des lampes constamment allumées, des inscriptions en lettres d'or, décorent ces monuments ne rappelant pourtant que des noms oubliés.

Tel est le rapide aperçu que je puis donner de l'antique séjour des khans, restauré avec un soin touchant par l'empereur Alexandre. Avant lui, le plus triste abandon régnait dans les jardins, les appartements, et les cours qu'une herbe épaisse avait complétement envahies. Tout faisait craindre qu'au bout de quelques années, il ne restât plus rien d'une demeure à laquelle se rattache presque tout le passé de la Crimée. Mais Alexandre, avec sa vive imagination, bien faite pour apprécier la poésie d'un pareil lieu, fut tellement frappé, dans un voyage qu'il fit en Crimée, de la beauté mélancolique du palais et de son horrible délabrement, qu'à peine de retour à Saint-Pétersbourg, il se hâta d'envoyer à Bagtché-Séraï un homme d'un grand mérite, avec la mission de rétablir la résidence tartare telle qu'elle avait été jadis. Depuis lors, la famille impériale est venue plus d'une fois oublier, sous ce beau ciel et ces bosquets de roses, la triste magnificence des palais de Saint-Pétersbourg.

Je ne puis, en parlant de cette ville tartare, passer sous silence un homme connu de toute la Crimée par son excentricité. Un jour, les Tatars virent arriver dans leur capitale un certain Hollandais du nom de Vanderschbrug, ancien officier des voies et communications qui, par des motifs restés inconnus, s'établit au milieu d'eux, et ne sortit jamais des murs de la ville, quoique sa famille habitât Simphéropol. Une pension de retraite, montant à quelque centaines de roubles, lui permit un genre d'existence, peu séduisant sans doute aux yeux de beaucoup de personnes, mais qui cependant n'est pas dénué d'un certain charme. L'indépendance complète dont il jouit, le dédommage en quelque sorte du vide que doit laisser en lui l'absence des affections de famille. Il vit en vrai philosophe dans sa maisonnette, avec une vache, une volière, des crayons, quelques livres et une vieille gouvernante; parle tatar comme un Tatar, et n'est connu dans toute la contrée que sous le nom de *l'ermite de Bagt-ché-Séraï*. Les Tatars ont pour lui une espèce de vénération : souvent même quand il s'élève entre eux des différends, ils s'empressent de le consulter, et suivent scrupuleusement ses conseils.

Nous allâmes lui demander à déjeuner et fûmes reçus avec une simplicité patriarcale. En le voyant dans son humble intérieur, satisfait en apparence de son sort, nous pûmes juger combien il faut peu à l'homme pour le rendre heureux quand ses désirs sont bornés! Le major Vanderschbrug trouve dans l'étude et les arts dont il a conservé le goût, de fécondes ressources pour animer sa solitude. Il nous montra quelques délicieuses aquarelles faites dans ses moments de loisir, ainsi qu'un vieux volume de Jean-Jacques, qu'il conserve très-précieusement depuis nombre d'années. A toutes les objections que nous lui faisions contre l'exil bizarre auquel il s'était condamné, il nous répondait philosophiquement que l'ennui n'avait pas encore pénétré sous son humble toit.

Nous eûmes le plaisir de visiter en sa compagnie la vallée de Josaphat et la fameuse montagne de Tchoufout-Kalé qui, depuis plusieurs siècles, est la propriété exclusive de juifs connus sous le nom de Karaïmes ou Karaïtes. Dès six heures du matin, montés sur de petits chevaux tatars, nous entreprîmes de gravir le sentier rapide qui serpente à travers un vaste champ des morts couvrant tout le revers de la montagne. L'aspect mélancolique des tombeaux chargés d'inscriptions hébraïques, s'accorde avec la nature triste et désolée des lieux. De toute la population qui, depuis tant de siècles, s'est renouvelée sur ce rocher, il ne reste plus que des tombes et une douzaine de familles s'obstinant, par esprit religieux, à vivre au milieu des ruines !

En considérant la position presque inaccessible de la ville, son manque d'eau, la stérilité du sol, l'isolement de ses habitants, on ne peut être que profondément frappé du besoin de liberté qui fit jadis choisir aux Karaïtes un pareil emplacement, et de la constance des familles qui y vivent encore. Tchoufout-Kalé est bâti entièrement sur le roc nu. L'escarpement de la montagne est tel, dans l'endroit même où elle est accessible, que l'on a dû creuser des marches sur plusieurs centaines de pas de longueur. A mesure que l'on monte, de grandes masses de rochers, semblables à des forteresses ou à des murs gigantesques, s'avançant au-dessus de votre tête, semblent vous menacer d'une horrible destruction. C'est sous une pareille impression que l'on entre dans cette ville ruinée, dont les rues pleines de décombres, le silence funèbre et l'aspect désolé achèvent d'épouvanter l'esprit. Nul habitant ne se montre aux portes ; personne ne se présente pour accueillir l'étranger et lui indiquer son chemin. Les seuls êtres vivants sont des chiens affamés dont les hurlements sinistres nous faisaient tressaillir d'effroi.

Outre l'intérêt que devait nous inspirer la vue de cette acropole du moyen âge, nous étions mus dans notre visite à Tchoufout-Kalé par un motif plus puissant encore, celui de voir un poëte, vivant depuis sa jeunesse, sur ce triste rocher. M. Taïtbout de Marigny avait vivement piqué notre curiosité en nous parlant de lui, et le major Vanderschbrug ne fit que confirmer tout ce que le consul de Hollande nous avait appris. Notre premier soin, en arrivant, fut donc de nous diriger du côté de l'habitation du rabbin, bâtie, comme l'aire de l'aigle, sur la pointe d'un rocher. Introduits dans le cabinet rempli de livres et de cartes géographiques, nous nous trouvâmes en présence d'un petit vieillard à longue barbe blanche, lequel nous reçut avec la gravité pleine d'aisance et de noblesse des Orientaux. Ses traits nous offrirent le type israélite dans sa plus grande pureté. A l'aide du major qui nous servait d'interprète, nous pûmes admirer la variété des connaissances que possède cet homme complétement étranger au monde.

Comprend-on que, dans une semblable retraite dépourvue de toutes les ressources indispensables pour faire une étude quelconque, un homme ait pu entreprendre le travail gigantesque d'écrire l'histoire de la tribu des Karaïtes, depuis Moïse jusqu'à nos jours? Voilà pourtant ce dont s'occupe depuis nombre d'années notre rabbin, sans se laisser décourager par les obstacles de tous genres que lui présente une pareille entreprise!

Plus de vingt ans s'étaient écoulés depuis qu'il travaillait à cet ouvrage en hébreu!

Inutile d'exprimer la surprise et je dirai plus, l'admiration que nous causa la vue de cet homme d'une grande intelligence, d'une érudition prodigieuse, d'une imagination poétique, consumant sur un triste rocher le reste d'une existence qui aurait pu être si belle et si féconde au sein de la société! Il nous fit voir plusieurs manuscrits de poésies sacrées, composées dans sa jeunesse. Combien je regrettai de ne pouvoir lire les inspirations d'un tel poëte!

En véritable patriarche, il vit au milieu d'une dizaine d'enfants de tous les âges, qui animent et embellissent sa solitude. Plusieurs petites chambres communiquant entre elles par des galeries intérieures, forment son habitation. C'est bien humble, bien modeste; mais la physionomie remarquable du abbin et le costume oriental de sa femme et de ses filles, jettent sur cette triste demeure un charme auquel on ne peut rester indifférent. Il nous conduisit lui-même à la synagogue, petit édifice que la solitude habite depuis longtemps. Nous vîmes aussi, non sans un vif intérêt, le tombeau de la fille d'un khan, devenue chrétienne, sous la domination génoise, par une inspiration surnaturelle (à ce que l'on prétend). Ayant déserté le Coran pour la loi du Christ, elle vint mourir, à l'âge de dix-huit ans, au milieu de ceux qui l'avaient convertie. Son tombeau, confiné au fond d'une cour remplie d'herbe, présente comme tout ce qui l'entoure, l'aspect de la dégradation, de l'oubli et des ravages du temps. En le voyant si triste et si abandonné, j'en fis intérieurement la comparaison avec les monuments gracieux du champ des morts de Bagtché-Séraï ! A ceux-ci les fleurs, le soleil, les inscriptions brillantes, la vénération des Tatars ; à celui-là l'herbe parasite, la tristesse, l'oubli.

Toute la partie inférieure de la montagne, ainsi qu'une vallée étroite et profonde qui s'étend à l'est de Tchoufout-Kalé, sont couvertes de tombeaux. C'est à leur multitude innombrable que la contrée doit sans doute le nom de vallée de Josaphat. En face de la ville karaïte est le célèbre couvent de l'Assomption, où l'on assure que, dans le mois d'août, plus de vingt mille pèlerins se trouvent réunis. Les cellules, enchâssées dans le rocher, font un effet très-bizarre, et ressemblent à un assemblage de ruches. Quelques escaliers en bois conduisent extérieurement aux divers étages de cet étrange couvent habité seulement par quelques moines.

Nous remarquâmes, à notre retour à Bagtché-Séraï, beaucoup de cryptes percées dans le rocher, servant d'asile à un grand nombre de Tsiganes. Nulle part, ce peuple vagabond n'offre un aspect plus dégoûtant que dans cette localité. D'horribles infirmités, une misère au-dessus de toute expression, des membres difformes, tout fait douter, en les voyant, qu'ils puissent appartenir à l'humanité.

Le lendemain de notre course à Tchoufout-Kalé, nous dîmes adieu à Bagtché-Séraï et à son philosophe, pour prendre le chemin de Simphéropol, où nous devions nous arrêter quelques jours.

CHAPITRE XVII.

Simphéropol. — Encore Bagtché-Séraï. — Karolès.
Les princesses Adil-Bey. — Mangoup-Kalé.

Sous les Tatars, Simphéropol, la seconde ville de la Crimée, servait de résidence au kalga-sultan, et était alors ornée de palais, de mosquées, de beaux jardins dont il reste peu de traces aujourd'hui. Aux rues tortueuses, aux murs élevés, aux bosquets de roses de l'ancienne cité, a succédé la froide monotonie des villes russes. On peut donc, à bon droit, lui reprocher d'avoir un plan assez vaste pour contenir dix fois autant de maisons qu'elle en possède; mais, du moins, rien n'a pu lui enlever son Salghir, avec ses bords couverts des plus riches vergers de la Crimée; seulement, au lieu de bâtir la ville nouvelle au fond de la vallée, on l'a jetée sur un immense plateau où ses rares maisons et ses rues démesurément larges, n'ont aucune espèce de caractère; mais aussi, comment peindre le bonheur que l'on éprouve, lorsqu'après avoir erré longtemps dans de telles rues incendiées par le soleil, on se trouve sous les frais ombrages qui bordent le Salghir! Là, de charmantes maisons de campagne s'élèvent au sein des vergers, et vous font vite oublier la tristesse et l'aridité de Simphéropol.

Une aimable famille française depuis longtemps établie dans le pays et dont le chef, M. de Serre[1], ancien disciple et ami de Vauquelin, fût devenu célèbre en chimie, s'il n'eût pas quitté la France, nous retint plusieurs jours sur les bords du Salghir.

Nous fîmes en compagnie des dames Pisani et Lagoriot (filles de M. de Serre), de nombreuses excursions dans la vallée de l'Alma, la plus capricieuse, la plus tortueuse, la plus riche en accidents imprévus que je connaisse! La rivière qui lui donne son nom, fait de tels tours et détours dans cette sauvage vallée, que je me souviens l'avoir traversée dix-huit fois à cheval, dans une promenade de trois heures.

De retour à Bagtché-Séraï, nous passâmes une ravissante soirée sur une des galeries du palais, à

---

1. Son petit-fils, M. Félix Pisani, est un jeune chimiste plein d'avenir, qui habite Paris tout exprès pour suivre les progrès de la chimie, et concourir lui-même aux progrès de cette science de tout son pouvoir.

prendre le thé et à deviser avec notre philosophe, tandis que la lune, pâle et sereine, jetait sur l'édifice, les jardins et la grande cour déserte, un charme presque idéal.

Dès le lendemain, nous abandonnâmes définitivement le péréclatnoy pour monter à cheval; quiconque eût pu voir défiler notre caravane, à sa sortie du palais, aurait ri de bon cœur de sa physionomie exotique.

Assise sur une selle tatare, d'une hauteur prodigieuse, avec mon costume de la mer Caspienne et un parasol à la main, j'avais pour ma part une tournure suffisamment excentrique. De son côté, M. de Hell portait, avec toute la gravité orientale, le bonnet persan, la ceinture et les armes dont il s'était fait une habitude dans ses longs voyages. Mais nos personnes, si singulières qu'elles fussent, ne pouvaient se comparer à celle du drogman. Une demi-douzaine de sacs de cuir, contenant des provisions, battaient les flancs de son cheval; ma pauvre capote en paille, que j'avais dû abandonner pour un chapeau rond, était suspendue au pommeau de sa selle comme un vrai chiffon, et au milieu de tout cet attirail, brillait un parapluie de toile blanche, dont il se faisait complaisamment un rempart contre le soleil, sans se soucier de ce surcroît d'embarras. Deux cavaliers tatars nous suivaient, ayant aussi leur contingent de bagages.

Après quelques heures de marche au milieu d'une contrée entrecoupée de ruisseaux, de vallons et de nombreux vergers, nous arrivâmes dans la soirée à Karolès, village tatar, perdu au milieu des montagnes, dans la vallée dont il porte le nom, et l'un des plus délicieux endroits que l'on puisse rencontrer dans cette belle Tauride, si riche pourtant en sites pittoresques!

Son voisinage de Mangoup-Kalé, l'abondance de ses eaux, les montagnes qui forment, au fond de la vallée, une ligne de murailles crénelées, comme si dans ses jeux, la nature s'était plu à imiter l'art, en conservant néanmoins ses proportions les plus grandioses, et plus que tout cela, le mérite d'appartenir à la princesse Adil-Bey dont la beauté, quoique invisible, a inspiré plus d'un poëte, tout jette sur Karoley un attrait romanesque qui lui amène chaque année de nombreux visiteurs.

Avant de partir de Simphéropol, je m'étais munie d'une lettre du gouverneur pour la princesse, afin de me convaincre par moi-même si sa beauté et celle de ses filles valaient leur réputation. Cette question avait été souvent agitée depuis notre arrivée en Crimée, et l'on conçoit mon désir de la résoudre victorieusement. Mais, malgré la lettre d'introduction, mon admission dans le palais était encore chose douteuse, car bien des dames russes avaient inutilement frappé à sa porte. Tout en exerçant l'hospitalité la plus noble, la princesse Adil-Bey était rarement disposée à contenter la vive curiosité de ses hôtes. Quoique la loi de Mahomet, relativement à la séquestration des femmes, soit moins vigoureuse chez les Tatars de la Crimée que parmi les Turcs de Constantinople, les femmes riches n'en vivent pas moins dans un isolement presque absolu.

Un de nos amis de Simphéropol, nous ayant précédés de quelques heures chez la princesse, avait eu le soin d'annoncer notre arrivée avec accompagnement de grosse caisse, attention qui nous valut un accueil des plus brillants. La maison des étrangers fut préparée avec l'ostentation naturelle aux Orientaux. Nous passâmes, en traversant le vestibule, au milieu d'une double haie de serviteurs, dont l'un des plus âgés et des plus richement vêtus nous introduisit dans un salon disposé à la turque, tout couvert de fraîches peintures, et garni de larges divans de soie rouge, qui nous rappelèrent les pièces délicieuses du palais des khans. Le fils de la princesse, charmant enfant de douze ans, parlant fort bien le russe, vint se mettre à notre disposition, et voulut se charger lui-même de traduire nos ordres aux domestiques et de veiller à ce que rien ne nous manquât. Je lui remis ma lettre, qu'il s'empressa de porter à sa mère, et peu de temps après il revint m'annoncer, à mon extrême satisfaction, qu'elle me recevrait aussitôt sa toilette terminée. Certaine alors de pouvoir satisfaire ma curiosité, je comptai les minutes jusqu'au moment où un officier, suivi d'une vieille femme voilée, vint me prendre pour m'introduire dans le palais mystérieux dont je n'avais aperçu jusqu'alors que la haute muraille d'enceinte.

Chose convenue entre nous, mon mari essaya de nous suivre; et voyant qu'on n'y mettait nul obstacle, franchit sans plus de cérémonie la petite porte donnant entrée dans le parc, traversa ce dernier, monta hardiment sur une terrasse attenante au palais, et finit par se trouver, non sans être tout surpris de cette bonne fortune, dans un petit salon faisant partie des appartements intérieurs de la princesse. Jusqu'alors nul étranger, excepté le comte Woronzof, n'avait pénétré dans l'intérieur du palais : l'exception aussi flatteuse qu'inespérée faite en faveur de mon mari, semblait donc grosse de promesses. Mais tout se borna là. L'officier qui nous avait introduits dans le palais, après nous avoir servi de l'eau glacée, des confitures et des pipes, vint prendre mon mari par la main, et le conduisit hors du salon avec une promptitude fort significative. En effet, à peine eurent-ils disparu, qu'une portière soulevée dans le fond de la pièce, donna passage à une femme d'une beauté éclatante, vêtue d'un riche costume, laquelle s'avançant vers moi avec un air de dignité remarquable, me prit les mains, m'embrassa sur les deux joues et s'assit à mon côté, en me faisant mille signes d'amitié, avant que je n'aie eu le temps de me reconnaître. Elle avait beaucoup de rouge; ses sourcils, peints en noir, selon la mode orientale, et réunis au bas du front, donnaient à sa physionomie quelque chose de sévère, sans nuire pourtant à la grâce toute féminine du visage. Une veste en velours, garnie de fourrure, serrait sa taille encore élégante. Tout, dans son ensemble, surpassait l'idée que je m'étais faite de sa beauté. Nous restâmes plus d'un quart d'heure à nous considérer attentivement, échangeant tant bien que mal quelques mots russes, insuffisants pour traduire nos pensées. Mais en pareil cas, le regard supplée à la parole, et le mien dut faire comprendre à la princesse l'admiration que me causait sa vue. Quant au sien, je dois avouer humblement qu'il paraissait beaucoup plus surpris que charmé de mon costume de voyage. Que n'aurais-je pas donné pour connaître le résultat de ses réflexions, dans l'analyse qu'elle en faisait; il me vint même un véritable scrupule de conscience, celui de m'être présentée à elle sous un vêtement qui devait lui donner une singulière idée des modes européennes.

Malgré mon désir de prolonger notre tête-à-tête dans l'espoir de voir ses filles, la crainte d'être indiscrète me décida à prendre congé d'elle; mais un geste gracieux me retint, tandis qu'elle me disait avec beaucoup de vivacité; « Pastoy, pastoy » (Attendez, attendez), tout en frappant des mains à plusieurs reprises. A ce signal, une esclave s'empressa d'accourir, et d'ouvrir sur l'ordre de sa maîtresse, une porte à deux battants. Aussitôt la plus brillante apparition me rendit subitement muette de surprise et d'admiration. Qu'on rêve aux plus délicieuses sultanes dont la poésie et la peinture aient essayé de donner l'idée, et l'on sera loin encore des ravissants modèles que j'avais sous les yeux! Elles étaient trois, aussi belles, aussi gracieuses, aussi poétiques l'une que l'autre. Les deux aînées portaient des tuniques en brocart cramoisi, ornées sur le devant de larges galons d'or. Ces tuniques ouvertes laissaient apercevoir des robes de cachemire, avec les manches très-étroites, se terminant par des franges d'or. La tunique de la plus jeune, en brocart bleu de ciel, avait des ornements d'argent, seule différence qui existât entre sa parure et celle de ses sœurs. Toutes les trois possédaient de magnifiques cheveux noirs s'échappant en tresses innombrables d'un fez en filigrane d'argent; toutes les trois étaient chaussées de babouches brodées d'or, et portaient des pantalons bouffants, serrés à la cheville du pied.

Impossible de voir une peau plus éclatante, des cils aussi longs, une fleur de jeunesse aussi délicate. Le calme répandu sur les traits de ces charmantes créatures n'avait jamais été troublé par aucun regard profane. Seul, celui de leur mère, leur avait dit jusqu'alors combien elles étaient belles, et cette pensée, qui me vint tout de suite à l'esprit, leur donnait à mes yeux un charme infini. Ce n'est pas dans notre Europe, où les femmes, exposées comme elles le sont aux regards de la foule, s'abandonnent de si bonne heure à la coquetterie, que l'on pourrait imaginer un pareil type de beauté : les traits de nos jeunes filles sont trop vite altérés par la vivacité de leurs impressions, pour que le regard de l'artiste puisse y trouver ce charme divin de pureté et d'ignorance qui me frappa si vivement à la vue de mes princesses tatares. Lorsqu'elles m'eurent embrassée, elles se retirèrent dans le fond du salon où elles restèrent debout, avec ces poses orientales que nulle femme en Europe ne saurait imiter. Une douzaine de suivantes, enveloppées de mousseline blanche, et dominées par un sentiment de curiosité et de respect, se pressaient à la porte du salon. Leurs silhouettes, se dessinant en relief sur un fond sombre, ajoutaient encore au pittoresque de la scène que j'avais devant moi. Ce beau rêve dura près d'une heure. Quand la princesse me vit décidée à partir, elle me fit signe d'aller visiter le jardin; mais je me hâtai de la remercier de cette nouvelle attention, préférant de beaucoup rejoindre mon mari, auquel j'avais hâte de raconter tous les détails de cette entrevue qui m'avait complétement éblouie.

Le lendemain matin, nous montâmes à cheval pour visiter Mangoup-Kalé, montagne renommée dans le pays, et qui inspire aux habitants, une grande vénération. Les Goths, les Turcs, les Tatars la possédèrent tour à tour. Sa position presque inexpugnable lui fit jouer un rôle important dans toutes les révolutions que subit la Crimée, et à son nom se rattachent les souvenirs les plus brillants de l'histoire de cette presqu'île.

Pendant trois heures au moins, nous gravîmes des sentiers à peine tracés sur le flanc de la montagne, ne comprenant pas que nos chevaux pussent marcher aussi hardiment sur ces pentes inclinées où rien ne leur servait de point d'appui. Mais les chevaux de la Crimée possèdent une adresse sans égale, et pourvu que leurs pieds se posent quelque part, peu leur importe que ce soit au bord d'un précipice ou dans une plaine unie. Tout le revers de la montagne nous offrit, comme à Tchoufout-Kalé, un nombre infini de tombeaux; mais ceux-ci, portant des inscriptions hébraïques et tatares, annonçaient que plus d'un peuple avait foulé cette terre aujourd'hui déserte. A force de monter, nous finîmes par atteindre le large plateau triangulaire qui couronne le rocher, et où s'élevait jadis Mangoup-Kalé. La surface ne présente plus qu'un immense champ stérile tout couvert de ruines. Deux côtés du plateau sont à pic; le troisième était défendu par une forteresse dont une partie est encore debout.

Cette montagne est empreinte d'un caractère de grandeur et de mélancolie inexprimable. La destruction en a fait depuis longtemps son domaine. L'œil ne voit partout que des ruines, des tombeaux, un sol inculte! Et pourtant, malgré la sévère tristesse de ce lieu, l'âme n'y est pas saisie, comme à Tchoufout-Kalé, d'un sentiment d'effroi et de malaise. Cela vient de ce que l'ancienne ville des Karaïtes, toute mutilée qu'elle soit par le temps et les événements, a gardé un simulacre d'existence, et cette alliance de la vie et de la mort frappe nécessairement l'esprit d'une terreur superstitieuse. A Mangoup-Kalé, les traces humaines sont effacées depuis trop longtemps pour éveiller de tristes pensées. On y songe moins aux hommes qu'aux époques lointaines, aux grands événements, aux nombreuses révolutions dont ce rocher a été le théâtre.

La façade de la forteresse a résisté aux sourdes attaques du temps. Quoique couverte de nombreuses crevasses, elle est restée fidèle à son poste, et ses hautes murailles, vues de loin, semblent encore protéger Mangoup-Kalé.

Des troupes de chevaux tatars passent toute la belle saison sur le plateau, dans une complète liberté; ils vont s'abreuver à un grand réservoir d'eau, alimenté par une source qui ne tarit en aucune saison.

Notre ravissement fut extrême, lorsqu'en parcourant l'intérieur de ce qui avait dû être la citadelle, nous découvrîmes dans une espèce de cour, dont les murs gisaient à terre, un champ de lilas s'épanouissant au milieu des ruines, et abandonnant au vent du désert ses parfums et ses grappes en pleine floraison! Je ne puis dire l'impression que me causèrent ces fleurs, croissant ainsi sous la rosée du ciel, loin de tout regard humain. Leurs émanations enbaumées et leurs fraîches couleurs semblaient protester contre la désolation du lieu, et prouver que la nature ne perd jamais ses droits.

Outre la forteresse, nous remarquâmes encore un monument que le temps avait respecté. Sa construction et les tombes qui l'entourent, font supposer que c'était une vieille église chrétienne. Le chœur est assez bien conservé, et les fenêtres mêmes ont subi peu de dégradations.

Du haut du Mangoup-Kalé, l'œil embrasse un immense horizon offrant les tableaux les plus variés : d'un côté, la mer avec ses îles, ses caps, ses bâtiments, ses côtes déchiquetées, et Sévastopol, dont on peut, par un temps clair, apercevoir distinctement les monuments; à l'ouest, des vergers magnifiques, des coteaux couverts de vignes, de larges prairies entrecoupées de ruisseaux, s'étendant à perte de vue dans la direction de Simphéropol; puis, au pied de la montagne, la vallée de Karolèz, ses forêts, sa ceinture de rochers, ses nombreuses fontaines, son village tatar, et le palais de la princesse Adil-Bey, dont l'architecture mauresque se dessine élégamment à travers un rideau de peupliers.

Les guides nous engagèrent beaucoup à visiter des cryptes creusées dans le roc, formant un petit labyrinthe dont l'entrée est assez difficile. Il faut, pour y parvenir, descendre des escaliers dégradés et grossièrement taillés dans la saillie d'un rocher s'avançant à plusieurs centaines de pieds au-dessus d'un abîme. Malgré tout le péril de la descente, je m'aventurai bravement, avec le secours de nos Tatars, jusque dans le labyrinthe, où je me trouvai bien dédommagée de ma secrète frayeur. Nous comptâmes une douzaine de chambres donnant les unes dans les autres, séparées seulement par d'informes piliers. Sur ces colonnes crayeuses, étaient gravés une infinité de noms, parmi lesquels figuraient ceux de plusieurs de nos amis. Les Tatars ne purent nous donner aucune espèce d'explication sur ces demeures souteraines. Ici, comme à Inkermann, les cryptes semblent remonter à une haute antiquité, et l'obscurité la plus complète enveloppe à la fois leur origine et leur histoire.

L'approche de la nuit nous fit enfin songer à rappeler nos montures qui avaient été faire connaissance avec les chevaux du désert; mais avant de nous éloigner, nous allâmes dire un dernier adieu au champ de lilas dont la découverte nous avait causé tant de plaisir. Les Tatars voyant mon regret de le quitter, voulaient en emporter jusqu'à la dernière branche; je m'y opposai de toutes mes forces, me contentant d'en cueillir une grappe, que je conserve comme souvenir de cette charmante promenade.

Grâce à son isolement, à ses ruines, à ses traditions, Mangoup-Kalé est devenu pour les conteurs tatars, une mine inépuisable de légendes merveilleuses; et j'aurais plus d'une histoire étrange à raconter, si je voulais renouveler ici tous les récits que nous firent nos guides pendant notre retour à Karolèz.

CHAPITRE XVIII.

Route de Baïdar. — La côte méridionale. — Le colonel Olive.
Miskhor. — Aloupka (palais du comte Woronzof).

Le pays que nous traversâmes le lendemain pour arriver à la côte méridionale, avait un caractère agreste et même un peu sauvage qui contrastait d'une manière frappante avec ce que nous avions vu jusqu'alors. Entre la vallée de Karolèz et celle de Baïdar, peu éloignée de la côte, s'étend une chaîne de montagnes, entrecoupée de profonds vallons tout couverts de forêts. Tantôt le sentier nous conduisait au fond d'une gorge où de nombreux courants d'eau et d'épais taillis venaient à chaque instant entraver notre marche; tantôt nous suivions une ligne à peine tracée sur le flanc de la montagne. Alors les sommets des collines qui nous avaient paru si élevées du fond de la gorge, disparaissaient sous nos pieds, cachés par d'épaisses vapeurs. A force de monter et de descendre, nous atteignîmes enfin la vallée de Baïdar qui forme une immense plaine dont un village occupe le centre. Nos chevaux, impatientés par les difficultés de terrain qu'ils avaient eues à vaincre depuis le matin, se livrèrent alors à un galop impétueux, grâce auquel nous franchîmes, en moins d'un quart d'heure, les quelques verstes qui nous séparaient encore du village; mais lorsqu'il fallut mettre pied à terre, je payai cher mes prouesses : il fallut m'enlever de cheval et me porter à bras dans la chambre tatare où nous devions passer la nuit. Une promenade à pied et quelques heures de repos firent promptement disparaître ce malaise; le lendemain, dès cinq heures du matin, j'étais déjà en selle, impatiente de gravir la montagne qui nous cachait la vue de la mer. Une forte rosée avait imprégné l'air et la verdure d'une fraîcheur que nous humions avec un plaisir indicible, brûlés, comme nous l'étions, par plusieurs jours d'un soleil ardent. Rien, à mon avis, n'est plus délicieux qu'une course matinale à travers une forêt toute humide encore de la rosée de la nuit. Les sauvages odeurs qui s'en exhalent activent la circulation du sang, tout en éveillant dans l'esprit mille pensées agréables. C'est surtout sur un lieu élevé que l'on ressent l'influence qu'exerce la nature physique sur les facultés intellectuelles.

La pente que nous suivions à travers un massif de beaux arbres, nous conduisit insensiblement jusqu'au point culminant de la montagne où nous attendait un magique tableau. La mer, la côte méridionale avec ses golfes, ses caps, ses villas, ses falaises, ses roches volcaniques et ses immenses blocs de calcaire amoncelés les uns au-dessus des autres, comme par la main des géants, se déroulaient à perte de vue devant nous, avec un ciel si beau, un soleil si radieux, une nature si fraîche, que nous eûmes un moment d'extase indicible. Pour compléter notre enthousiasme, les sons d'une musique militaire éclatèrent tout à coup en joyeuses fanfares, comme pour saluer notre arrivée, et nos regards découvrirent, à mi-côte, plusieurs groupes de soldats, campés à quelques centaines de pieds du point ou nous étions. C'était tout un régiment russe, travaillant à une route récemment tracée entre Sévastopol et Jalta. Les uns étaient occupés à faire jouer la mine, dont les explosions jetaient dans l'air quelque chose de guerrier et de menaçant ; les autres préparaient le repas du matin autour d'un grand feu ; les musiciens emplissaient la montagne de leurs fanfares, et les officiers, assis devant une tente, fumaient indolemment leurs pipes.

Notre enthousiasme une fois calmé, je n'envisageai pas sans quelque appréhension la descente qu'il nous fallait accomplir. La montagne, dont le revers occidental nous avait présenté une pente si douce, était devant nous tellement abrupte, que je ne pouvais comprendre comment s'en tireraient nos chevaux. Peu confiante dans leur adresse, je crus prudent de mettre pied à terre, aimant mieux traîner mon cheval après moi, que risquer d'être traînée par lui. Les musiciens, comme s'ils se fussent doutés que nous étions Français, saluèrent notre passage par l'ouverture de *la Fiancée*. Nous étions déjà au bord de la mer, que cette charmante symphonie nous arrivait encore affaiblie par la distance, mais ranimant en nous, de la manière la plus imprévue, les souvenirs de la patrie.

Pour nous rendre chez le colonel Olive, où nous avions le projet de passer quelques jours, il nous fallut, après avoir marché quelque temps sur les galets du rivage, remonter la côte jusqu'à une certaine hauteur, puis suivre des sentiers tout aussi escarpés que celui dont nous venions à peine de sortir. Sans l'admirable instinct des chevaux de montagne, on ne pourrait se hasarder dans des endroits aussi périlleux. Mais avec leur secours et en les laissant parfaitement libres, on va toujours et l'on finit par arriver.

Le colonel Olive, que nous allions visiter au risque de nous briser les côtes, est un Français, ancien page de Louis XVIII, qui entra au service du grand-duc Constantin peu de temps après la rentrée des Bourbons en France. Pendant plusieurs années il exerça les fonctions d'aide de camp auprès de ce prince qui lui était fort attaché. Une fois sa retraite obtenue, il se fixa en Crimée avec sa nombreuse famille, et se livra à des exploitations agricoles. Homme d'esprit, de manières élégantes et d'excellente compagnie, il vit dans sa retraite presque inaccessible, comme si le monde n'était pas en droit de le réclamer. Sa femme, Polonaise de haute naissance, ne semble pas plus que lui regretter l'atmosphère des cours : les ressources d'une éducation distinguée et le soin de leurs enfants, laissent peu de lacune dans leur vie campagnarde. Nous passâmes, au sein de cette famille, quelques jours fort agréables. L'aspect sauvage de la côte ne fait que mieux apprécier le mérite de leur habitation, charmante villa italienne, qui semble avoir été transportée par la baguette d'un magicien sur le rocher qui lui sert de base.

En quittant Moukhalatka, nous nous engageâmes dans des montagnes dont les échappées de vue nous dédommageaient amplement de l'ennui d'escalader sans cesse des débris de roches, et de traverser des défilés où nous ne pouvions avancer qu'à la file les uns des autres. Mais à part ces passages difficiles, la route jusqu'à Aloupka ne nous offrit qu'un enchantement continuel. Qu'on ne me vante plus les îles de l'Archipel et leurs rochers pelés!

Ici, une vigoureuse végétation descend jusqu'au bord de la mer; la côte présente partout un amphithéâtre de forêts, de jardins, de villages et de maisons de campagne, parmi lesquelles le regard s'égare avec délice! L'amandier, le cythise, le marronnier sauvage, l'arbre de Judée, l'olivier, le cyprès, toute la végétation méridionale y croît avec une richesse qui témoigne assez de la puissance du soleil. A notre gauche nous avions des masses gigantesques, s'élevant à une hauteur considérable, des teintes sombres et un incroyable chaos de roches fragmentées; à notre droite, une brillante mosaïque, encadrée par la mer. Mais dans le voisinage d'Aloupka surtout, le paysage se revêt d'un genre de beauté plus frappant encore. L'œil embrasse à la fois le majestueux Tchatir-Dagh, le cap Aï-Todor, qui porte un phare à l'extrémité de sa pointe; l'Aïou-Dagh, dont le front, par un singulier caprice de la nature, semble couronné de bastions et de tours à demi ruinées; l'Aï-Pétri, le Mégabi, où brille une sphère dorée surmontée d'une croix érigée par la célèbre princesse Galitzine, dont toute la Crimée garde encore le souvenir. Mille accidents de lumière donnent à tous les objets un éclat qui ne se rencontre que dans la chaude atmosphère des pays du midi.

Cette partie fortunée de la côte est empreinte d'un véritable cachet aristocratique. La route, jusqu'alors inégale et difficile, annonce ici, par le soin avec lequel elle est entretenue, le voisinage des grands propriétaires. On voit qu'elle a été construite tout exprès pour les équipages à quatre chevaux et les fringantes cavalcades qui la sillonnent sans cesse. Nous remarquâmes que les limites de chaque domaine étaient indiquées par un poteau portant le blason du seigneur auquel il appartenait.

Une rencontre fort imprévue, et qui, par cela même, n'en fut que plus agréable, nous attendait dans le voisinage d'Aloupka. A un détour de la route nous aperçûmes une calèche escortée de deux cavaliers, nous précédant de quelques centaines de pas. Notre drogman, sans doute moins distrait que nous par la beauté du paysage, reconnut immédiatement dans l'un des promeneurs le consul de Hollande (excellent marin, mais fort mauvais écuyer); aussitôt mon mari partit au galop, pour revenir avec M. de Marigny, tout charmé de la surprise que le hasard nous ménageait ainsi sur la grande route. Remettant au lendemain notre visite au château d'Aloupka, nous allâmes, en compagnie du consul, nous installer à Miskhor, propriété du général Narichkine, limitrophe de celle du comte Woronzof.

Nous parcourûmes avec admiration cette belle seigneurie pour l'entretien de laquelle le général dépense annuellement une centaine de mille francs. Son enceinte contient des forêts, un parc, un château, une église et un grand nombre de constructions de fantaisie, annonçant un goût exquis de la part des maîtres. Je n'en citerai qu'une, qui me parut parfaitement appropriée au climat du pays et aux habitudes de la campagne. C'est une vaste salle en rotonde, ayant, au lieu de murs, un grillage turc. De minces colonnes mauresques soutiennent le toit. De larges divans et un billard en forment l'unique ameublement. Pendant le jour, des draperies cramoisies interceptent les rayons du soleil, déjà amortis par la forêt qui entoure le kiosque. Il me semble qu'on ne pouvait rien imaginer de plus agréable que cette pièce où l'air pénètre de tous côtés, et qui peut, dans l'occasion, se convertir en salle de bal!

Le mérite de Miskhor est d'autant plus grand, que le luxe s'y trouve assez bien déguisé sous une simplicité champêtre, pour qu'on soit presque tenté d'attribuer à la nature les combinaisons habiles et coûteuses dont on admire les délicieux effets.

Le contraire se fait remarquer à Aloupka où l'art règne en véritable souverain. Cette résidence presque royale, qui a excité jusqu'à l'envie de l'empereur Nicolas, a déjà coûté quatre à cinq millions au comte Woronzof, quoiqu'elle ne soit pas encore achevée. Toutes les époques et tous les styles sont représentés dans son architecture et ses ornements. D'une part, la hauteur de ses murailles, sa massive tour carrée contenant un beffroi, ses passages voûtés, l'aspect mystérieux de ses longues galeries, lui donnent beaucoup d'analogie avec un manoir féodal. Mais, comme contraste, on retrouve la riante imagination des Orientaux dans les colonnettes, les cheminées, les aiguilles et les dômes qui y sont prodigués. Pour motiver la construction d'un semblable château de porphyre, il aurait fallu que le comte pût rétrograder de quelques siècles dans le passé. A notre époque, une pareille demeure est un véritable anachronisme. A quoi bon de telles murailles, lorsqu'on ne peut craindre les attaques d'aucun voisin? A quoi bon ces passages voûtés, lorsque les hommes d'armes manquent pour les remplir? Autant un vieux castel parle à l'imagination, en lui retraçant les chroniques, les souvenirs, les événements qui s'y rattachent, autant une telle construction toute moderne laisse l'esprit froid et désappointé. Ces tours, ces créneaux menaçants, ces murailles massives, semblent une parodie du passé. Qu'ont-ils vu? de quels combats, de quelles haines, de quelles amours, de quelles vengeances ont-ils été témoins?

A ce manque total d'appréciation des époques et des exigences du temps, on a joint le tort fort grave de choisir, pour le château, un emplacement complètement désavantageux. La côte est tellement étroite en cet endroit, qu'entre la façade de l'édifice et la mer, il se trouve à peine quelques pas de largeur. Il faut donc, pour juger de l'ensemble du manoir, prendre une barque et s'éloigner du bord jusqu'à ce que l'on ait trouvé un point de vue favorable. On conviendra que tout le monde n'est pas disposé à faire ainsi une promenade sur l'eau, dans le seul but d'apprécier l'effet d'une façade.

Le parc présente un labyrinthe de roches brisées et une variété d'accidents naturels aussi pittoresques qu'extraordinaires. L'art n'a eu qu'à tracer des sentiers et des allées à travers les blocs volcaniques qui y sont accumulés, et à décorer de fleurs le bord des cascades. Dans l'excavation d'un rocher se trouve une grotte profonde, servant de lieu de repos aux promeneurs; une petite source y gazouille et invite à la rêverie. A l'extrémité orientale du château s'élève un bois de cyprès, que la comtesse appelle son *Scutari*.

La physionomie générale de cette magnifique résidence est trop grave pour séduire les yeux; on l'admire, mais on ne l'envie pas. L'ombre gigantesque de l'*Aï-Pétri*, qui s'étend comme un voile sur tout le domaine, contribue encore à en augmenter la sévérité.

La réputation de la côte méridionale date de l'arrivée du comte Woronzof en Crimée. Avant cette époque, personne ne songeait à l'habiter, excepté quelques spéculateurs qui commençaient à s'y occuper de vignobles. Le comte, homme de beaucoup de goût, s'enthousiasma tout d'abord à la vue de cette charmante contrée, et s'empressa d'y acquérir plusieurs propriétés. Son exemple fut bientôt suivi par un grand nombre de seigneurs qui trouvèrent les sites admirables, ravissants, dès que le comte les eut vantés. De nombreuses villas s'élevèrent en l'espace de peu d'années sur toute la longueur du littoral, qui commence à Balaklava et finit à Théodosie. On organisa, pour la facilité des communications, un service de bateaux à vapeur, dont Jalta devint le port. La famille impériale voulut à son tour avoir son pied-à-terre, et acquit Oréanda, l'un des points les plus beaux de la côte. Beaucoup d'étrangers, atteints d'une véritable fièvre, réalisèrent leurs capitaux pour venir y cultiver la vigne, industrie que le comte Woronzof encourageait alors de tout son pouvoir. Mais cela fut le revers de la médaille ; la plupart s'y ruinèrent, et aujourd'hui ils expient dans une profonde misère la légèreté qui les fit se jeter à corps perdu dans de folles entreprises.

La côte n'offre qu'une lisière dont la largeur atteint rarement une demi-lieue. C'est sur ce terrain d'éboulement, traversé par de profondes ravines et bordé par une chaîne calcaire qui le défend des vents du nord, que se trouvent les plus beaux domaines.

Parmi eux, je citerai Koutchouk-Lampat, appartenant au général Borosdine ; Parthénit, où se voit encore le grand noyer sous lequel le maréchal prince de Ligne écrivit à Catherine II ; Kisil-Tasch, dont le propriétaire porte un nom célèbre en France, celui de Poniatowski ; Oursouf, appuyé contre l'Aïou-Dagh qui l'ombrage de ses forêts ; Arteck, domaine du prince André Galitzine ; Aï-Daniel, qui eut pour propriétaire le duc de Richelieu ; Marsanda, Oréanda, domaine impérial ; Miskhor, Nikita, Gaspra et Koréis, où la princesse Galitzine, exilée de la cour, vint terminer sa vie.

Toutes ces propriétés, voisines les unes des autres, deviennent dans la belle saison le rendez-vous d'une nombreuse société fort avide de plaisirs. Alors on ne voit que brillants équipages, cavalcades, fêtes nombreuses, etc. Aloupka est le centre de tous les amusements. Les étrangers de distinction qui se trouvent momentanément à Odessa, sont de droit les hôtes du comte de Woronzof ; mais plus d'un, à son retour, s'est plaint d'avoir payé un peu cher l'hospitalité du gouverneur général. Le château, malgré son apparence grandiose, ne pouvant contenir qu'un petit nombre d'élus, force est à la majorité de se loger à l'auberge des *Deux-Cyprès*, peu éloignée d'Aloupka, et dont l'hôte, pour faire sans doute honneur à son noble patron, écorche à plaisir tous ceux qui ont besoin de ses appartements.

En nous rendant à Jalta, éloigné de Miskhor d'une douzaine de verstes, nous ne négligeâmes pas de visiter les maisons de campagne qui pouvaient nous offrir quelque intérêt. Gaspra surtout, consacrée par le séjour qu'y fit la baronne de Krudener, avait le droit plus que toute autre, de nous arrêter quelques instants.

Personne n'ignore l'influence qu'exerça Mme de Krudener pendant plusieurs années, sur l'esprit enthousiaste de l'empereur Alexandre. Cette femme, qui s'est peinte avec un si grand charme dans *Valérie*, qui brilla par sa beauté, son esprit et son rôle d'ambassadrice dans les salons aristocratiques de Paris, qui fut tour à tour femme du monde, héroïne de roman, écrivain remarquable et prophétesse, a laissé assez de souvenirs en France pour que son nom n'y soit jamais oublié. Ceux qui aiment la poésie mystique, liront *Valérie*, cette œuvre charmante dont l'apparition fit tant de bruit, malgré les bulletins de la grande armée (car elle parut au temps le plus brillant de l'Empire); ceux qui recherchent la grâce jointe à la beauté et à tous les dons de l'esprit, se rappelleront cette jeune femme qui se fit une place si distinguée dans la société française; enfin, les imaginations enthousiastes, rêvant les sentiments élevés; l'exaltation religieuse unie à la foi la plus vive, ne pourront refuser leur admiration à celle qui ne demanda aux puissants de la terre que les moyens d'exercer sans entrave la charité, cette vertu évangélique, dont elle se montra toujours un des plus fervents apôtres!

On peut voir dans les *Lettres* de Mlle Cochelet avec quelle ardeur Mme de Krudener se livrait à la recherche des infortunes à soulager. Sa bonté ineffable lui avait valu à Saint-Pétersbourg le nom touchant de *Mère des pauvres*. Toutes les sommes qu'elle obtenait de l'empereur, étaient aussitôt distribuées aux malheureux, et sa fortune avait la même destination. Aussi sa maison était-elle assiégée du matin au soir par une foule de *mougiks* et de mères de famille, certains de trouver près d'elle la nourriture de l'âme et celle du corps.

Après une existence aussi romanesque que possible, Mme de Krudener vint chercher à Gaspra le repos qu'elle n'avait pu trouver à la cour d'Alexandre. C'est là qu'elle mourut, dans les bras de sa fille, la baronne de Berkhem.

CHAPITRE XIX.

Jalta. — Koutchouk-Lampat. — Parthénit. — Le noyer du prince de Ligne. — Jeunes femmes tatares. — Visite à Mlle Jaquemart (chanoinesse de Kopsel. — Oulou-Ouzen. — Une héroïne de roman.

Par sa proximité des endroits les plus remarquables de la côte, autant que par son port et sa délicieuse situation, Jalta est, pendant la belle saison, le rendez-vous de tous les voyageurs qui affluent en Crimée. Chaque semaine, un paquebot d'Odessa dépose un grand nombre d'étrangers dans sa rade, qu'animent en outre une infinité de petits navires venant de tous les points du littoral. Rien de plus séduisant que la vue de cette blanche Jalta, couchée au fond d'un golfe comme une gracieuse sultane qui baigne ses pieds dans la mer et abrite son beau front sous des rochers festonnés de verdure. Des constructions élégantes, de beaux hôtels, une population respirant le bien-être et la gaieté, tout annonce que l'opulence et le plaisir l'ont prise sous leur patronage. En effet, la prospérité de Jalta n'a sa source que dans les dépenses des voyageurs qui remplissent pendant plusieurs mois ses hôtels.

La rencontre de M. Taïtbout et l'arrivée des dames Pisani et Lagoriot, rendirent notre séjour dans cette ville fort agréable. Pour sa part, le consul se trouva si bien à terre, qu'il en oublia jusqu'aux Circassiens auxquels il devait rendre visite. Mais son second, vieux loup de mer, ne s'accommodant nullement d'un pareil retard, fatigué de prêcher dans le désert, ne vit rien de mieux à faire que d'enlever son capitaine. Cela donna lieu à une scène fort plaisante.

Un matin, mon mari se trouvant sur le port, aperçut, en examinant *la Julie*, une certaine manœuvre dans les voiles, qui l'intrigua à un haut degré. En nous quittant la veille, M. Taïtbout s'était engagé pour le lendemain même à nous accompagner dans une longue promenade, comme un homme tout disposé à laisser les affaires pour le plaisir. Les préparatifs de départ qu'on faisait sur *la Julie*, étaient donc une énigme pour Hommaire, qui s'empressa d'aller à bord en chercher l'explication. Le consul dormait profondément; mais à force d'être secoué, il ouvrit les yeux, et parut très-surpris de la visite matinale qu'il recevait.

« Eh bien! M. Taïtbout, c'est ainsi que vous méditez de noires perfidies, lui dit mon mari d'un air aussi fâché qu'il pût le prendre.

— Quoi donc, quoi donc! quelles perfidies?

— Oui, faites l'ignorant, je vous le conseille. Et vos matelots qui sont déjà au cabestan, occupés à lever l'ancre? Que dites-vous de cela?

— Ce n'est pas possible; mais en effet j'entends un singulier bruit. Jiacomo! cria-t-il d'une voix de Stentor, avec la figure la plus ébouriffée du monde; Jiacomo, venez donc me dire ce qui se passe là-haut? »

Le second parut, gardant une gravité imperturbable.

« Ah çà! m'expliquerez-vous la cause du piétinement que j'entends sur le pont?

— Mon capitaine, nous levons l'ancre.

— Vous levez l'ancre? répéta le consul tout stupéfait. Eh! qui vous en a donné l'ordre, monsieur?

— Ma foi, capitaine, puisque vous ne voulez pas partir, il faut bien qu'on vous enlève!

— Eh bien!... enlevez-moi, et qu'il n'en soit plus question, finit par dire le consul, moitié riant, moitié fâché, avec cette bonhomie charmante qui lui fait de si nombreux amis. Mais, du moins, M. Hommaire, vous êtes témoin que si je pars, c'est par surprise, et que ce diable de Jiacomo est le seul coupable. »

Deux jours après cet enlèvement d'un nouveau genre, nous partîmes de Jalta, en assez nombreuse société, les uns à cheval, les autres en voiture. Laissant derrière nous Aloupka, Miskhor, Koréis, Oréanda, toutes ces somptueuses habitations où règnent l'orgueil et l'opulence, nous oubliâmes bientôt les miracles de l'art pour ceux de la nature, inépuisable dans ses transformations. La route, parallèle à la côte, changeait à chaque instant de physionomie. Tour à tour agreste, sauvage, gracieuse et mélancolique, elle captivait sans cesse notre admiration, et nous faisait vivement regretter la nécessité où nous étions d'avancer.

Une pluie d'orage nous surprit dans la belle forêt de Koutchouk-Lampat. Ce fut un sauve-qui-peut général. Ceux qui étaient en avant purent facilement atteindre l'habitation du général Borosdine, le maître de cette propriété : mais les retardataires, du nombre desquels j'étais, n'eurent d'autre ressource que de se réfugier dans un pavillon qui fut pris d'assaut. Tandis que nous attendions tranquillement, sous cet abri, la fin de l'orage, les gens du château, avertis par nos compagnons, nous cherchaient de tous côtés. Plusieurs fois nous les vîmes passer au loin, armés de larges parapluies, et ne donnâmes signe de vie qu'après avoir terminé une intéressante partie de billard (le pavillon, notre refuge, étant une salle de jeu). Cet incident, qui mêlait ainsi le piquant et l'imprévu à nos impressions pittoresques, ne fit qu'accroître la gaieté générale. Le châtelain de Koutchouk-Lampat, charmé de recevoir si nombreuse compagnie, fêta notre arrivée par une excellente collation où figurèrent tous les vins de France et d'Espagne.

Quelques verstes seulement séparent Koutchouk-Lampat de Parthénit. Dans ce dernier village, je reçus, pour la première fois, une marque de sympathie des femmes tatares. En entrant dans Parthénit, me tenant, selon mon habitude, à la queue des autres, j'arrivai la dernière devant une maison orientale, dont le large balcon était occupé par trois femmes voilées. Au moment où je passai au-dessous d'elles, je ralentis le pas de mon cheval pour leur faire quelques signes d'amitié. Aussitôt l'une de ces femmes, et je suis persuadée la plus jolie, se mit à baiser à plusieurs reprises un gros bouquet de muguets qu'elle tenait à la main, et me le lança si adroitement que je le reçus à bras tendu. Toute fière de me trouver l'objet d'une pareille faveur, je piquai des deux, pour montrer ce beau trophée à mes compagnons qui eurent la malice d'assurer que le bouquet avait été adressé, non à ma personne, mais à mon costume. (On n'a pas oublié que je voyageais en habit d'homme.)

Avant de nous rendre à Oulou-Ouzen, nous fîmes une visite à la chanoinesse de Kopsel (Mlle Jaquemard), qui vit en véritable ermite dans la belle vallée de Soudag, depuis une quinzaine d'années. Par son esprit et son excentricité, elle a ajouté un charme de plus à cette ravissante vallée, tant de fois décrite et chantée. Aussi, tout visiteur de la Crimée a-t-il le soin de noter dans son itinéraire une visite à Soudag et à sa chanoinesse. Mais s'il y a beaucoup d'appelés, il y a peu d'élus, car, notre compatriote, en femme d'esprit, dédaigne de satisfaire une curiosité banale, et n'admet dans sa *chaumière* que ceux dont les goûts, la réputation et la vie aventureuse, ont quelque analogie avec sa propre destinée.

Quelques vers insérés dans le journal d'Odessa, l'année précédente, m'avaient valu de sa part une véritable épître et l'invitation la plus pressante d'aller la voir, dès que je mettrais le pied en Tauride.

Peu d'existences de femme côtoient autant le roman que la sienne, depuis l'instant où elle quitta la France à l'âge de seize ans, pour jouer en Russie le rôle d'institutrice, jusqu'à celui où elle vint se confiner à jamais dans un coin de la Tauride. Personne n'a pu découvrir le motif qui l'a engagée à choisir un genre d'existence offrant un tel contraste avec celui qu'elle abandonnait pour toujours. Est-ce orgueil, fierté, besoin de liberté, attrait de l'inconnu, blessure du cœur, qui l'a séparée du monde ? Nul ne le sait. Toujours est-il que, vive, belle, passionnée pour la société où elle était parfaitement accueillie, malgré son rôle d'institutrice, elle planta là un beau jour ses admirateurs et ses envieux, sans qu'aucune aventure ait pu servir de point de repaire aux nombreux commentaires dont sa disparition du monde fut souvent l'objet.

En la voyant dans son costume quasi masculin, faisant de la géologie, de la peinture, de la musique et de la poésie, sans l'ombre d'une prétention, on se demande quel drame mystérieux s'est passé dans cette existence bizarre? Faut-il croire avec la comtesse Woronzof, que notre héroïne a trop d'esprit pour avoir du cœur, et que son divorce avec le monde ne provient que d'un immense orgueil? Quoi qu'il en soit, c'est une femme hors ligne, une organisation d'élite, qu'apprécient vivement tous ceux qui ont la bonne fortune de la connaître. On a beau dire, il faut une cause bien puissante pour se résigner à vivre seule, quand on a brillé dans la société, quand on a été une vraie *lionne*, dans toute l'acception du mot.

Son humble titre d'institutrice, grâce aux qualités brillantes qu'elle tenait de la nature, avait été pour elle un échelon qui la porta au premier rang parmi les femmes les plus appréciées. Elle vécut longtemps à Saint-Pétersbourg et à Vienne, dans le tourbillon du plus grand monde, attirant tous les hommages par sa beauté, son intelligence et son esprit railleur. Eh bien! ce fut au milieu même de ses succès, qu'elle vint s'établir en Crimée, où elle acheta, de ses économies, une petite propriété qu'elle n'a plus quittée. Dès son arrivée à Soudag, elle se lia intimement avec la vieille princesse Galitzine, qui fut ravie de rencontrer, dans cette jeune Française, l'énergie de caractère, l'excentricité de goûts, la finesse d'observation, et surtout l'esprit sardonique dont elle-même avait été si largement pourvue. Mlle Jaquemart devint donc la commensale habituelle de Koréis jusqu'à la mort de la princesse, retrouvant au sein de la brillante société qui s'y réunissait, une partie des succès qu'elle avait eus naguère sur un plus grand théâtre. D'après ces quelques détails, on comprendra avec quel mélange de curiosité et d'intérêt je vis, de loin, l'humble demeure d'une femme d'intelligence qui, par un caprice inexplicable, persistait à vivre dans l'isolement le plus absolu, n'ayant pas même une pauvre petite servante à ses ordres.

Avertie dès la veille de notre visite, elle vint à notre rencontre aussitôt qu'elle aperçut la cavalcade, et nous reçut, mon mari et moi, comme ces *amis inconnus* dont parle Lamartine. Son aspect me causa une véritable surprise. Vêtue d'une longue jupe brune et d'une veste qui cachait sa taille, elle offrait dans tout son extérieur quelque chose de mâle et de viril, bien en harmonie avec le genre de vie qu'elle avait adopté.

Une femme plus ordinaire eût été embarrassée en nous introduisant dans sa *chaumière*, qui n'était certes pas une chaumière de comédie. Tout ce qui donne un peu de douceur à la vie intérieure y brillait par son absence. Le logis consistait en une pièce au rez-de-chaussée, servant à la fois de chambre à coucher, de salon et de salle à manger, sans qu'il y eût pour cela accumulation de meubles. Mais du moins, si le corps n'avait pas toutes ses aises, l'esprit était mieux traité, car tout trahissait, dans ce modeste réduit, les goûts intellectuels de son possesseur. J'y remarquai une guitare, un chevalet, des armes, une collection de minéraux et quelques objets d'art. Heureuse de recevoir des compatriotes et une consœur en poésie, elle nous parla avec franchise des privations auxquelles la réduisait un genre de vie qu'elle n'avait pas le courage d'abandonner. Son éloignement de toute habitation l'exposait fréquemment à des attaques nocturnes, et la forçait d'avoir jour et nuit des pistolets sous la main. On lui volait ses fruits, ses poules et même jusqu'à ses ceps de vigne. Elle nous raconta, non sans rire, que la fantaisie lui était venue un jour d'élever de petits cochons, dans l'espoir que, devenus gros, elle en tirerait un bon parti. Mais elle contait sans son voisin qui, sous le prétexte que les susdits animaux envahissaient son territoire, en fit un carnage épouvantable : pour toute vengeance, la spirituelle chanoinesse écrivit une supplique en vers au comte Woronzof, portant en tête un énorme cochon appuyé sur un fusil, et regardant avec satisfaction une dizaine d'individus de son espèce gisant à terre. Au bas du dessin, on lisait : *Caïn qu'as-tu fait de tes frères ?*

Toujours sur le qui-vive, elle avait sans cesse à craindre de voir se renouveler, d'un jour à l'autre, l'horrible attentat dont elle faillit mourir, attentat auquel le maréchal Marmont a donné, en le racontant, une couleur romanesque complétement dénuée de vérité.

Voici de quelle façon elle nous raconta son aventure :

« Deux jours avant l'événément, un Grec s'était présenté chez elle pour lui demander du travail et du pain, et parut fort irrité de n'obtenir qu'un morceau de galette et quelques fruits que Mlle Jaquemart lui remit elle-même en lui conseillant d'aller chercher du travail ailleurs.

« Le surlendemain soir, elle revenait d'une excursion géologique, tenant encore en main une petite hache qui lui servait à casser des cailloux, lorsqu'elle aperçut le même homme marchant avec précaution derrière elle. A peine eut-elle le temps de s'assurer de son identité, qu'elle se sentit saisie par le milieu du corps, tandis qu'on lui arrachait son arme, et frappée violemment à la tête jusqu'à complet évanouissement. Combien de temps dura ce dernier, et de quelle façon put-elle regagner sa demeure, avec le crâne entr'ouvert, c'est ce qu'elle ne peut expliquer. Pendant plusieurs mois, elle fut entre la vie et la mort, et sa raison même reçut une forte secousse. Des morceaux de peigne restés dans sa tête, lui faisaient encore souffrir, à l'époque où nous la vîmes, d'atroces douleurs. »

Malgré l'ennui d'une telle situation, aggravée par la misère, car il faut dire les choses par leur nom, la chanoinesse a conservé intact le goût des arts. Nous la trouvâmes fort occupée à traduire les *Psaumes de David* en vers français. Sans doute son organisation poétique doit lui faire trouver un certain charme à cette existence solitaire, si calme à sa surface, mais au fond si pleine de luttes, d'anxiétés et de souvenirs. N'y a-t-il pas une vraie satisfaction à se garder soi-même, à se créer, au milieu des soins vulgaires de la vie, des jouissances intellectuelles que personne ne peut lui enlever? Sa conversation, à la fois profonde, spirituelle et pleine de malice, nous fit passer une délicieuse soirée.

En dépit de la solitude où vit notre compatriote depuis la mort de la princesse Galitzine, bien des personnes viennent la visiter dans sa vallée et entretiennent avec elle une correspondance suivie.

Peu de jours avant notre arrivée, une dame inconnue, belle et distinguée, passa la journée entière à Soudag, sans trahir son incognito. Vivement intriguée, Mlle Jaquemart lui dit en riant : « Reine ou bergère, laissez-moi votre nom pour qu'il me rappelle un des plus charmants souvenirs de ma vie d'anachorète.

— Eh bien! lui répondit sur le même ton l'inconnue, passez-moi votre album, et vous connaîtrez une admiratrice bien sincère de votre mérite. »

Aussitôt elle traça quelques lignes sur l'album et s'éloigna à la hâte, tandis que la chanoinesse lisait ce quatrain improvisé en son honneur, signé, *Princesse Radziwil*.

> Reine ou bergère, je voudrais
> Dans ce doux lieu, passer ma vie,
> Partageant, avec vous, amie,
> Ou ma cabane ou mon palais[1].

Au sortir de Soudag, qui possède les plus belles ruines génoises de la contrée, nous nous engageâmes dans une gorge profonde au fond de laquelle nous apparut, comme une vraie décoration de théâtre, un pittoresque village tatar. Maisons à terrasse, femmes voilées, mosquée rustique, bou-

---

[1]. A notre retour en France, j'eus l'occasion, à Nuits, de causer un grand bonheur à la vieille mère de Mlle Jaquemart (ancienne cuisinière de la famille Marey-Monge) en lui disant que j'avais vu sa fille; la pauvre mère était stupéfaite de joie.... Elle touchait mes mains qui avaient pressé celles de son enfant, comme on touche une relique.

tiques en plein vent, tout avait ce caractère oriental qu'on a tant de plaisir à retrouver, quand on a visité Smyrne et Constantinople.

Une belle fontaine, rendez-vous ordinaire des voyageurs, répand avec abondance son eau limpide dont le surplus est reçu dans de petites rigoles qui serpentent à travers les jardins. Tout est frais et champêtre dans ce petit coin perdu au fond d'une gorge.

Aussi ne pûmes-nous résister au plaisir d'une installation sous les beaux platanes de la fontaine. Les chevaux furent mis en liberté, les tchibouks tirés de leur enveloppe de drap gris brodé d'argent, les provisions étalées sur l'herbe, et nous nous livrâmes à cet heureux kicf, auquel on s'habitue si facilement dans les pays du midi.

Des pastèques, du café, du *iaourtz* et d'excellentes galettes nommées dans le pays *katlama*, nous furent immédiatement apportés de la part du chef du village. Quelques femmes tatares, sous le prétexte de remplir leurs vases, de forme étrusque, à la fontaine, s'approchèrent de nous, et, dans un langage doux et caressant, exprimèrent le plaisir qu'elles avaient à nous voir. Drapées comme des statues antiques, d'un port noble et dégagé, elles empruntaient à leur voile blanc une grâce pudique et mystérieuse, surprenante chez des paysannes. Les femmes de l'Orient ont une distinction native qui leur donne un charme tout particulier. Elles semblent toujours poser sous le regard de l'artiste. Humble fellah ou grande dame, toutes sont sœurs par la distinction et la grâce pittoresque des attitudes.

En quittant Koulak, nous suivîmes, pendant un espace de cinq verstes (quatre kilomètres), le bord de la mer, accidenté par des restes de fortifications génoises, des postes de cosaques (gardes-côtes) et de nombreux ravins vrais fouillis de verdure où nos chevaux enfonçaient parfois, jusqu'au poitrail. A l'extrémité de l'un de ces ravins, nous découvrîmes Kapsor avec sa vieille tour ruinée, dont les premières assises baignent dans la mer : les hautes montagnes couvertes de jardins et de vignobles qui l'entourent, lui font un magnifique encadrement.

Dans son voisinage, se trouve la célèbre cascade de Djour-Djour, considérée comme l'une des plus grandes merveilles de la Crimée. Pouschkine a fait tout un poëme sur ses eaux écumeuses, poëme qui vaut chaque année, à cette charmante cascade, de nombreux visiteurs.

Nous nous empressâmes de laisser nos montures aux mains de quelques Tatars, et de nous engager dans un étroit sentier côtoyant la gorge la plus escarpée qu'il soit possible de rencontrer. En face de nous se dressaient deux montagnes, aux flancs décharnés, séparées par une fente étroite, où le vent s'engouffre avec une violence inouïe, où le soleil peut à peine pénétrer, et continuellement ravagée par les eaux bouillonnantes de la cascade, qui s'y précipitent d'une hauteur de quatre-vingts pieds. Entravée par les aspérités du rocher, cette masse d'eau rebondit, gronde, tourbillonne, de façon à vous rendre sourd. L'étroitesse de la table d'où elle retombe donne à la chute une force tellement irrésistible, qu'elle entraîne constamment avec elle des blocs de granit, s'amoncelant au fond de la gorge et formant un chaos qui finira par rendre l'accès de la cascade impossible.

C'est une des belles horreurs que la nature se plaît parfois à offrir. L'obscurité qui y règne, le fracas de la chute, le bruit du vent, l'apparition de quelque grand oiseau tournant silencieusement dans ce cercle de rochers et d'écume bouillonnante, toute cette sombre et puissante poésie remplit l'âme de sensations inexprimables.

Peu d'heures après, nous arrivâmes à Oulou-Ouzen, propriété d'une baronne Axinia dont l'existence romanesque a longtemps occupé la côte méridionale.

Jetée en dehors de la société par un événement qui avait brisé sa vie, elle s'était condamnée depuis plusieurs années à une retraite absolue, ne recevant que quelques rares étrangers : mais, grâce à ma liaison avec une de ses filles mariée à Odessa, notre visite était depuis longtemps annoncée et désirée à Oulou-Ouzen, et c'était pour nous rendre à une pressante invitation de la baronne, que nous chevauchions en ce moment à travers les vallons et ravins qui rendent cette partie de la côte si pittoresque.

Nous surprîmes cette dame criant à sa fille, penchée sur la balustrade d'un kiosque : *Anne, ma sœur Anne, ne vois-tu rien venir?* Mais la jeune fille, svelte et sauvage comme une vraie gazelle, eut à peine aperçu la tête de nos montures, qu'elle disparut précipitamment, et ne se décida à nous être présentée que deux jours plus tard.

Avant de pénétrer dans cette charmante retraite, je vais, en peu de mots, expliquer les motifs qui confinaient, en ce coin perdu de la côte, une des plus jolies femmes que j'aie jamais rencontrées.

Mariée très-jeune à un presque vieillard (le baron de ***, d'origine livonienne), la belle Axinia avait inspiré beaucoup de passions, et devait à ce privilége souvent envié, mais toujours fatal, une existence des plus orageuses. A son tour, elle aima, et, dans un rendez-vous, fut surprise par son mari qui se comporta, dans cette circonstance, comme tout mari jaloux. Il lui donna un bel et bon coup de poignard dont elle porte la trace à l'épaule, et l'amant fut tué roide. Toute la Crimée s'émut d'une telle catastrophe qui semblait plutôt empruntée aux dernières pages d'un roman moderne qu'aux mœurs d'un pays peu collet-monté à l'endroit de la galanterie.

Une séparation immédiate eut lieu entre les deux époux. Le baron détacha de son immense domaine une portion suffisante pour permettre à sa femme d'en faire une charmante propriété, ajoutant à cette libéralité une pension convenable. Elle eut en outre la consolation de conserver près d'elle la plus jeune de ses filles, et se soumit héroïquement à ne vivre désormais que de souvenirs, gardant pour elle seule le secret de ses regrets et peut-être de ses remords.

Lorsque j'arrivai à Oulou-Ouzen, dix ans s'étaient écoulés depuis la catastrophe, et depuis cette époque la baronne n'avait jamais mis le pied hors de son domaine. Il faut convenir qu'une pareille force de volonté chez une femme belle et très à la mode, rachète bien des fautes et, de plus, annonce une organisation peu commune.

Son mari vivait à Simphéropol, se contentant de faire venir une fois l'an sa jeune fille, sans manifester le moindre désir de voir la mère, nourrissant une répulsion invincible contre Oulou-Ouzen, où s'était accompli le drame, cause fatale de leur séparation.

De son côté, la baronne avait juré de ne dépasser sous aucun prétexte les limites de sa prison, et rejeter toute tentative de réconciliation. Les années s'étaient donc écoulées sans qu'un regard eût été échangé entre eux, un homme d'affaires étant seul chargé de régler toutes les questions d'intérêt qui pouvaient surgir inopinément. L'enfant avait grandi; au moment de notre visite, c'était une charmante fille de dix-huit ans, sauvage, fantasque et gracieuse, en parfaite harmonie avec la poésie des lieux et l'isolement de sa vie.

Instruite de tous ces détails par la fille aînée de la baronne, mariée à un aide de camp du comte Woronzof, j'arrivai donc à Oulou-Ouzen avec un sentiment d'intérêt et de curiosité que toutes les femmes comprendront. Ma crainte secrète était de ne trouver qu'une femme ordinaire, là où j'avais rêvé une héroïne de roman. Mais le premier regard jeté sur son poétique séjour justifia à l'instant tout ce qu'on m'avait dit d'elle : une imagination vive, l'adoration de la nature et l'instinct du beau, se devinaient immédiatement dans la grâce des détails et le goût intelligent qui avait présidé à la création de ce délicieux cottage.

Appuyé sur une colline à pente douce, le corps principal du logis présente une architecture toute de fantaisie qui rappelle les konacks (palais) du Bosphore. Une large galerie tapissée de rosiers, de chèvrefeuille et de vigne sauvage, dont les festons s'enroulent autour de gracieuses colonnettes et s'élancent jusqu'au premier étage, donne de l'espace, de l'ombre et de la fraîcheur à l'habitation, servant en même temps, grâce à un treillage presque invisible, d'immense volière où nichent et chantent de nombreuses espèces d'oiseaux.

Le regard n'aperçoit partout que massifs de fleurs, frais taillis, eaux murmurantes, kiosques semés à travers la forêt. Quelques échappées de vue, ménagées à dessein, permettent d'entrevoir la mer et les navires qui fuient à l'horizon. Pour décors, le gracieux village tatar de Dimirdji présente ses toits en terrasse et ses blancs minarets; et pour encadrement, des collines couvertes de liéges et de chênes verts forment un demi-cercle de verdure où s'ébattent en toute liberté de nombreux troupeaux de chèvres.

On m'installa dans un pavillon servant de demeure habituelle à la jeune Olga (fille de la baronne). Ce petit réduit, composé de deux pièces, semblé, comme tout ce qui appartient à Oulou-Ouzen, avoir été touché par la baguette d'une fée. On ne peut rien imaginer de plus frais, de plus coquet, de plus romantique. Caché dans la forêt, au bord d'une petite rivière qui roule ses eaux limpides sur un lit de cailloux, il est parfaitement isolé, quoique très-voisin de l'habitation principale.

Si ce n'était une puérilité, je décrirais minutieusement, tel que je le vois encore, l'ameublement de cette retraite, vrai nid de poëte ou de jeune fille : le métier à broder dressé dans le petit salon, les beaux papillons piqués contre le mur, les jardinières où s'épanouissent des fleurs exotiques, la volière pleine d'oiseaux bleus, la toilette en argent, le divan turc avec son étoffe rouge à bandes d'or, les stores chinois, tous les détails pleins de goût et d'élégance d'un si charmant réduit.

Au premier abord, mon hôtesse me parut timide et d'humeur un peu sauvage, façon d'être, amplement justifiée par sa situation exceptionnelle. Mais, au bout de peu de jours, cette contrainte disparut; et bientôt une véritable intimité s'établit entre nous, intimité qui me rendit le séjour d'Oulou-Ouzen infiniment agréable. Me trouvant comme elle, passionnée pour la nature, la baronne fut très-heureuse de m'associer à ses habitudes rustiques, les seules attachantes quand on vit à la campagne.

En la voyant si fraîche, si calme au milieu de ses fleurs et de ses oiseaux, je la crus d'abord parfaitement heureuse, mais plus tard, je reconnus une amertume cachée, une douleur permanente au fond de ce cœur si orgueilleusement fermé. Poëte, non à la façon de ceux qui font des vers, mais par sa manière de tout idéaliser, elle savait répandre un charme étrange sur les choses les plus vulgaires de la vie. Tout subissait l'influence de cette nature d'élite; ses serviteurs, sa fille, ses rares voisins, étaient constamment occupés à chercher les moyens de lui plaire et de lui rendre la vie douce et heureuse. Une de ses distractions était de filer, et cet exercice lui

allait si bien qu'on ne la désignait que sous le nom
gracieux de la reine Berthe. Sa personne entière avait
quelque chose de souverain. Une volonté ferme, la
conscience de sa force, jointe à quelque peu de mélancolie la rendaient irrésistible. Pourrai-je jamais
oublier nos longues courses au bord de la mer, nos
promenades nocturnes sur les collines, nos rêveries
dans les kiosques de la forêt, et surtout nos entretiens qui me révélaient un esprit fin, une imagination élevée, une âme énergique et tendre, sachant
puiser dans le grand livre de la nature la force de
vivre seule et de renfermer ses désirs dans l'horizon restreint de sa Thébaïde?

Dès le premier jour de mon arrivée, je remarquai
avec une vive surprise que notre hôtesse était sans
cesse assaillie par une foule de jolies mésanges, venant béqueter ses cheveux et ses mains avec une
familiarité des plus extraordinaires. Après avoir
joui de mon étonnement, la baronne m'apprit que
ces mésanges étaient la troisième ou quatrième génération issue d'un couple de cette espèce, qu'elle
avait élevé deux ans auparavant et auquel elle avait
eu le soin de donner la liberté au retour du printemps. L'année suivante, le couple reparut, ame-
nant avec lui une lignée de petites mésanges qui
s'habituèrent sans peine à venir prendre leur nourriture sur la galerie de la maison, et plus tard dans
les mains de leur charmante protectrice.

D'autres oiseaux imitèrent cet exemple, et c'est ainsi qu'une foule de joyeux habitants de l'air nichent et se prélassent sur la galerie, qui est entourée d'un filet pour les mettre à l'abri des oiseaux de proie.

Peut-on voir un plus touchant instinct que celui qui a conseillé à ces oiseaux d'amener leurs petits là où ils ont trouvé des soins, de la nourriture et de la liberté.

Ceci rend très-vraisemblable le rôle de l'une des plus charmantes créations de George Sand, la *charmeresse* des oiseaux, qui figure dans Tévérino.

Pour jeter un peu de variété dans nos plaisirs, la baronne nous conduisit un jour chez un de ses voisins de campagne, vivant tout seul dans sa propriété, non par égoïsme ni misanthropie, mais dans l'unique but de se livrer sans distraction à sa passion pour la botanique.

Un profond ravin sépare les deux propriétés et rend la route assez dangereuse pour qu'on soit obligé de se faire traîner avec des bœufs. C'est dans cet étrange équipage, escorté d'un Tatar ayant une longue gaule en main, que nous arrivâmes chez M. Favisky, qui fut tout charmé et tout embarrassé de recevoir des dames. On sait combien les célibataires et surtout les savants sont gauches en pareille occurrence. Aussi m'attendais-je à un fort mauvais dîner et à mille incidents burlesques; mais tout se passa pour le mieux, grâce à l'initiative que prit la baronne dans tout ce qui était détails de ménage.

Elle eut, de plus, une charmante idée, celle d'envoyer chercher les beautés tatares du village pour me les faire passer en revue.

A leur arrivée, nos messieurs durent quitter le salon, qui fut aussitôt transformé en un véritable harem par la présence de ces jeunes femmes, d'abord timides et farouches comme de vraies gazelles, mais qui finirent bientôt par s'apprivoiser. A notre prière, elles se furent vite débarrassées de leurs babouches et de leurs voiles pour nous donner la représentation de leur danse nationale. Bien mieux, elles s'enhardirent jusqu'à nous prier de faire comme elles, requête qui eut un plein succès. Laissant donc toute gravité de côté, nous nous mêlâmes à leur danse, tâchant d'imiter l'indolence de leurs poses, tandis que, de leur côté, elles essayaient un galop sur un air tatar. C'était un spectacle vraiment amusant.

L'une de ces femmes me surprit par les lignes magnifiques de son visage. C'était une tête d'impératrice telle qu'on en voit sur les anciennes médailles. Semblables à des enfants, elles se familiarisèrent si vite et si bien, qu'au bout d'un quart d'heure elles nous avaient affublées de leurs vestes et de leurs voiles, se pavanant elles-mêmes dans nos châles et chapeaux.

Au beau milieu de ce travestissement, j'eus la perfidie d'ouvrir la porte à mon mari qui se tenait piteusement derrière, coup de théâtre d'un comique achevé. Courant çà et là comme des biches effarouchées, elles faisaient semblant de se cacher le visage, mais au fond prenant bravement leur parti de cet incident imprévu : la preuve, c'est qu'au résumé toutes restèrent dévoilées.

Trois semaines s'écoulèrent vite en une aussi charmante intimité, mais l'heure du départ finit par arriver, après avoir été plusieurs fois ajournée, et force fut d'interrompre une liaison qui nous semblait déjà ancienne, tant nous étions charmées l'une de l'autre.

La veille du départ, nous sortîmes de bonne heure dans l'intention de faire une dernière et longue promenade. Je dois dire, pour l'éclaircissement de ce qui va suivre, que dans nos excursions précédentes, la baronne avait toujours évité le chemin de Dimirdji, se faisant un plaisir de lui tourner constamment le dos. Cette répulsion s'expliquait facilement. Dimirdji, jadis sa résidence, était lié à d'horribles souvenirs, et cela lui suffisait pour lui en rendre la vue insupportable. Ma surprise fut donc extrême en voyant la baronne prendre avec intention le petit sentier si soigneusement évité jusqu'alors. Je compris que quelque chose d'extraordinaire la préoccupait, et la suivis avec une véritable curiosité.

A mesure que nous avancions, le front de la belle châtelaine s'assombrissait visiblement, et certes, sans une fausse honte, elle eût fait plus d'une fois volte-face ; mais, excitée par le désir de lire enfin dans son cœur, je l'étourdissais de mes récits, et je lui faisais hâter le pas, tout en lui racontant ce qui se passe sous une tente kalmouke ou dans l'aoule d'une princesse circassienne. Ma ruse eut un plein succès : nous atteignîmes les premières maisons du village sans avoir la possibilité de reculer, car notre apparition (événement inouï dans l'endroit) fut saluée par de vrais cris de joie. Toute la population féminine nous entoura immédiatement, en accablant leur *coconna, coconnitza* (dame, petite dame) de témoignages d'affection et de respect. Les unes baisaient le bas de sa robe, d'autres nous offraient des *dolchess* à la façon orientale, avec de grands verres d'eau limpide ; les jeunes filles, curieuses et timides, se montraient l'une à l'autre la baronne dont les aventures romanesques leur avaient été racontées par leurs mères ; tout cela formait une scène charmante de naïveté et de couleur locale.

Fortement émue, ma compagne se laissa entraîner jusque sur la place, reconnaissant avec une joie presque enfantine les lieux et les physionomies qui lui avaient été si longtemps familiers. Dans leur ravissement, la plupart des femmes mirent leur voile de côté, ce qui me fournit l'occasion de voir quelques têtes vraiment belles.

Ce premier étourdissement passé, il fallut bien se décider à apercevoir certaine porte qui, sans doute par hasard, s'entr'ouvrit comme pour nous engager à en franchir le seuil. Ai-je besoin d'ajouter que cette porte, ombragée de deux vigoureux platanes, était celle de l'ancienne habitation de la baronne?

« Savez-vous, me dit-elle en la regardant avec une fixité singulière, savez-vous qu'il y a dix ans que j'ai passé là pour la dernière fois? »

Que de tristes révélations dans ces simples mots! Sans doute j'aurais dû être assez généreuse pour l'arracher à ce lieu maudit, mais une ardente curiosité me rendit presque cruelle. Profitant de son trouble, je lui fis franchir cette porte qui, depuis dix ans, s'était refermée sur sa jeunesse et ses amours.

La maison, complétement abandonnée par le baron, n'avait pour tout habitant qu'un vieux gardien tatar dont l'aspect inculte et sauvage me causa presque de l'effroi. La vue de sa maîtresse le stupéfia. « Allah Kerim! » murmura-t-il en entrant dans la maison pour ouvrir la porte et les croisées qui ne l'avaient peut-être pas été depuis la fatale catastrophe.

Arrêtées un moment dans la cour pour attendre le gardien, nous vîmes tout à coup sortir d'une niche à moitié enterrée sous des décombres, un misérable chien efflanqué, grelottant malgré le soleil, et qui, par l'admirable instinct accordé à ces animaux, venait de *sentir* la présence de sa maîtresse.

L'émotion de celle-ci fut tellement vive en reconnaissant un compagnon des anciens jours, que sa figure se couvrit à l'instant de larmes : « Pauvre Salghir! pauvre Salghir!... » Et elle ne pouvait dire autre chose.

C'était un lévrier noir d'origine persane, admirable de formes; mais si maigre, si chétif, si transparent que rien n'était plus pitoyable que son aspect.

« Voyez, me dit la baronne en le caressant tristement, si tout ici n'est pas marqué du sceau de la tristesse et de l'oubli. Jadis la vie, le soleil, la jeunesse animaient jusqu'aux pierres de cette cour qui a vu passer tant de joyeuses cavalcades; jadis ce pauvre animal était beau, léger, heureux comme tout ce qui est aimé!

« Maintenant, regardez ces débris, cette mousse verdâtre, ce puits dégradé, ces folles herbes qui ont effacé la trace de mes pas, et convenez qu'une espèce de malédiction pèse sur ces lieux. On sent, on devine que la vie y fut arrêtée par une de ces crises fatales qui brisent tout, hommes et choses : la nature elle-même, douce et souriante aux jours rapides du bonheur, se complaît à détruire tout ce qui n'est plus animé du souffle de l'intelligence et de la passion. Avec quelle étrange souplesse elle sait refléter les variations morales de notre être. Sommes-nous heureux, son soleil nous caresse, ses fleurs nous enivrent, ses brises nous bercent; tout devient séduction, jusqu'au brin d'herbe qui fleurit sous nos pas.

« Le bonheur s'est-il envolé, elle reprend sourdement son œuvre de destruction ; les objets s'altèrent, les formes s'effacent, les lignes se brisent, et tout porte l'empreinte de la suprême désolation.

« Hélas! cette maison en est une preuve frappante! Elle eut sa jeunesse, sa fraîcheur, sa coquetterie, quand j'étais jeune, belle et coquette; actuellement, elle est sombre, humide, dégradée....

— Parce que vous êtes vieille et laide, lui dis-je en souriant. N'est-ce pas la conséquence logique de votre raisonnement? Seulement le premier miroir venu se permettra de vous donner un éclatant démenti. Tenez, malgré la teinte un peu verdâtre de celui-ci, regardez ce doux et frais visage, ces yeux brillants, cette abondante chevelure, et dites-moi si tout cela est en harmonie avec l'aspect peu attrayant de ce qui vous entoure.

— Oh! sans doute, reprit-elle avec un sourire navré, je n'en suis pas encore arrivée physiquement à ce degré de vétusté, mais si vous pouviez lire au fond de mon âme, vous la verriez aussi sombre, aussi désolée que ces chambres privées d'air et de lumière. »

Quiconque est doué d'un peu d'imagination comprendra le charme mélancolique que je devais puiser dans la vue de cette femme belle et romanesque qui, après tant d'années d'absence, se retrouvait, comme par enchantement, sur le théâtre de sa première jeunesse. Quel monde de souvenirs, de pensées, de regrets, devait s'agiter dans son âme en face de ces objets, lettres mortes d'un livre à jamais fermé!

Dans toutes les chambres régnait une humidité glaciale, une odeur de moisi qui prouvait leur état d'abandon. La baronne me conduisit ainsi d'une chambre à l'autre, me décrivant minutieusement la destination de chaque pièce avec une volubilité qui trahissait la fièvre dont elle était animée. Une seule pièce restait à visiter, la chambre à coucher. Ma compagne devint fort pâle en y entrant, et d'un geste me montra le portrait de son mari et le sien, séparés par une horloge de forme antique, dont l'aiguille immobile ajoutait à la tristesse du lieu. Longtemps je considérai la tête hautaine et sombre du baron. Son regard irrité semblait suivre tous nos mouvements avec une persistance fatidique. Ses traits hardis, fortement accusés, offraient l'emblème de la force brutale, et je me sentis toute frissonnante en songeant à ce qu'avait dû souffrir sa femme, dans les premières années de leur union.

Tout le passé de cette dernière se trouvait justifié par la physionomie dure et farouche d'un tel mari.

Les mains crispées sur sa poitrine, la baronne s'enivra, pour ainsi dire, de l'excès d'amertume puisée dans cette triste contemplation. « Voilà donc, disait-elle avec une espèce d'égarement, ce regard qui me glaçait, cette bouche d'où ne sortaient que des paroles d'ironie et de dédain, cette poitrine où n'a jamais battu un cœur généreux, cette main.... »

Je l'entraînai sur le balcon où, vaincue par ses émotions, l'influence des lieux et le besoin d'expansion qui se fait si vivement sentir dans la solitude, elle m'ouvrit son cœur ; elle me fit un récit simple mais émouvant de tout ce qu'elle avait souffert, me peignant avec force le malheur d'une jeune fille unie à un homme dont le cœur s'est usé dans mille amours, dont l'âme s'est pervertie, et qui ne peut accorder à sa femme qu'une amitié fondée sur l'habitude, sentiment très-insuffisant pour un cœur jeune, avide d'aimer. Et encore, ajoutait-elle, puis-je dire qu'il m'ait accordé cette amitié, quand tout son plaisir était de froisser mes goûts, mes sentiments, mes croyances, mes instincts ? Toujours armé d'une froide ironie, il me blessait sans cesse et me rendait la vie réellement insupportable. »

La promesse de garder pour moi seule les confidences de ce cœur brisé, m'oblige à laisser mon récit incomplet. Je n'ai eu d'autre but que de rappeler le souvenir d'une simple promenade dont l'impression est ineffaçable. Tout conspirait à exalter au plus haut degré mon imagination. Il y avait entre ce qui nous entourait et les confidences de la baronne une harmonie complète; c'était l'heure où le rossignol chante, où les fleurs enivrent, où la brise de mer murmure; c'était l'heure où il n'est permis de parler que d'amour, de jeunesse et de poésie! En écoutant la baronne évoquer ses fraîches années avec un accent si touchant, il me semblait voir les têtes blondes et rieuses de ces dernières apparaître à travers les massifs de lilas, de cythise et d'acacia qui secouaient sur nous leurs grappes embaumées.

Deux jours après j'étais à bord du *Saint-Nicolas* (pyroscaphe faisant le service entre Jalt et Odessa), regardant avec un inexprimable regret les côtes de la Tauride, qui s'amoindrissaient de plus en plus à l'horizon, et dont la silhouette dentelée finit par se confondre avec les vapeurs du soir.

FIN.

TABLE DES MATIÈRES.

Chapitres.		Pages.
I.	Le Dnieper. — Ékaterinoslaw. — La garde d'honneur du prince Paskiéwitch. — Où mène l'ambition. — Un archimandrite en démence. — Intérieur des maisons juives, le samedi soir..................	1
II.	Un intendant de village. — Colonies allemandes. — Aventures de nuit.......................	27
III.	Marioupol. — La mer d'Azoff. — Arrivée à Taganrok. — Souvenir de l'empereur Alexandre. — Un bal chez le général Khersanof. — Aventures d'un philhellène. — Course de chevaux. — Départ................	
IV.	Campement nocturne de Tsiganes. — Rostof. — Une ville arménienne aux bords du Don...............	61
V.	Les pèlerines de Kiew. — Novo-Tscherkask.........	77
VI.	Stanitzas cosaques. — Le Volga. — Sarepta (colonie morave)...	87
VII.	Hospitalité d'un prince kalmouck. — Fêtes. — Chasse au faucon. — Société russe dans une île du Volga. — Arrivée à Astrakhan............................	101

Chapitres.   Pages.

VIII. Détails historiques et pittoresques sur Astrakhan. — Fête indienne. Bal chez le gouverneur. — Portraits, etc.................................... 141

IX. Départ d'Astrakhan. — Le littoral de la mer Caspienne. — Un prince tatar et son faucon. — Aspect de notre caravane. — Marchands arméniens dévalisés. — Tempête au bord de la Caspienne. — Une invasion de Tarakanes.................................... 163

X. Première journée dans le désert. — Campement kalmouck. — Une rencontre dangereuse. — Conquête d'une satza kalmouké. — Singulière hospitalité d'un colonel russe. — Sources du Manitch. — Dernière nuit passée sous la tente........................ 181

XI. Arrivée sur les bords de la Kouma. — Vladimirofka. — Une attaque circassienne. — Première apparition du Caucase. — Une aventure à Géorgief. — Histoire d'un chef circassien................................ 217

XII. Départ de Géorgief. — Vallée de la Pod-Kouma. — Piatigorsk. Le pavillon d'Éole. — Un charmant docteur. — Postes de surveillance entre Piatigorsk et Kislovodsk. — Paysages. — Détails sur la vie des eaux du Caucase.................................... 249

XIII. Ouragan dans le Caucase. — L'officier polonais. — La foire à Stauropol. — Un chapitre de roman interrompu. — Le général Grabe........................ 275

XIV. Départ de Stauropol. — Rapidité des chevaux de poste cosaques. — Nous risquons de nous noyer dans le Don. — Aventures nocturnes. — Quelques jours de repos à Taganrok. — Retour à Odessa............. 295

XV. Départ d'Odessa pour la Crimée. — M. Taïtbout de Marigny. — Balaklava. — Le monastère de Saint-Georges. — Le cap Parthénique..................... 315

XVI. Paysages de la Crimée. — Bagtché-Séraï. — Le palais

Chapitres. Pages.

des khans. — Excursion à Tchoufout-Kalé. — La vallée de Josaphat. — Un rabbin poëte. — Le philosophe sans le savoir............................ 331

XVII. Simphéropol. — Encore Bagtché-Séraï. — Karolès. — Les princesses Adil-Bey. — Mangoup-Kalé..... 349

XVIII. Route de Baïdar. — La côte méridionale. — Le colonel Olive. — Miskhor. — Aloupka (palais du comte Woronzof).. 363

XIX. Jalta. — Koutchouk-Lampat. — Parthénit. — Le noyer du prince de Ligne. — Jeunes femmes tatares. — Visite à Mlle Jaquemart (chanoinesse de Kopsel). — Oulou-Ouzen. — Une héroïne de roman........ 377

FIN DE LA TABLE DES MATIÈRES.

PARIS. — IMPRIMERIE DE CH. LAHURE ET Cie
Rues de Fleurus, 9, et de l'Ouest, 21

Librairie de L. HACHETTE & Cⁱᵉ, boulevard Saint-Germain, n° 77, à Paris.

ÉDITIONS POPULAIRES

A 1 FRANC LE VOLUME.—(CHAQUE VOLUME SE VEND SÉPARÉMENT.)

ŒUVRES DES PRINCIPAUX ÉCRIVAINS FRANÇAIS

Barthélemy. Voyage du jeune Anacharsis en Grèce, quatrième siècle avant l'ère chrétienne. 3 vol.
Boileau. Œuvres complètes. 2 vol.
 Tome I : Poésies. — Tome II : Œuvres en prose.
Bossuet. Œuvres choisies. 5 vol.
 Tome I : Notice sur Bossuet. De l'instruction du Dauphin. De la connaissance de Dieu et de soi-même. Discours sur l'histoire universelle. — Tome II : Politique tirée des propres paroles de l'Écriture sainte. Histoire des variations des Églises protestantes. — Tome III : Histoire des variations (suite). Avertissements aux protestants. — Tome IV : Des matières de controverse. Du libre arbitre. De la concupiscence. Méditations sur l'Évangile. Opuscules. Oraisons funèbres. — Tome V : Panégyriques. Sermons.
Corneille. Œuvres complètes. 7 vol.
 Tome I : Notice sur P. Corneille. Mélite. Clitandre. La Veuve. Les Galeries du Palais. La Suivante. La Place Royale. Médée. L'Illusion. — Tome II : Le Cid. Horace. Cinna. Polyeucte. Pompée. Le Menteur. La Suite du Menteur. Théodore. — Tome III : Rodogune. Héraclius. Andromède. Don Sanche d'Aragon. Nicomède. Pertharite. — Tome IV : Œdipe. La Conquête de la Toison d'or. Sertorius. Sophonisbe. Othon. Agésilas. Attila. Tite et Bérénice. — Tome V : Psyché. Pulchérie. Suréna. Théâtre choisi de Thomas Corneille : Ariane. Le Festin de pierre. Le comte d'Essex. — Tome VI : Imitation de Jésus-Christ. Office de la Sainte Vierge. — Tome VII : Psaumes. Hymnes. Prières. Poésies diverses. Poésies latines. Discours. Lettres.
Fénelon. Œuvres choisies. 4 vol.
 Tome I : Notice sur Fénelon. Les Aventures de Télémaque. L'Odyssée d'Homère. Fables. — Tome II : Dialogue des morts. Opuscules. De l'Éducation des filles. Dialogues sur l'éloquence. Mémoire sur les occupations de l'Académie. — Correspondance littéraire. Poésies. — Tome III : De l'existence de Dieu. Lettres sur la grâce et la prédestination. Explication des maximes des saints. Traité du ministère des pasteurs. Lettres diverses et opuscules théologiques. — Tome IV : Sermons et entretiens. Instruction sur la connaissance de Dieu. Lettres spirituelles. Lettres sur les missions et sur les questions contemporaines. Examen de conscience sur les devoirs de la royauté. Plans de gouvernement. Divers mémoires.
La Fontaine. Œuvres complètes. 3 vol.
 Tome I : Notice. Préface. La Vie d'Ésope le Phrygien. Fables. — Tome II : L'Eunuque. Clymène. Daphné. Galatée. Astrée. Achille. Ragotin. Le Florentin. La Coupe enchantée. Je vous prends sans vert. Les Amours du beau Richard. Œuvres diverses. Lettres. — Tome III : Les Amours de Psyché et de Cupidon. Adonis. Contes. Poésies diverses.
Marivaux. Œuvres choisies. 2 vol.
 Tome I : La Surprise de l'Amour. Les Serments indiscrets. Le Petit maître corrigé. Le Legs. Arlequin poli par l'Amour. La double inconstance. Le Jeu de l'Amour et du Hasard. L'École des mères. L'Heureux stratagème. La Méprise. La Mère confidente. Les Fausses confidences. L'Épreuve. — Tome II : La Vie de Marianne. Le Paysan parvenu.
Molière. Œuvres complètes. 3 vol.
 Tome I : Notice sur Molière. La Jalousie de Barbouillé. Le Médecin volant. L'Étourdi. Le Dépit amoureux. Les Précieuses ridicules. Sganarelle. Don Garcie de Navarre. L'École des maris. Les Fâcheux. L'École des Femmes. L'Impromptu de Versailles. Le Mariage forcé. — Tome II : La princesse d'Élide. Les Plaisirs de l'île enchantée. Don Juan. L'Amour médecin. Le Misanthrope. Le Médecin malgré lui. Mélicerte. Le Sicilien. Le Tartufe. Amphitryon. L'Avare. Georges Dandin. — Tome III : Relation de la fête de Versailles. M. de Pourceaugnac. Les Amants magnifiques. Le Bourgeois gentilhomme. Psyché. Les Fourberies de Scapin. La Comtesse d'Escarbagnas. Les Femmes savantes. Le Malade imaginaire. Poésies diverses.
Montaigne (Michel). Essais. 2 vol.
Montesquieu. Œuvres complètes. 3 vol.
 Tome I : Grandeur et décadence des Romains. Les neuf premiers livres de l'Esprit des lois. — Tome II : L'Esprit des lois (fin). Défense. Discours. Pensées. Poésies. Lettres. — Tome III : Lettres persanes. Temple de Gnide. Essai sur le goût. Œuvres diverses. Table analytique.
Pascal B. Œuvres complètes. 3 vol.
 Tome I : Notice sur Pascal. Vie de Pascal, par madame Périer. Lettres à un provincial. Pensées. — Tome II : Lettres. Œuvres attribuées contre les Jésuites. Opuscules. — Tome III : Traités divers de physique et de mathématiques. Table analytique.
Racine (J.) Œuvres complètes. 3 vol.
 Tome I : Notice sur Racine. La Thébaïde. Alexandre le Grand. Andromaque. Les Plaideurs. Britannicus. Bérénice. Bajazet. Mithridate. Iphigénie en Aulide. — Tome II : Phèdre. Esther. Athalie. Poésies diverses. Correspondance. — Tome III : Œuvres diverses. Abrégé de l'histoire de Port-Royal. Fragments historiques. Discours académiques.
Rousseau J.-J. Œuvres complètes. 8 vol.
 Tome I : Notice sur J.-J. Rousseau. Discours. Quatre premiers livres de l'Émile. — Tome II : Fin d'Émile. Économie politique. Contrat social. Tome III : Considérations sur le gouvernement de Pologne. Lettres à Butta-Foco. Projet de paix perpétuelle. Polysynodie. Julie ou la nouvelle Héloïse. — Tome IV : Mélanges. Théâtre. Poésies. Botanique. Musique. — Tome V : Dictionnaire de musique. Confessions. — Tome VI : Confessions (suite). Rousseau juge de Jean-Jacques. Rêveries du promeneur solitaire. Écrits en formes de circulaires. Correspondance. — Tome VII : Correspondance. — Tome VIII : Correspondance. Table analytique.
 La prochaine édition sera réimprimée en 15 volumes.
Saint-Simon (le duc de). Mémoires complets et authentiques sur le siècle de Louis XIV et la Régence, précédés d'une notice de M. Sainte-Beuve. 13 vol.
 La prochaine édition sera réimprimée en 15 volumes.
Sedaine. Œuvres choisies. 1 vol.
 Le Philosophe sans le savoir. La Gageure imprévue. Le Diable à quatre. Le Roi et le Fermier. Les Sabots. Le Déserteur. Rose et Colas. Le Magnifique. Les Femmes vengées. Félix. Aucassin et Nicolette. Richard Cœur de Lion. Raoul.
Voltaire. Œuvres complètes. 35 vol.
 Tome I : Notice sur Voltaire. Théâtre. — Tomes II, III et IV : Théâtre. — Tome V : La Henriade. La Pucelle. Poèmes. — Tome VI : Poésies diverses. Tome VII : Essai sur les mœurs. — Tome VIII : Suite de l'Essai sur les mœurs. Siècle de Louis XIV. Tome IX : Suite du Siècle de Louis XIV. Siècle Louis XV. — Tome X : Histoire du Parlement de Paris. Annales de l'Empire. — Tome XI : Histoire de Charles XII et de Pierre le Grand. — Tomes XIII et XIV : Dictionnaire philosophique. — Tome XV : Romans. — Tome XVI : Commentaires sur Corneille. — Tomes XVII à XXIII : Mélanges. — Tomes XXIV à XXXV : Correspondance.

www.ingramcontent.com/pod-product-compliance
Lightning Source LLC
Chambersburg PA
CBHW070927230426
43666CB00011B/2345